CHARLOTTE SCHUBERT

PERIKLES

ERTRÄGE DER FORSCHUNG

Band 285

CHARLOTTE SCHUBERT

PERIKLES

WISSENSCHAFTLICHE BUCHGESELLSCHAFT
DARMSTADT

Einbandgestaltung: Neil McBeath, Stuttgart.

Die Deutsche Bibliothek – CIP-Einheitsaufnahme

Schubert, Charlotte:
Perikles / Charlotte Schubert. –
Darmstadt: Wiss. Buchges., 1994
(Erträge der Forschung; Bd. 285)
ISBN 3-534-09231-7
NE: GT

Bestellnummer 09231-7

Gedruckt auf säurefreiem und alterungsbeständigem Werkdruckpapier
Satz: Fotosatz Janß, Pfungstadt
Druck und Einband: Wissenschaftliche Buchgesellschaft, Darmstadt
Printed in Germany
Schrift: Linotype Garamond, 9.5/11

ISSN 0174-0695
ISBN 3-534-09231-7

INHALT

VORWORT

Der weitaus größte Teil dieses Buches wurde während meines Heisenberg-Stipendiums geschrieben. Für die Freiheiten, die gerade dieses Stipendium der wissenschaftlichen Arbeit bietet, bin ich der Deutschen Forschungsgemeinschaft dankbar verpflichtet.

Zu danken habe ich auch H. H. Schmitt, der mir für meine Arbeit einen Vorabdruck des kürzlich erschienenen Werkes ›Historische Griechische Inschriften in Übersetzung‹ (hrsg. v. K. Brodersen, W. Günther und H. H. Schmitt) zur Verfügung stellte, ebenso E. Badian, der mir einzelne Kapitel aus seinem inzwischen erschienenen Buch ›From Plataia to Poteideia‹ zur Lektüre überlassen hat, und W. Will, dessen Manuskript ›Perikles‹ (erscheint demnächst bei Rowohlt) ich lesen konnte. W. Will (Bonn), R. Scholl (Leipzig) und J. Seffner (Leipzig) haben das gesamte Manuskript gelesen. W. Will und R. Scholl haben darüber hinaus wertvolle Hinweise gegeben. J. Seffner hat den Stellenindex erstellt. Hierfür möchte ich ihnen allen herzlich danken.

Die Bibliographie zu der Thematik „Perikles", die – von Ausnahmen abgesehen – 1992 fertiggestellt wurde, ist als eigenständiger Teil des Buches zu betrachten. Darüber hinausgehende Angaben zu speziellen Aspekten sind in den Anmerkungen angegeben. Wesentliche Vorarbeiten von Th. Noters bei der Erstellung der Bibliographie waren sehr hilfreich und haben die Fertigstellung des Buches beschleunigt. Ein Anspruch auf Vollständigkeit ist heutzutage kaum mehr möglich. Zusammen mit der Bibliographie von G. Wirth in ›Perikles und seine Zeit‹ (Darmstadt 1979) dürfte jedoch eine angemessene Übersicht der Literatur gegeben sein.

Leipzig, im Januar 1994 Charlotte Schubert

EINLEITUNG

Perikles gehört zu dem kleinen Kreis der führenden Politiker Athens, deren Handlungen mit der Geschichte und der Entwicklung der Demokratie untrennbar verbunden sind. Über seine Person ist trotz der langen Zeitspanne, in der mit seiner politischen Aktivität gerechnet wird, wenig bekannt. Die Beantwortung der für den Historiker zentralen Frage nach seinem Einfluß und seiner Bedeutung wird dadurch sehr schwierig, wenn nicht unmöglich.

Die Problematik, die mit dem Bemühen um eine Erklärung historischer Abläufe verbunden ist, zeigt sich im Hinblick auf die Person des Perikles und die Frage nach seiner Rolle sehr deutlich: Ab- und Verläufe der Art, wie sie in der Geschichte Athens und insbesondere der demokratischen Entwicklung im 5. Jahrhundert zu beschreiben sind, gehen in der Regel über den Bereich hinaus, der den »Realisationen handlungsleitender Absichten« entspricht.[1]

Wäre dies nicht so, d. h., würden sich Handlungsverläufe und Handlungsabsichten vollständig entsprechen, könnte von einer generellen Symmetrie zwischen beiden ausgegangen werden. Eine solche Symmetrie wäre gleichbedeutend mit einem Gleichgewicht zwischen Handlungsabsicht und Handlungsverlauf. Für das Bemühen um historische Erklärung würde dies auch die Übertragbarkeit von Erklärungsmethoden und damit die Möglichkeit zur Vorhersage von Ereignisabläufen bedeuten. Das Auffinden von Symmetrien beinhaltet bei einer Übertragung auf analoge Fälle immer auch die potentiell mögliche Rekonstruktion aus wenigen bekannten Elementen.

Jedoch ist im Bereich der historischen Forschung das genaue Gegenteil dieses Zusammenhanges festzustellen: Zwischen den Handlungsabsichten und dem Handlungsergebnis besteht in der Regel eine deutliche Asymmetrie, eben jenes Hinausreichen der menschlichen Intentionalität über die Verläufe der Lebenswelt einerseits und die Unmöglichkeit andererseits, alle Umstände in den handlungsleitenden Absichten zu bedenken. Für das Erklären historischer Handlungen bedeutet dieser komplexe Zusammenhang vor allem, daß die Erfahrung der Kon-

[1] Ausf. dazu: J. Rüsen, Rekonstruktion der Vergangenheit, Göttingen (1986) 36. Vgl. ebd. auch zu dem von ihm so genannten »Intentionalitätsüberschuß«.

tingenz mit einbezogen werden muß.[2] In Verbindung mit diesem Komplex der menschlichen Intentionalität steht die Beobachtung, daß die Beschreibung solcher historischer Handlungen völlig anders ist, als es die Handelnden aus ihrer Perspektive gesehen hätten. Daraus ergibt sich, daß diese Handlungen kaum aus der Perspektive der Intentionalität dargestellt werden können.[3] Historische Handlungen werden jeweils als Teilstücke größerer Einheiten beschrieben und vor allem in Verbindung mit oder vor dem Hintergrund von Ereignissen, die später stattgefunden haben. Ein besonders gutes Beispiel für diese Überlegung ist der sogenannte Kriegsplan des Perikles (vgl. 138). Thukydides beschreibt ihn im Wissen um den Verlauf, den der Peloponnesische Krieg genommen hat. Losgelöst von diesen Ereignissen wäre die Einordnung und vor allem die Diskussion der mit dieser defensiven Strategie verbundenen Perspektiven kaum möglich.[4]

Dieses Spannungsverhältnis von Intentionalität und historischem Verlauf demonstriert, warum so etwas wie ein »inneres Verstehen« gerade im Hinblick auf das Phänomen der historischen Person des Perikles unmöglich ist. Denn jede Art von authentischem Zeugnis, das überhaupt einen wie immer gearteten Aufschluß über Perikles' persönliche Motive und Ideen, d. h. seine individuellen Handlungsabsichten in den jeweiligen Lebenssituationen geben könnte, fehlt nahezu vollständig.[5] Selbst die bei Thukydides überlieferten Reden des Perikles,[6] wie auch immer man ihre Authentizität bewertet (vgl. dazu 14f.), geben hier keine Hinweise. Sie repräsentieren eine programmatische und allgemeingehaltene Darstellung attischer Vorstellungen. Sie haben ihren festen Stellenwert im Werk des Thukydides, und die Bedeutung ihrer Aussagen im einzelnen ist außerhalb dieses, von Thukydides bestimmten, Kontextes nicht auf eine individuelle Ebene zu beziehen.

Daher empfiehlt sich für Perikles ein anderes Vorgehen. Es ist sinnvoller, die Verhältnisse und die in ihnen liegenden Bedingungen von Veränderungen, die das Handeln, speziell das politische Handeln, damals prägten, zu rekonstruieren. Diese Erklärungsweise beschränkt sich auf den äußeren *Wirkungszusammenhang*. Im Gegensatz zu der

[2] Vgl. dazu Rüsen ebd. 41f.; er sieht in der Kontingenz sogar den empirischen Schatten der menschlichen Freiheit.

[3] Vgl. dazu A. C. Danto, Analytische Philosophie der Geschichte, Frankfurt a. M. (1980) 294 und 419; vgl. auch Rüsen a. a. O. 35 und 108.

[4] Vgl. dazu 12f. Das gesamte Konzept der Interpretation von z. B. J. de Romilly (1979 = 1965) basiert auf dieser Verbindung.

[5] Vgl. dazu Danto a. a. O. 419.

[6] Thuk. 1,140–144; 2,13; 2,35–46; 2,59–64.

Frage nach der Intentionalität des Handelns, dem *Sinnzusammenhang*,[7] steht dabei die Analyse des zeitlichen Verlaufs der äußeren Verhältnisse im Vordergrund, ohne daß die Verstehbarkeit von Absichten bzw. deren Deutung thematisiert würde. Die »Sinnvermutung« wird für den Bereich der absichtsvollen Handlungen aus den genannten Gründen nur am Rande berührt (vgl. z. B. III.3.c, IV.3, 86ff., 98ff.). Das betrifft vor allem die oben angeschnittene Frage nach dem persönlichen Einfluß des Perikles auf die Entwicklung der Demokratie im 5. Jahrhundert. Die sicher mit seiner Person zu verbindenden Maßnahmen wie das Bürgerrechtsgesetz, das Richterbesoldungsgesetz und die Siedlungspolitik werden, so dürftig im einzelnen auch die überlieferten Informationen sind, durchaus unter diesem Aspekt diskutiert (158ff.). Jedoch ist dabei aus den genannten Gründen kaum mehr als ein Hinweis auf eine allgemeine Tendenz zu gewinnen.

Der in diesem Buch im Vordergrund stehende strukturelle Zusammenhang des historischen Geschehens ist auch der Grund dafür, im außenpolitischen Bereich die gegensätzlichen Strömungen von Ausgleich und Expansion, im innenpolitischen Bereich den Stellenwert der Finanzen und der demokratischen Entwicklung in den Mittelpunkt der Darstellung zu rücken. Da gute, neuere Gesamtwerke zur Geschichte des 5. Jahrhunderts vorliegen wie etwa Russel Meiggs' ›Athenian Empire‹ und die zweite Auflage des fünften Bandes der ›Cambridge Ancient History‹, ist hier eine Beschränkung auf die Zusammenfassung und Analyse der verzweigten Diskussion und ihrer weit auseinandergehenden Erklärungsversuche zu den wichtigsten Aspekten möglich. Auch die Tendenzen der literarischen Überlieferung zur Person des Perikles, die Diskussion über die Bauten seiner Zeit sowie die Kontroverse über die Prozesse gegen ihn selbst und mit ihm möglicherweise verbundene Personen (Anaxagoras, Phidias, Aspasia) werden in ähnlicher Weise dargestellt.

[7] Vgl. zu dem Verhältnis von Sinnzusammenhang und Wirkungszusammenhang Rüsen a. a. O. 128.

I. DAS PERIKLES-BILD IN DER ANTIKEN ÜBERLIEFERUNG

1. *Die antike Kritik an Perikles*

a) Das Perikles-Bild in der Alten Komödie

Für die Alte Komödie war Perikles eine besonders beliebte Zielscheibe von Spott und politischer Kritik.[1] Die meisten der zeitgenössischen Angriffe aus der Komödie sind in der Perikles-Vita des Plutarch erhalten.[2] So berichtet Plutarch, daß die Komödiendichter ihn zu einem Verzicht auf die Tyrannis aufgefordert hätten, daß seine Anhänger als die »neuen Peisistratiden« bezeichnet worden seien, daß er selbst als Zeus und Olympier dargestellt worden sei.[3] Besonders augenfällig ist die Stoßrichtung dieser Kritik in der Komödie ›Cheirones‹ des Kratinos: Kronos geht sowohl mit der Stasis als auch der Katapygosyne eine Beziehung ein. Aus derjenigen mit der Stasis geht der μέγιστος τύραννος hervor, den die Götter auch den κεφαληγερέταν, den Köpfeversammler, nennen. Aus der anderen Verbindung geht Hera, die Hundsäugige, hervor. Der μέγιστος τύραννος ist hier in der parodistischen Abwandlung des homerischen Wolkensammlers Zeus leicht als Perikles zu erkennen.[4] Die Stellung des Perikles wird damit nicht nur als tyrannengleich charakterisiert, sondern darüber hinaus auch als Produkt der Stasis und – analog zu der Machtergreifung des Zeus – als Usurpation.[5]

Tyrannisvorwurf, Zeusvergleich und die in diesem Zusammenhang

[1] Ausf. dazu Schwarze (1971).

[2] Dazu Stadter ausf. LVIIIff.; Meinhardt (1957) 69ff.

[3] Plut. Per. 16,1; Telekleides Frg. 42 K. = 45 K.-A.; Frg. 44 K. = 47 K.-A.; vgl. Ar. Acharner 530; dazu Schwarze (1973) 97; Ehrenberg (1956) 105f.

[4] Plut. Per. 3,4; 24,9; Kratinos, Frg. 240 K. = 258 K.-A.; 241 K. = 259 K.-A.; vgl. Telekleides Frg. 17 K. = 18 K.-A.; vgl. dazu Schwarze (1973) 59; dadurch ist Hera hier gut als Aspasia zu identifizieren. Angespielt wird auf den in Athen wohl allgemein bekannten Vorwurf des losen Lebenswandels: vgl. dazu Kap. V.

[5] Plut. Per. 3,5; vgl. Kratinos, Frg. 111 K. = 118 K.-A.; Plut. Per. 13,9; Kratinos, Frg. 71 = 73 K.-A.; zum Zusammenhang mit Stasis: Kratinos, Frg. 240 K. = 258 K.-A.

auch immer wieder vorgebrachten Kopfwitze kritisieren vor allem Perikles' innenpolitische Stellung, die einerseits als herausgehoben und andererseits als unrechtmäßig bezeichnet wird.[6] Auch tatenlose Unfähigkeit wird ihm wiederholt vorgeworfen.[7] Vor dem Hintergrund seiner großen rhetorischen Fähigkeiten stellen ihn diese Vorwürfe als einen handlungsunfähigen Blender dar, der durch seine tyrannischen Absichten für innenpolitischen Streit und Unruhe sorgt.

Der schwerste Angriff aus den Komödien betrifft sein Verhalten vor und während des Kriegsausbruches: Nach Aristophanes hat Perikles aus Furcht vor dem Schicksal des Phidias den Peloponnesischen Krieg absichtlich und willkürlich herbeigeführt.[8] Aber auch Ehrgeiz und Streitsucht sind ihm in diesem Zusammenhang vorgeworfen worden.[9]

Die in der Komödie geäußerte Kritik entspricht auch der Einschätzung des Perikles, wie sie im wesentlichen Platon und Aristoteles im 4. Jahrhundert zeigen.[10] In der Athenaion Politeia wird Perikles als Demagoge charakterisiert, der in die Phase derjenigen Entwicklung gehört, in der »die meisten Fehler« gemacht worden seien. Als Ursache nennt die AP den Einfluß der Demagogen und die Seeherrschaft.[11] Die Entwicklung zur Demokratie ist demnach keine zwangsläufige gewesen,[12] doch führte gerade das Verhalten der Demagogen in Athen zu

[6] Vgl. zu den Kopfwitzen: Eupolis, Frg. 93 K. = 115 K.-A.; Frg. 240 K. = 258 K.-A.; Frg. 71 K. = 73 K.-A.; Telekleides, Frg. 44 K. = 47 K. A.; Plut. Per. 3,4 will diese Anspielung auf eine physische Auffälligkeit reduzieren. Eine andere Möglichkeit der Interpretation läge darin, die Kopfwitze als Anspielung auf die Verbindung mit Anaxagoras anzusehen, der ja in Athen als personifizierter νοῦς bezeichnet worden sein soll (Plut. Per. 4,6).

[7] Telekleides, Frg. 44 K. = 47 K.-A.; vgl. Kratinos Frg. 300 K. = 326 K.-A.: πάλαι γὰρ αὐτὸ / λόγοισι προάγει Περικλέης, ἔργοισι δ' οὐδὲ κινεῖ.

[8] Vgl. Kap. V.; Ar. Acharner 524ff. und Friede 605–11; Plut. Per. 31,2 erwähnt πλείστους μάρτυρας, die diese Version bezeugten; er hat sie nicht im einzelnen genannt, es ist jedoch anzunehmen, daß auch andere Komödiendichter hierzu zählten. Der Komödiendichter Hermippos ist als Ankläger von Aspasia genannt; das allein bedeutet allerdings nicht, daß dem juristischen Vorgang auch eine dichterische Version folgte oder vorherging.

[9] Plut. Per. 31,1.

[10] Zu Platon s. u.; zu Aristoteles: Chambers ist der Ansicht, daß die AP ein genuin aristotelisches Werk sei, so in: ders. (1990) 76ff.; anders: Rhodes (1985) 58ff.; Isokrates' Sicht des Perikles entspricht dieser Charakterisierung: Perikles war generell nichts anderes als ein hervorragender Rhetor und Demagoge.

[11] AP 41,2.

[12] Chambers 261f.; Chambers führt vor allem für seine Interpretation der συμβεβήκοντα (ebd. 99–102) Parallelen aus den biologischen und philosophi-

einer verstärkten »Lockerung« (AP 26,1). Diese Metapher aus dem Bereich der Musik spielt auf die den verschiedenen Harmonien zugeordneten ethischen Eigenschaften an.[13] Ebenso wie Harmonien können Verfassungen straffer oder lockerer sein bzw. oligarchischer oder demokratischer.[14] In diesem Fall trat eine Demokratisierung ein: Darunter ist im Sinne des Aristoteles ein Nachgeben den zügellosen und triebhaften Begierden der Volksmenge gebenüber zu verstehen.[15] Perikles gilt dabei als Exponent dieser »eifrigen Demagogen«, die durch ihre Politik und ihre Gesetze dem Demos mehr Selbstvertrauen gaben, so daß er die Polis »immer mehr an sich zog«.

Diese ambivalente Haltung der Demokratie gegenüber, die sich auch in der Beurteilung des Perikles niederschlägt, läßt sich, trotz der grundsätzlichen Hochschätzung der Möglichkeiten, die in dieser politischen Organisations- und Lebensform liegen, schon aus dem Werk Herodots herauslesen.[16] Herodot erwähnt Perikles nur ein einziges Mal. Am Ende des sogenannten Alkmaionidenexkurses (6,121–131) berichtet er einen Traum, den Agariste, die Mutter des Perikles, vor dessen Geburt gehabt haben soll: »Als sie [Agariste] schwanger war, sah sie ein Traumgesicht. Es war ihr, als schenke sie einem Löwen das Leben. Nach wenigen Tagen gebar sie dem Xanthippos den Perikles.«[17] Der Vergleich mit dem Löwen kann als symbolischer Hinweis auf königliche Macht und Stärke verstanden werden.[18] Andererseits ist auch

schen Schriften des Aristoteles an (in AP: 25mal in den Kap. 1–41). Zugrunde liegt dabei die aristotelische Vorstellung, daß eine Polis von Natur aus existiert (φύσει ἔστιν) und zielgerichtet eine bestimmte Entwicklung nimmt. Zufälliges Geschehen oder nicht der zielgerichteten Entwicklung entsprechende Ereignisse ändern oder verhindern das Erreichen des Telos. In diesem Sinn beschreibt die AP die verschiedenen μεταβολαί der attischen Demokratie auf dem Weg zur letztlich vollkommenen Entartung.

[13] Chambers 261; vgl. Kap. IV. 3.

[14] Arist. Pol. 1340a 14ff.; 1301b 13–17; Rhet. 1360a 24; vgl. Chambers (1990) 261.

[15] Ausf. dazu Schubert (1993) 177ff.; zu Aristoteles: Chambers (1990) 99ff.

[16] Grundsätzlich dazu: Strasburger (1982) 592ff. Vgl. dazu auch: Morrison (1950) 76f.; Meier (1980) 367ff.; Raaflaub (1987) 221ff.; Bringmann (1976) 266ff. Zu Herodot als Historiker bzw. seinem Anspruch als Historiker: Schuller (1991) 90ff.; zu dem Verhältnis des Herodot zu Perikles vgl. die Literaturübersicht, die Schuller ebd. Anm. 17 gibt. Vgl. dazu auch Marg (1982) mit Forschungsstand und Bibliographie bis 1982.

[17] Herod. 6,131,2, Übers. Feix.

[18] Kommentar von How/Wells a. a. O.

die gefährliche Raubtiernatur des Löwen in der antiken Symbolik zu berücksichtigen.[19] Strasburger hat darauf hingewiesen, daß diese beiden – gegensätzlichen – Aspekte der Löwennatur je nach Kontext zur Deutung heranzuziehen sind.

Vergleichbar der Darstellung Herodots ist die Anrede des Peisistratos-Sohnes Hipparch als Löwe in einem Traum (5,56,1). Hier hält Strasburger den Vergleich für ehrenvoll. Auch in dem 5,92,3 berichteten Orakel, das auf die Geburt eines Kindes hinweist, benutzt Herodot dieses Bild. Hier ist allerdings der Zusammenhang zwischen der Tyrannis und der blutgierigen Natur des Löwen deutlich, da auf die Geburt des Tyrannen Kypselos hingewiesen wird. Das den Tyrannen prophezeiende Orakel wird in einer Rede des Korinthers Sosikles berichtet, der damit die Spartaner und ihre Bundesgenossen vor den Folgen der Rückführung des aus Athen verjagten Tyrannen Hippias warnen will. Herodot läßt Hippias auf die dieser Warnung des Sosikles folgende Ablehnung seines Hilfsersuchens antworten, daß gerade die Korinther sich noch nach den Peisistratiden zurücksehnen würden. Es würde die Zeit kommen, zu der sie unter den Athenern mehr zu leiden hätten. Diese Bemerkung ist auch als Anspielung auf die Auseinandersetzungen zwischen Athen und Korinth vor und während des Peloponnesischen Krieges zu verstehen.[20] Möglich wäre auch ein weiterer Zeitbezug: Hier könnte ein Hinweis auf den »Tyrannen« Perikles versteckt sein, der ebenso wie der Tyrann Kypselos von den Göttern als Löwe angekündigt wurde.

Eine deutlich negative oder positive Wertung läßt sich jedoch für die Interpretation des Löwentraumes der Agariste hieraus nicht gewinnen. Festzuhalten bleibt jedoch in der Darstellung des Herodot der Eindruck von Ambivalenz und Zwiespältigkeit.[21] Neben dem Alkmaionidenexkurs ist vor allem in der Verfassungsdebatte nach Hinweisen auf seine Sicht des Perikles gesucht worden, da er viele Jahre der sogenannten perikleischen Epoche selbst in Athen erlebt hatte. In der Verfassungsdebatte ist die Beschreibung des Monarchen als Anspielung auf die Stellung des Perikles gesehen worden.[22] Neben der durchaus positiven Beschreibung des Monarchen dort erscheint das Lob der Demo-

[19] Strasburger (1982) 614f.

[20] Strasburger a. a. O.; vgl. Raaflaub (1987) 221ff.

[21] Strasburger a. a. O. Vgl. dort auch die ausführliche Diskussion zu dem Alkmaionidenexkurs.

[22] Morrison (1979) 138f. In diesem Sinn vgl. auch Bringmann (1976) 266ff., bes. 274f.

kratie nicht gerade ausführlich und emphatisch. Strasburger hat darauf hingewiesen, daß das reale Vorbild für die drastische Darstellung des triebhaften, unkontrollierten Demos in der Rede des Megabyzos für Herodot »wo denn anders ... als im perikleischen Athen« zu suchen sei.[23] Hierin eine Kritik an Perikles zu sehen, d. h. die Andeutung einer Kritik an der monarchisch-tyrannischen Stellung, erfordert eine vergleichende Betrachtung der herodoteischen Gestaltungsprinzipien im gesamten Werk. Für Strasburger sind aus einer derart vergleichenden Betrachtung »geheime Abrechnungen im Sinne einer ausgleichenden historischen Gerechtigkeit« zu erkennen.[24] Sogar ein ganzes Netz von unterlegten Bedeutungen und Anspielungen auf zeitgenössische Ereignisse Athens ist zu erkennen, wenn man diesen Ansatz, wie beispielsweise Raaflaub, konsequent weiterführt.[25] Besonders die Darstellung der Alkmaioniden ist als kritisch und ironisch einzuschätzen: Alkmaion in der Schatzkammer des Kroisos, Megakles' Werbung, das Verhalten der Alkmaioniden bei Marathon und besonders der Löwe im Traum der Agariste, der einzige Hinweis auf Perikles, sind alles andere als panegyrische Hymnen. In ihrer Zweideutigkeit stellen sie vielmehr ein typisches Beispiel der herodoteischen »geheimen Abrechnungen« dar, die das gesamte Werk durchziehen. Auch die Äußerung Herodots: »Denn zur Zeit des Dareios ... und des Xerxes ... und des Artaxerxes ..., also innerhalb dreier Menschenalter, überfiel die Griechen mehr Unglück als in den 20 Menschenaltern vor der Zeit des Dareios. Teils brachten die Perser Unheil über das Land, teils auch die eigenen Großen, die um die Vorherrschaft kämpften«,[26] läßt eine kritische Bewertung der Entwicklung in Griechenland erkennen, die für die Sicht der attischen Demokratie und auch des Perikles zumindest vorauszusetzen ist.[27]

b) Perikles bei Platon

Einen Höhepunkt der Perikles-Kritik stellen die Erwähnungen des Perikles bei Platon dar. Im Gorgias läßt Platon die Frage diskutieren,

[23] Strasburger (1982) 607.
[24] Strasburger a. a. O. 624.
[25] Raaflaub (1987) 221 ff.
[26] Herod. 6,98,2, Übers. Feix.
[27] Zu den verschiedenen Überlegungen, aus dieser und vergleichbaren Äußerungen Herodots etwas für die Datierung des herodoteischen Werkes abzuleiten, vgl. Fornara (1971) 25 ff., ders. (1981) 149 ff. und Cobet (1977) 7 ff.

ob Perikles neben Miltiades, Themistokles und Kimon zu den guten Staatsmännern in Athen gehört habe.[28] Das in dieser Diskussion entscheidende Kriterium ist die Frage, ob durch diese Politiker der Demos im moralischen Sinn besser geworden sei. Zu Perikles heißt es, er habe die Athener verdorben, da er sie durch die Einführung der μισθοφορία zu einem wilden, geldgierigen, faulen und geschwätzigen Volk erniedrigt habe.[29] Auf den Einwand hin, dies seien nur die Vorwürfe seiner politischen Gegner, erläutert Sokrates seine Einschätzung des Perikles. Durch ihn seien die Athener immer wilder geworden, vergleichbar durchgegangenen Pferden,[30] die schließlich ihren Wagenführer abwerfen. Mit dem Bild des abgestürzten Wagenführers verdeutlicht er nicht nur das Schicksal des Perikles, der wegen Diebstahls angeklagt wurde und – so Sokrates bei Platon – beinahe mit dem Tode bestraft worden sei,[31] sondern er stellt ihn damit in eine Reihe mit den berühmtesten attischen Politikern des 5. Jahrhunderts, die alle dem Verdikt des Volkes zum Opfer gefallen waren.

Diese Kritik an Perikles steht bei Platon im Zusammenhang einer grundsätzlichen Kritik an dem Charaktertypus, der seiner Ansicht nach der in einer Demokratie vorherrschende ist.[32] Er ist geprägt von Einfalt, Unmännlichkeit, bäurischem Wesen, sklavischem Verhalten. Daraus folgt dann, daß ὕβρις, ἀναρχία, ἀσωτία (Ausschweifung) und ἀναίδεια in der Polis einziehen. Ebenso wie Aristoteles macht auch Platon den Demagogen, unter anderem Perikles, den Vorwurf, daß sie den Gelüsten und Trieben der Menge nachgegeben haben, statt sie auf den Weg der Besserung, d. h. der Disziplinierung, zu lenken (Gorg. 517b 3ff.). Wenn sie Schiffe, Mauern und Werften geschaffen und für das leibliche Wohl der Bürger gesorgt haben, so sei dies jedoch nicht mit Größe einer Polis im qualitativen Sinn zu verwechseln. Mit dieser Politik sei die Polis nur »überfüllt« worden, wie der Körper eines Menschen durch Nahrungsfülle aufgeschwemmt und aufgedunsen wird. Auf die »Überfüllung« kann nur die Krankheit folgen, im übertragenen Sinn die »Übelkeit«. Da dem Demos jedoch die nötige Einsicht in die Zusammenhänge grundsätzlich fehle, die Politiker sie ihm auch nicht vermittelt haben, werden nicht die eigentlichen Verursacher von »Überfüllung« und darauffolgender»Übelkeit« verantwortlich ge-

[28] Plat. Gorg. 515b 6ff.
[29] Plat. Gorg. 515e 1–5.
[30] Vgl. Plut. Per. 7,6; vgl. Kap. II, 19ff.
[31] Plat. Gorg. 516a 1–3. Vgl. Kap. V.3, 138ff.
[32] Ausf. dazu Schubert (1993) 179ff. zu Plat. rep. 560d 2ff.

macht, sondern nur die jeweils gegenwärtigen Ratgeber. Themistokles, Kimon und Perikles aber, die eigentlichen Urheber der Mißstände, werden als Wohltäter der Polis gepriesen. Ziel dieser Kritik ist die im 4. Jahrhundert offenbar schon kanonisch gewordene Reihe von großen Demagogen, beginnend mit Miltiades und endend mit Perikles, die mit dem Höhepunkt der attischen Herrschaft im Seebund identifiziert und später entsprechend glorifiziert wurden.[33]

Auch Perikles' rhetorische Fähigkeiten, die Platon durchaus würdigt – er läßt ihn durch Sokrates immerhin als den vollendetsten aller Redner bezeichnen –,[34] werden unter diesem Aspekt in ein negatives Licht gerückt. In der Diskussion über die Grundlagen echter Redekunst im Phaidros heißt es, daß ein umfangreiches Wissen über die Natur und die Mechanismen der Natur für eine kunstgerechte Rhetorik unerläßlich sei. Perikles habe dieses Wissen durch seinen Umgang mit Anaxagoras erworben (Phaidr. 269e 4ff.).[35] Wie Platon den grundsätzlichen Stellenwert dieses Wissens jedoch einschätzte, läßt er in einigen abfälligen Formulierungen des Sokrates über diese ἀδολεσχία (»Geschwätz«) durchblicken. Echte Redekunst im platonischen Sinn basiert auf einer ψυχαγωγία, einer Seelenführung, die nicht nur Menschenkenntnis im technischen Sinn, sondern auch Erkenntnis der Wahrheit voraussetzt. Dies läßt Platon durch Sokrates nicht nur Perikles, sondern ganz entschieden auch Anaxagoras absprechen.[36] Daher ist die Bezeichnung des Perikles als herausragender Rhetor kaum mehr als ein ironischer Bezug auf seine Reputation. Wie wenig Platon diesen Ruf, den Perikles nicht nur als Redner, sondern auch als Politiker hatte, schätzte, belegt die oben beschriebene Diskussion im Gorgias.

2. *Die antike Idealisierung des Perikles*

a) Perikles bei Thukydides

In die Darstellung des Thukydides sind nur die letzten Lebensjahre des Perikles eingegangen. Nichtsdestoweniger hat er durch seine berühmte Würdigung von der »Herrschaft des ersten Mannes«, die nur dem Namen nach eine Demokratie gewesen sei, nicht nur in der anti-

[33] Vgl. auch ähnlich Isokr. Antidosis 232–236.
[34] Plat. Phaidr. 269e 1–2.
[35] Vgl. dazu ausf. Schubert (1993) 85f.
[36] Plat. Phaidr. 96a 5ff.

ken Überlieferung tiefe Spuren hinterlassen.[37] Diese herausragende Stellung verdankte Perikles nach Thukydides nicht nur seinen rhetorischen Fähigkeiten, sondern auch seinem hohen Ansehen. Deutlich macht Thukydides dies durch den Vergleich mit den nachfolgenden Politikern: Diese gaben sich der Schmeichelei der Massen hin und waren eher Geführte als Führer.[38] Die Stimmungsschwankungen der Athener hatten sie nicht in der Gewalt, während Perikles durch seine γνώμη auch die Extreme dieser Massenphänomene kontrollieren konnte.

Für Thukydides ist die Fähigkeit des Perikles zur weitsichtigen Steuerung des Demos der ausschlaggebende Faktor in der attischen Kriegsstrategie gewesen.[39] Gerade in der ersten Rede des Perikles, in der Thukydides ihn seinen Kriegsplan erläutern läßt, kommt dies zum Ausdruck (1, 140–144). Er vergleicht die unterschiedlichen Geld- und Menschenressourcen, die Vorteile, die Athen aus einem reinen Seekrieg erwachsen, betont die Möglichkeiten Athens, der spartanischen Invasion zu begegnen, und vor allem warnt er die Athener vor Versuchen, ihr Reich zu erweitern. Diese Mahnung (1, 144, 1) ist kaum anders als vor dem Hintergrund der sizilischen Katastrophe zu erklären.[40]

Im Nachruf auf Perikles (2, 65) kommt er hierauf und verurteilt die Nachfolger des Perikles scharf, weil sie von dieser Strategie abgewichen seien. Aus der Rückschau versucht Thukydides hier zu begründen, warum Perikles mit seinen Ratschlägen recht gehabt habe, und vor allem, warum er vor dem Hintergrund dieses Plans berechtigt war, den Sieg Athens vorauszusehen.[41] Auch das »Engagement« des Perikles für den Kriegseintritt ist durch diese nachträgliche Argumentation legitimiert. De Romilly hat sehr ausführlich dargelegt, daß diese Rechtfertigung auf ausschließlich intellektueller Ebene erfolgt und im wesentlichen auf Thukydides' Einschätzung von Perikles' πρόνοια beruht. Über diese πρόνοια verfügen die späteren Politiker nicht, deshalb begehen sie auch gravierende strategische Fehler. Aber selbst diese hätten noch nicht die Katastrophe der Niederlage herbeiführen müssen. Ausschlaggebend war vielmehr, daß die Nachfolger des Perikles in ihrem Verhältnis zum Demos nicht über Perikles' Weitsicht und kon-

[37] Thuk. 2, 65; dazu kritische Sichtung bei Will, Perikles (erscheint demnächst), Kap. Perikles multiplex. Zu der Geschichtsauffassung des Thukydides vgl. die Lit. bei Rechenauer (1991).

[38] Connor (1984) 61.

[39] Vgl. Westlake (1968) 23; Connor (1984) 61.

[40] Gomme, HCT I, 462; vgl. Romilly (1963) 142 ff.

[41] Romilly (1979) 292 ff.

trollierende Klugheit verfügten, sondern dem Übermut und den »Launen« des Volkes aus persönlicher Habgier nachgaben.[42]

Der große Unterschied zwischen der Darstellung des Thukydides und allen anderen Zweigen der Überlieferung liegt in seiner Beschreibung der Position, die Perikles kurz vor und während des Kriegsausbruches einnahm. Die Komödie, Platon und der auf Ephoros zurückgehende Diodor stellen Perikles' Stellung als geschwächt durch die Prozesse und Anklagen dar und werfen ihm sogar vor, er habe aus diesem Grunde den Krieg bewußt herbeigeführt, um von seiner eigenen prekären Situation abzulenken. Thukydides dagegen betont Perikles' Integrität in finanziellen Dingen (2,65,8). Andererseits hat er selbst kurz zuvor die Verurteilung wegen finanzieller Unregelmäßigkeiten erwähnt (2,65,3). Auch Platon spricht eindeutig von einer Anklage wegen Unterschlagung (s. o.). Weder die Prozesse noch die Gegner des Perikles werden bei Thukydides erwähnt.[43] Er nennt weder in der ausführlichen Beschreibung des Kriegsausbruches noch in der Phase des spartanischen Einmarsches 431, noch 430, als Perikles immerhin abgesetzt und ohne öffentliches Amt war, einen der Gegner mit Namen. Durch diese Darstellungsweise wird Perikles nicht nur herausgehoben, seiner politischen Strategie wird darüber hinaus auch der Anschein der Konkurrenzlosigkeit verliehen.

Die in der restlichen Überlieferung vertretene Ansicht, daß Perikles persönlich für den Kriegsausbruch verantwortlich war, kann jedoch auch Thukydides nicht ganz hinter seiner These von der Zwangsläufigkeit des Krieges verbergen. Immerhin sind auch in seiner Darstellung die Spartaner der Ansicht, daß, wenn Perikles entfernt werden könnte, das Haupthindernis für einen Ausgleich mit Athen beseitigt sei.[44] Hier sagt Thukydides deutlich, daß Perikles Athen zum Krieg getrieben habe.[45] Damit wird angedeutet, worauf die Überlieferung etwa der Komödie auch hinweist: Sparta wollte den Krieg vermeiden, Perikles jedoch nicht. Nebenbei berichtet Thukydides, daß die Verhandlungen zwischen Athen und Sparta fast ein Jahr gedauert haben und daß von spartanischer Seite mehrere Kompromißvorschläge gekommen

[42] Romilly ebd. 300ff. Ganz anders schätzt Strasburger (1958) 17ff. die Tendenz ein, die Thukydides in der Darstellung des Perikles zum Ausdruck bringen wollte: Strasburger erkennt hier Vorbehalte und auch eine Kritik am attischen »Imperialismus«. Dies wäre auch als eine Kritik an Perikles zu verstehen, da er als Exponent des attischen Seereiches zu betrachten ist.

[43] Westlake (1968) 27.

[44] Thuk. 1,127,1; vgl. Plut. Per. 33,1; dazu Westlake a. a. O.

[45] Thuk. 1,127,3.

seien.[46] Auch scheinen sie nicht öffentlich geführt worden zu sein, sondern wohl nur zwischen der attischen Boule und der spartanischen Gesandschaft: Mit einer gezielten Kriegstreiberei hätte sich Perikles wohl vor dem Demos weniger durchsetzen können als in der Boule, in der er möglicherweise eine dominantere Stellung hatte.

Seine durch die Prozesse geschwächte Stellung hätte sich in der Volksversammlung kaum mehr in dem von Thukydides so glänzend geschilderten Stil zur Wirkung bringen lassen.[47] Thukydides beschreibt Perikles jedoch gerade für diesen Zeitraum, in dem die Prozesse stattfanden, als δυνατώτατος![48] Damit widerspricht er der ansonsten geäußerten Ansicht, daß seine Stellung erschüttert war.[49] Bei der Klärung dieses Widerspruches zwischen der thukydideischen Darstellung und der restlichen Überlieferung hängt sehr viel von der Einschätzung der von Thukydides generell zugrundegelegten allgemeinen Konzepte ab sowie auch von der Interpretation seiner methodischen Grundsätze.[50] Zu letzterem hat sich Thukydides selbst geäußert.[51]

Entscheidend für die Bewertung des thukydideischen Perikles-Bildes ist vor allem das Verständnis des berühmten Satzes über die Authentizität der Reden: »Was nun in Reden hüben und drüben vorgebracht wurde, während sie sich zum Kriege anschickten, und als sie schon drin waren, davon die wörtliche Genauigkeit wiederzugeben war schwierig sowohl für mich, wo ich selber zuhörte, wie auch für meine Gewährsleute von anderwärts; nur wie meiner Meinung nach ein jeder in seiner Lage etwa sprechen mußte, so stehn die Reden da, in möglichst engem Anschluß an den Gesamtsinn des in Wirklichkeit Gesagten.«[52] Aussage und Übersetzung dieses syntaktisch-stilistisch

[46] Thuk. 1,139,1. Ausf. dazu Badian (1993) 158ff.

[47] Badian (1993) 158, Anm. 61 mit einer Übersicht der unterschiedlichen Forschungsmeinungen.

[48] Thuk. 1,127,3; 139,4; 2,65,5–13. Vgl. HCT a. a. O.

[49] HCT I,452 zu Thuk. 1,139,4

[50] Zu Thukydides' Physis-Konzeption und seiner Auffassung davon, inwieweit menschliche Sinne überhaupt Wahrheit erkennen können: Schubert (1993) 83ff.; 143ff.

[51] Thuk. 1,1, 20–22; 5,25–26.

[52] Thuk. 1,22,1–2: καὶ ὅσα μὲν λόγῳ εἶπον ἕκαστοι ἢ μέλλοντες πολεμήσειν ἢ ἐν αὐτῷ ἤδη ὄντες, χαλεπὸν τὴν ἀκρίβειαν αὐτὴν τῶν λεχθέντων διαμνημονεῦσαι ἦν ἐμοί τε ὧν αὐτὸς ἤκουσα καὶ τοῖς ἄλλοθέν ποθεν ἐμοὶ ἀπαγγέλλουσιν· ὡς δ' ἂν ἐδόκουν ἐμοὶ ἕκαστοι περὶ τῶν αἰεὶ παρόντων τὰ δέοντα μαλιστ' εἰπεῖν, ἐχομένῳ ὅτι ἐγγύτατα τῆς ξυμπάσης γνώμης τῶν ἀληθῶς λεχθέντων, οὕτως εἴρηται. Übers. Landmann.

sehr komplizierten Satzes sind umstritten, nicht nur wegen der Bedeutung für die methodische Komposition und inhaltliche Interpretation des Werkes, sondern auch wegen der Einschätzung der vier Perikles-Reden bei Thukydides. Der entscheidende zweite Satz beginnt mit ὡς δ' ἂν ... Die Bedeutung der Modalpartikel ἂν ist hier von besonderer Wichtigkeit: Erbse hat dahingehend argumentiert, den Satz als irreal und nicht als potential zu verstehen.[53] Daraus ergäbe sich eine andere Übersetzung, die auch eine völlig andere Einschätzung der Authentizität der Reden bedingen würde. Erbse schlägt vor, hier »wie aber all die Redner meines Erachtens geredet hätten, um angesichts der jeweiligen Probleme das Erforderliche zu sagen«, zu übersetzen. Damit ist durch den Irrealis den Reden die Authentizität oder nur der sinngemäße Gehalt von vornherein abgesprochen.

Zwar läßt sich dieser Streit um den Methodensatz und die daran anknüpfende Frage nach der Authentizität der Perikles-Reden, insbesondere des Epitaphios,[54] nicht allein auf der Grundlage sprachlicher Kriterien entscheiden. Jedoch weisen sie auf den klaren Vorbehalt gegen die authentische oder zumindest sinngemäße Einstufung der Reden. Als Hinweis auf mögliche Äußerungen des Perikles oder auf seine Vorstellungen lassen sie sich nur äußerst bedingt verwenden.[55]

Auch aus dem Vergleich zu den anderen Reden des thukydideischen Werkes ergeben sich verschiedene Aspekte, die den Methodenansatz in seiner Bedeutung weiter relativieren. Viele der Reden sind paarweise konzipiert, und aus dem Zusammenhang ergibt sich, daß jeweils ein Glied des Paares eine Meinung vertritt, die Thukydides als die falsche Antwort auf die Situation betrachtet.[56] Thukydides erwähnt dabei nie,

[53] Erbse (1953) 57.

[54] 1. Rede des Perikles: Kriegsrede vom Winter 432/1 (Thuk. 1,140–144), 2. Rede über die Reserven Athens vom Sommer 431 (2,13), 3. Rede: Epitaphios im Winter 431 (2,35–46), 4. Rede: sog. Trostrede aus dem folgenden Sommer 430 (2,59–64); zum Epitaphios vgl. Flashar (1969).

[55] Ganz anders schätzt Kagan in seiner neuen Perikles-Biographie dies ein: Kagan (1992) 8f. Grundsätzlich dazu: Finley (1987) 16ff.

[56] Andrewes, HCT V, 395. Die 1. Rede des Perikles hat kein direktes Pendant, ist jedoch Punkt für Punkt eine Antwort auf die letzte Rede der Korinther in Sparta (Thuk. 1,121–122), die Perikles im übrigen nie gehört haben kann. Anders dazu Connor (1984) 49 mit Anm. 58, der darauf hinweist, daß die Rede der Korinther vor einem großen Publikum stattfand und Berichte darüber leicht nach Athen kommen konnten. Aber Connor räumt gleichzeitig auch den subjektiven Eingriff des thukydideischen Gestaltungswillens ein: »Thukydides' task would then have been to select this speech out of others given in this

ob die Nachrichten über das wirklich Gesagte im einzelnen gut und zuverlässig waren oder nicht. Für die Reden vor 424 kann angenommen werden, daß er sie selbst noch gehört hat, für die Reden, die in den Jahren danach bis zum Kriegsende gehalten wurden, gilt dies jedoch nicht. Andrewes betont sehr nachdrücklich das methodische Dilemma, das sich daraus ergibt, daß alle der im thukydideischen Werk auftretenden Redner die gleiche Sprache sprechen, unabhängig von ihrer Nationalität und ihrem Herkommen, und daß dies die Sprache des Thukydides sei. Es ist eine Sprache voller Idiosynkrasien, abgehoben, mit einer Fülle von sprachlichen Ungewöhnlichkeiten, denen im eigentlichen Sinn nur die Parallelen aus dem Werk selbst entsprechen.[57] Seine Redner machen reichlich Gebrauch von Aussagen über die Natur der Politik und des Menschen im allgemeinen, manche »talk more like participants in a political philosophy seminar than men seeking to inspire, conciliate, or intimidate the soldiers and farmers who constitute their audience«.[58] Als Kernstücke seines Bemühens, dem Leser eher bestimmte grundsätzliche Aspekte nahezubringen, als eine korrekte Wiedergabe von tatsächlich gehaltenen Reden anzustreben, nennt Andrewes den Epitaphios des Perikles, den Melier-Dialog und Perikles' letzte Rede, die sog. Trostrede.[59]

b) Perikles bei Plutarch

Plutarch, ein außergewöhnlich gebildeter Kenner der griechischen Literatur, bewegt sich in seiner Perikles-Vita in einem gut sichtbaren Konflikt zwischen der ihn sehr beeindruckenden thukydideischen Perikles-Darstellung und dem ihm als Philosoph sehr vertrauten Platon

period and to shape it in a way that brought out its relationship to the themes and ideas of the rest of the *Histories*.«

[57] Andrewes ebd. 395f.

[58] Andrewes ebd. 396. Einer der vieldiskutierten Vorschläge, diesen Befund mit 1,22,1–2 zu vereinbaren, ist erstmals ausführlich von Pohlenz begründet worden: Demnach habe Thukydides ursprünglich vorgehabt, nach dieser Methode zu verfahren und auch einige Reden so schon niedergeschrieben, sei jedoch zu einem späteren Zeitpunkt davon abgewichen. Er sei dann aber vor seinem Tod nicht mehr dazu gekommen, den Methodensatz dem späteren Verfahren entsprechend umzuformulieren (vgl. dazu Pohlenz [1965] 234ff., 295ff., 302f.; Andrewes, HCT V, 397f.).

[59] Andrewes, HCT V, 398; vgl. ders. (1962) 66,70.

bzw. dessen scharfer Kritik an Perikles.[60] Die negative Sicht des Perikles bei Platon läßt sich kaum ohne Schwierigkeiten mit dem an völlig anderen Gesichtspunkten orientierten Bild des rationalen, beherrschten, souveränen und weitblickenden Politikers bei Thukydides vereinbaren.

Der Ausweg, den Plutarch aus diesem Dilemma gefunden hat, ist einerseits eine verschleiernde und beschönigende Zitierweise von Platons abschätzigen Bemerkungen über Perikles.[61] Andererseits hat er seiner Vita ein methodisches Konzept zugrunde gelegt, das in seiner Abstraktheit dem thukydideischen kaum nachsteht. Mit dem Ende der Auseinandersetzung zwischen Perikles und Thukydides Melesiou durch einen Ostrakismos läßt Plutarch die »demagogische« Phase des Perikles enden. Danach beginnt bei ihm die 15jährige »Alleinherrschaft« des Perikles, in der er ununterbrochen die Strategie innehatte. Nach Plutarch veränderte sich damit auch Perikles' Auftreten und Verhalten: In den Kapiteln 15 und 16 beschreibt er die sogenannte »monarchische« Phase. War er vorher dem Demos gegenüber nachgiebig, erfüllte dessen Wünsche und paßte sich dessen triebhaftem Verhalten an, so zeigte er nach Plutarch nun aristokratisch-königliche Verhaltensweisen im Umgang mit dem Demos. Das bei Platon verwendete Bild des Wagenlenkers, der von den durchgegangenen Pferden abgeworfen wird, wendet er in das Bild des strengen, gerechten Herrn, der die Zügel nach Bedarf lockert oder festerzieht. Damit einher geht seine Fähigkeit als Redner, die Masse nach Belieben in der Stimmung zu heben oder zu dämpfen – ein Aspekt, der, nach den sprachlichen Anklängen zu urteilen, sich wohl dem thukydideischen Perikles-Bild verdankt.

Diesen Wechsel in Verhalten, Auftreten und politischer Führerschaft dem Volk gegenüber charakterisiert Plutarch als μεταβολή. In der Beschreibung der 15jährigen »monarchischen« Phase weicht er von der gesamten Überlieferung ab. Nur das thukydideische Perikles-Bild zeigt die Züge, die Plutarch hierbei zugrunde legt. Gomme hat die Konstruktion dieser μεταβολή vor dem Hintergrund der völlig unterschiedlichen Beurteilungskriterien und Darstellungsziele bei Platon und Thukydides kritisiert.[62] Bei Platon steht der ethische Aspekt im Vordergrund. Da seiner Ansicht nach das Volk in einer Demokratie generell zu höheren Einsichten unfähig sei, wäre es Aufgabe der Politi-

[60] Ausf. dazu Stadter (1989) LVIII ff.; LXXVIII.
[61] Stadter (1989) XXXIV.
[62] HCT I, 65 ff., bes. 69.

ker, das Volk dahin zu führen. Unter diesem Aspekt haben die Demagogen des 5. Jahrhunderts versagt, da sie eine Beschleunigung der demokratischen Entwicklung bewirkt und den triebhaften Elementen des Demos-Verhaltens nachgegeben haben. Der Kritik des Perikles liegen moralische Maßstäbe zugrunde, die in der Darstellung des Thukydides ganz fehlen. Im Werk des Thukydides stehen dagegen Weitsicht, Rationalität und Führungskraft im Vordergrund. Auf diesen Gesichtspunkten baut Thukydides sein Perikles-Bild auf, ohne daß die Widersprüche zur Realität größere Berücksichtigung gefunden hätten. Beide Darstellungen stehen sich in ihrer Einseitigkeit kaum nach, und dementsprechend künstlich wirkt auch der Versuch des Plutarch, mit Hilfe eines Zwei-Phasen-Schemas diese unterschiedlichen Sichtweisen zu vereinbaren.

Jedoch ist für die Konstruktion dieser μεταβολή nicht nur das Harmonisierungsbedürfnis Plutarchs verantwortlich zu machen. Plutarchs grundsätzliches Anliegen in seinen Viten, besonders aber in der Perikles-Vita, war es auch, den zeitgenössischen Lesern das Modell eines idealen Staatsmannes vor Augen zu führen, der insbesondere auch als Vorbild für die römischen Kaiser taugen konnte.[63]

[63] Stadter XXXIV; vgl. Amelings Interpretation der Darstellung des Bauprogrammes bei Plutarch in: ders. (1985) 47ff.

II. ATHENS AUSSENPOLITIK: AUSGLEICH UND EXPANSION

Die Frage, ob Athen um oder vor 450 einen Frieden mit dem Perserkönig geschlossen hat, ist von entscheidender Bedeutung für die Einschätzung des attischen Selbstverständnisses. Athen als Führerin des Seebundes bezog die Legitimation für diese Funktion aus dem Kampf gegen die Perser. Neben Aspekten, die vorrangig das Verhältnis Athens zu seinen Bundesgenossen betreffen, ist in diesem Zusammenhang die Problematik des Kallias-Friedens ausschlaggebend für die Frage, ob in Athen, entweder unter dem Einfluß des kimonischen Sieges am Eurymedon oder später, möglicherweise im Zusammenhang mit einem wachsenden Einfluß des Perikles, eine Umorientierung stattgefunden hat von einer strikt auf die Bekämpfung der Perser zu einer auf Frieden und Neuorganisation des Bundes ausgerichteten Politik. Mit den Stichworten Ausgleich und Expansion sind diese Tendenzen nur unzulänglich beschrieben. Andererseits vergegenwärtigen sie die Spannweite der politischen Richtungen, mit denen in Athen im Hinblick auf die Orientierung des Seebundes gerechnet werden muß.

Vor allem die Charakterisierung der perikleischen Politik in ihrem Verhältnis zur prospartanischen Politik Kimons und seiner Anhänger hängt wesentlich von der Beantwortung dieser Frage ab. Die Authentizität des Kallias-Friedens ebenso wie seine Datierung entscheiden auch über die Authentizität des sogenannten Friedenskongresses und der damit verbundenen Forderung nach dem Wiederaufbau der von den Persern zerstörten Tempel. Letztlich geht es um die Frage, ob die Phase der attischen Politik, für die der Name des Perikles steht, mit dem Anspruch einer »Friedenspolitik« verhüllt wurde oder ob sie ganz offen als eine Politik der Macht- und Herrschaftssicherung auftrat.

1. Der Kallias-Friede und seine Überlieferung

Die Untersuchung von K. Meister hat die Diskussion um die Datierung und Existenz des Kallias-Friedens neu belebt.[1] Die bis dahin, vor

[1] Meister (1982), vor allem 6ff. über das Datum des Kalliasfriedens in den

allem aufgrund von Diodor,[2] überwiegend vertretene Ansicht war, daß 449/8 ein Abkommen, formeller oder auch informeller Art, zwischen einer attischen Gesandtschaft unter der Leitung des Kallias und dem Perserkönig bzw. seinem Satrapen getroffen worden war.[3] Meister hat in einer detaillierten Analyse gezeigt, daß mit Ausnahme Diodors fast alle anderen Quellen diesen Frieden, gleichgültig, ob sie ihn als historisch akzeptieren oder als Fälschung ablehnen, mit der Zeit nach der Schlacht am Eurymedon in Verbindung bringen. Aus historischen Gründen verneint Meister die Existenz eines wie auch immer gearteten Abkommens in dieser Zeit.

Eine grundsätzlich andere Position hat E. Badian in enger Auseinandersetzung mit der Untersuchung von Meister, aber auch mit den wesentlichen Thesen der älteren Forschung zu dem Komplex des Kallias-Friedens bezogen.[4] Im Zusammenhang einer gründlichen Revision der Chronologie für die Zeit von der Schlacht am Eurymedon bis in die vierziger Jahre belegt er folgende Ansicht: Nach der Schlacht am Eurymedon hat die Gesandschaft des Kallias ein Friedensabkommen mit dem König Xerxes geschlossen. Nach dessen Tod und der Thronbesteigung des Artaxerxes kam Kallias ein zweites Mal an den persischen Hof, um diesen Vertrag bestätigen zu lassen. Im Zuge der Entmachtung Kimons und der Umorientierung der attischen Politik durch die Reformen des Ephialtes wurde dieser Frieden von attischer Seite aus einer Politik des Expansionismus geopfert.[5] Nach deren Scheitern ist durch die Aussöhnung zwischen Perikles und dem aus dem Exil zurückgekehrten Kimon erneut ein Friedensabkommen mit dem Perserkönig geschlossen worden. Entsprechend dem Bericht des Diodor knüpft Badian diesen Frieden an die zyprische Expedition des Kimon und das Jahr 449.[6] Dieses Abkommen ist es dann, das 424 in dem sogenannten Epilykos-Vertrag wiederum bestätigt wird.

Quellen. Meister gibt 124ff. eine ausführliche Literaturübersicht zu dieser Thematik.

[2] Diod. 12,3–4.

[3] So vor allem Gomme, HCT I,331ff.; Andrewes, HCT VIII,134ff.; Meiggs, AE 129ff., 487ff.; Raubitschek (1964) 151ff.; Accame (1984); Meister (1982) 124: Von 151 Gelehrten halten 76% (= 114) den Kallias-Frieden für historisch, 19% (= 29) für unhistorisch, 5% (= 8) lassen die Frage offen.

[4] Badian (1987) 1–39.

[5] Badian (1987) 12.

[6] Neben dem Bericht des Diodor, dem aufgrund der starken Abhängigkeit Diodors von Ephoros eine gewisse Zuverlässigkeit zugebilligt wird (vgl. dazu

Aus der Gegenüberstellung der beiden wichtigsten neueren Thesen zum Kallias-Frieden, die konträre Standpunkte vertreten,[7] ergibt sich immerhin, mit welchen Unsicherheiten nach wie vor alle grundsätzlichen Einschätzungen und Beurteilungen der attischen Politik ebenso wie diejenigen einzelner Politiker dieser Epoche verbunden sind.

a) Die Überlieferung des 4. Jahrhunderts

Die früheste Erwähnung des Kallias-Friedens findet sich bei Isokrates in seinem Panegyrikos.[8] Später bezieht er sich auch in Passagen des Areopagitikos (80) und des Panathenaikos (59) auf einen Frieden mit den Persern, den er – im Gegensatz zu den zeitgenössischen Verhältnissen – als ruhm- und ehrenvoll darstellt.[9] In ähnlichem Zusammenhang sprechen auch Demosthenes und Lykurg von einem solchen Frieden, wobei Lykurg als einziger den chronologischen Hinweis auf die Schlacht am Eurymedon gibt.[10]

Dagegen bezieht sich Plutarch im Rahmen seiner Darstellung der Ereignisse vor und nach Eurymedon darauf, daß Kallisthenes den Abschluß eines derartigen Vertrages bestritten habe.[11] Der Perserkönig habe sich danach aus Furcht von der kleinasiatischen Küste ferngehal-

jedoch unten, 22ff.), zieht Badian Aristodemos FGrH 104 F 13 und Suda s. v. Καλλίας 214 [A] heran.

[7] Übersicht bei Meister (1982) 124ff.; vgl. Badian (1987); Heinrichs (1989); Lewis, CAH (1992) 7.

[8] Isokr. 4, 120. Im platonischen Menexenos (241d–242a) wird ebenfalls ein Frieden mit den Persern erwähnt. Dieser Friede wird im Zusammenhang mit der Schlacht am Eurymedon genannt, jedoch nicht als ein förmliches Abkommen oder entsprechender Vertrag charakterisiert. Darüber hinaus ist nach wie vor das chronologische Verhältnis zwischen Isokrates' Panegyrikos und dem Menexenos ungeklärt.

[9] Meister (1982) 10ff. ist der Ansicht, daß sich aus Areopagitikos 59 und der Rede über den Frieden 86 Anhaltspunkte dafür ergeben, daß auch Isokrates den Friedensschluß des 5. Jahrhunderts mit der Zeit nach der Schlacht am Eurymedon verbindet.

[10] Dem. 25,29 (351 v. Chr.); 19,273 (343 v. Chr.); Lykurg, Leocr. 73 (328 v. Chr.). Weitere Erwähnungen in späterer Zeit bei: Paus. 1,8,2; Ael. Arist. Rom. 10; Panath. 209. 272–75; De quattuorviris 140–42; Eusebius zu Ol. 79; Amm. Marc. 17,11,3; Himerios v. Prusias 6,29; Suda s. v. Κίμων und s. v. Καλλίας.

[11] Plut. Kim. 13,4–6; Kallisthenes FGrH 124 F 16.

ten und auch keine Flotten in die Gewässer westlich der Kyanaeen sowie der Chelidonischen Inseln gesandt. Dem fügt Plutarch hinzu, daß sich in der Psephismen-Sammlung des Makedonen Krateros die Abschrift eines Vertrages befinde, *als ob* er tatsächlich geschlossen worden wäre (Kim. 13, 5: ὡς γενομένων κατατέτακται). Plutarch selbst kommentiert diesen Widerspruch in seinen Quellen nicht weiter. Jedoch rückt er den Vertrag deutlich in ein Zwielicht, indem er von jenem *skandalösen* Frieden spricht (τὴν περιβόητον εἰρήνην ἐκείνην), der nach der Schlacht am Eurymedon geschlossen worden sei (Kim. 13, 4).[12] Diese völlig andere Tendenz in der Einschätzung eines solchen Abkommens, unabhängig davon, ob es geschlossen wurde oder nicht, hat sich auch in der Bemerkung des Demosthenes über einen Prozeß gegen Kallias niedergeschlagen.[13] Kallias sei nach seiner Rückkehr aus Susa beinahe getötet worden, da ihm der Vorwurf der Bestechlichkeit gemacht wurde. Bei der Euthyna soll er dann zu einer Geldstrafe von 50 Talenten verurteilt worden sein.[14]

Eine völlig andere Traditionslinie läßt sich aus dem Bericht des Diodor erkennen.[15] Diodor, der für seine Darstellung dieser Zeit die Universalgeschichte des Ephoros von Kyme benutzt hat, kann demnach ebenfalls auf die Überlieferung des 4. Jahrhunderts zurückgeführt werden. Nach seinem Bericht über die zyprische Expedition des Kimon schloß sich 449 v. Chr. ein Friedensabkommen zwischen dem persischen König Artaxerxes und den Athenern an. Badian hat darauf hingewiesen, daß sowohl Aristodemos (FGrH 104 F 13) als

[12] Meister (1982) 14; Sealey (1954/55) 329 nimmt an, daß Kallisthenes sich gegen einen vorangehenden Autor absetzt, den er als »Protokallisthenes« bezeichnet. Vgl. Meister (1982) 14; anders Wade-Gery (1958) 205; Walsh (1981) 46 mit der Ansicht, daß der Frieden nur kurzlebig gewesen sei.

[13] Dem. 19, 273 (Rede über die Truggesandtschaft); vgl. Meister (1982) 16.

[14] Meister (1982) 16 und 46f. verweist auf Plut. Arist. 25, 4–7, wo ebenfalls ein Prozeß gegen Kallias erwähnt wird; als Quelle nennt Plutarch in diesem Fall den Sokrates-Schüler Aischines v. Sphettos. Darüber hinaus bezieht Meister 46f. auch die Ostraka mit der Nennung ΚΑΛΛΙΑΣ ΗΙΠΠΟΝΙΚΟ in diese Argumentation mit ein. Allerdings scheint Demosthenes einerseits einen Kapitalprozeß, andererseits eine Anklage während der Rechenschaftsablegung zu erwähnen. Wenn Kallias zusätzlich noch ostrakisiert worden wäre, so wäre das tatsächlich ein Hinweis darauf, wie umstritten seine Verhandlungen in Susa gewesen waren.

[15] Diod. 12, 3–4 (zu den Kämpfen auf Zypern und einem sich daran anschließenden Frieden 449 v. Chr.) und 11, 60–62 (zur Eurymedon-Schlacht). Vgl. Meister 24ff.; Badian (1987) 15ff.

auch der Eintrag in der Suda s. v. Καλλίας sich offensichtlich auf einen Friedensschluß mit Artaxerxes nach der zyprischen Expedition beziehen. Da sowohl Aristodemos als auch die Suda den Frieden nach der Schlacht am Eurymedon mit Kimon in Verbindung bringen, denjenigen nach der zyprischen Expedition jedoch als Wiederaufnahme dieses Abkommens durch Kallias sehen, sind nach der Auffassung Badians diese beiden Verträge chronologisch und vom Umfeld her klar unterschieden. Die Quelle dieser Traditionslinie sieht er im Werk des Ephoros, wobei er die offenkundigen Verwirrungen Diodors zwischen der Schlacht am Eurymedon und dem zyprischen Feldzug als Eigenleistung Diodors von der Darstellung des Ephoros trennen will.[16]

Allerdings läßt sich, wenn auch Ephoros über das Abkommen nach Eurymedon *und* über einen Frieden nach der zyprischen Expedition berichtet haben sollte, kaum erklären, warum Diodor dann nur den zweiten Frieden von 449 beschreibt. Schließlich hat auch Plutarch das Werk des Ephoros benutzt und darüber hinaus auch beispielsweise mit demjenigen des Kallisthenes verglichen. So vermerkt er Kim. 12,4 die unterschiedliche Nennung der persischen Oberbefehlshaber am Eurymedon bei Ephoros (Tithrausthes/Pherendates) und Kallisthenes (Ariomandes). Wenn er Kim. 13,5 nach dem Eurymedonsieg wiederum auf die abweichende Meinung des Kallisthenes in bezug auf den Kallias-Frieden hinweist, so ist dies zumindest ein *argumentum e silentio* dafür, daß Ephoros den Frieden nicht nur ebenfalls für diesen Zeitraum berichtet, sondern daß er ihn, im Unterschied zu Kallisthenes, auch als historisch betrachtet. Von einem erneuten Friedensschluß 449 weiß Plutarch nichts, obwohl er Ephoros doch ebenso vorliegen

[16] Meister (1982) 26 weist darauf hin, daß Diodor für die Eurymedon-Schlacht, die nach Thuk. 1,100,1 und Plut. Kim. 12–13 ein See- und Landsieg war, nur die Landschlacht am Eurymedon berichtet, den Seesieg dagegen erst bei der späteren Zypernexpedition des Kimon. Diodor 12,3,2 zu dem Sieg vor Salamis auf Zypern 450 ist nach Meister a. a. O. eine nahtlose Fortführung von 11,61,2 zu der Eurymedon-Schlacht. Dagegen Meiggs (1984) 36f.: Trotz der von Meister betonten Ähnlichkeiten weisen die beiden Berichte Diodors zu Eurymedon und Zypern 450 doch auch erhebliche Unterschiede auf, die den Schluß auf eine Dublette bzw. die Aufteilung eines ursprünglich zusammengehörenden Berichtes nicht ohne weiteres gestatten, wie etwa die unterschiedlichen Namen der persischen Kommandanten oder die Feststellung im Zusammenhang der Zypern-Expedition, daß der ägyptische Aufstand niedergeschlagen war. Nach Meiggs zeigt dies, daß es sich für Diodor bzw. seine Quelle um zwei deutlich voneinander zu trennende Ereignisse gehandelt habe.

hatte wie Diodor.[17] Dieser Vergleich zwischen Plutarch und Diodor macht es eher unwahrscheinlich, daß Diodor das Datum von 449 aus Ephoros genommen hat.[18] Auch Aristodemos und das Lemma der Suda bieten keine wirklichen Anhaltspunkte, da es sich dabei um späte und äußerst knappe Bemerkungen handelt.

Die entscheidenden Argumente gegen die Historizität des Kallias-Friedens aus der Sicht des 4. Jahrhunderts hat Theopomp zusammengestellt.[19] In dem bei Harpokration überlieferten Zitat des Theopomp geht es offensichtlich um eine Stele mit Vertragstext, der zu Theopomps Zeiten noch einsehbar gewesen sein muß. Dieser Text war in ionischen Lettern geschrieben, die bekanntlich in Athen erst 403/2 für offizielle Texte eingeführt worden waren. Dies ist der Grund dafür, daß Theopomp den Vertrag als Fälschung bezeichnet (F 154).[20] Generell scheint Theopomp die Athener als Fälscher großen Stils denunziert zu haben: Der Eid von Plataiai sei ebenso gefälscht wie der Vertrag mit dem Großkönig Dareios. Auch die Schlacht von Marathon, mit der sich die Athener rühmen, sei Ausdruck dieser Scharlatanerie.[21]

Der Text des Theopomp-Zitates (F 153) wirft einige Fragen auf. Zum einen bezeichnet Theopomp den Vertrag mit dem Großkönig Dareios als eine Fälschung und nicht etwa denjenigen mit Xerxes oder Artaxerxes. Damit bezieht er sich auf den sog. Epilykos-Vertrag, der, wenn er historisch ist, 424/23 mit Dareios geschlossen worden ist.[22] Von diesem Vertrag läßt sich jedoch weder sagen, ob er eine

[17] Plut. Kim. 19,2–3 würdigt abschließend die Verdienste Kimons in der Auseinandersetzung zwischen Griechen und Persern. Die Formulierung, daß nach dessen Tod οὐδενὸς τὰς χεῖρας ἐν μέσῳ διασχόντος, weist darauf hin, daß Plutarch Kimon nicht unbedingt als glorreichen Sieger über die Perser einstufte, sondern ihm eher eine Mittlerrolle zuordnete. In Hinsicht auf die Umstrittenheit des Abkommens ist dies aufschlußreich: Es ließ sich wohl doch nicht als unbezweifelbarer Sieg propagieren.

[18] Anders Accame (1984) 5ff.

[19] FGrH 115 F 153–154 (= Theon. Progym. 2 [II 67,22 Sp]) und Harpokr. s. v. 'Αττικοῖς γράμμασιν ... Θεόπομπος ...; dazu ausf. bei Meister (1982) 59ff. und Badian (1987) 17f.

[20] Erklärungsversuche bieten etwa Connor (1968) 77ff. (ἐσκευωρῆσθαι stehe für »misrepresented«; demnach hätte Theopomp die Historizität des Vertrages nicht generell bestritten) und Meiggs, AE 137 (Theopomp habe eine spätere Abschrift gesehen; ebd. weitere Möglichkeiten, den Vorwurf Theopomps zu erklären); gegen Meister (1982) 59ff., 77ff. vgl. Meiggs (1984) 36f.

[21] FGrH 115 F 153; dazu Meister (1982) 60. Grundsätzlich dazu Habicht (1961) 19, 25f., der allerdings den Kallias-Frieden für historisch hält.

[22] Andok. 3,29; dieser Vertrag wird im allgemeinen durch die Ehrung eines

Verlängerung bzw. Wiederaufnahme eines älteren war oder ob es sich um ein völlig neues, möglicherweise auch formloses Abkommen handelte.

Eine zweite Schwierigkeit wirft die Formulierung des Theopomp-Textes auf: αἱ πρὸς βασιλέα Δαρεῖον Ἀθηναίων πρός Ἕλληνας συνθῆκαι. Ein Abkommen der Athener mit dem persischen König gegen die Hellenen ist in der Situation der 60er und 50er Jahre kaum vorstellbar, jedoch in der ersten Phase des Peloponnesischen Krieges, in der Auseinandersetzung mit Sparta, eher plausibel.[23] Eine andere Möglichkeit, diese sprachliche Schwierigkeit zu lösen, besteht in der Verwerfung sowohl von πρὸς Ἕλληνας als auch von Δαρεῖον; somit würde sich das Theopomp-Zitat nicht auf den sehr schlecht überlieferten Epilykos-Vertrag, sondern auf den Kallias-Frieden beziehen, der sicher nicht ein Abkommen der Athener mit dem persischen König gegen andere Griechen gewesen sein kann.[24] Allerdings sollte, wie auch Meister betont, ein solch schwerwiegender Eingriff in den Text nur die *Ultima ratio* sein. Läßt man den Text in seiner ursprünglichen Form, dann zeigt er, nicht unähnlich demjenigen Diodors, eine erstaunliche Unkenntnis der Fakten des Kallias-Friedens. Diese Unsicherheit muß nun jedoch ebensowenig auf Theopomp zurückgehen wie diejenige Diodors auf Ephoros. Eindeutig bleibt jedoch von der Aussage Theopomps nur der Zweifel an der Historizität – worin er sich mit Kallisthenes berührt – sowie der Vorwurf der Fälschung. Dieser Befund in der Überlieferung des 4. Jahrhunderts führt zu der Frage hin, wieso das Phänomen des Kallias-Friedens zu einer solchen Diskussion führen konnte. Wenn er wirklich geschlossen wurde, wäre die Diskussion

gewissen Herakleides inschriftlich gesichert: vgl. IG I³ 227 = ML 70 = HGIÜ 119; dieser soll das Zustandekommen eines Vertrages mit dem Großkönig gefördert haben. Vgl. Meister 61 mit Anm. 141; ausführliche Diskussion ebd. 79–91: Meister argumentiert auch gegen die Historizität des sog. Epilykos-Vertrages, da er die Ehrung des Herakleides auf den Königsfrieden bezieht und nicht auf einen Vertrag während des Peloponnesischen Krieges. Anders: Meiggs (1984) 37 (mit Bezug auf M. B. Wallace, JPE 5 [1983] 183f.) betont, daß es sich wahrscheinlich nicht um jenen Herakleides aus Byzanz, sondern um einen Gleichnamigen aus Klazomenai gehandelt hat, und verweist auf A. Blamire (Phoenix 29 [1977] 21), nach dem sich das Epilykos-Abkommen durchaus ohne den Bezug auf den Kallias-Frieden erklären läßt.

23 Meister (1982) 88f. zu den Befürwortern des Epilykos-Vertrages.

24 Badian (1987) 28 mit Anm. 51 zu der Problematik dieser doppelten Athetierung; Badian scheint eine Emendation vorzuziehen, etwa in dem Sinne Jacobys: περὶ Ἑλλήνων.

nur schwer zu erklären bzw. – wie Badian es vorschlägt – nur mit sehr unterschiedlichen zeitlichen Rahmenbedingungen und teilweise auch inoffiziellen Gegebenheiten. Wenn er nicht geschlossen wurde, dann ist die Diskussion eher zu erklären. Jedoch bleiben auch dann erhebliche Bereiche dieses Komplexes offen.

b) Die Überlieferung des 5. Jahrhunderts

Schließlich ist, neben diesen positiven und negativen Stimmen des 4. Jahrhunderts, das Schweigen der Quellen des 5. Jahrhunderts zu erklären. Weder Herodot noch Thukydides in seinem Abriß der Pentekontaetia erwähnten einen Friedensschluß der Athener mit den Persern. Das Schweigen des Thukydides ist besonders auffällig: Sein eigentliches Thema an dieser Stelle ist gerade das Anwachsen der attischen Macht. Sie ist eng verbunden mit dem Schicksal der verbündeten Städte und mit dem Kampf gegen die Perser.[25] Entweder wußte Thukydides nichts von einem Friedensschluß mit den Persern, oder er hat ihn, falls er ihn kannte, ignoriert. Für ein solches Übergehen ließen sich mehrere Gründe anführen.[26] Gomme hat auf andere »no less strange omissions« in der Darstellung der Pentekontaetia hingewiesen.[27] Andrewes, der in dem möglicherweise unvollendeten Zustand des thukydideischen Werkes einen Grund für das Schweigen sucht,[28] glaubt, daß Thukydides die Bedeutung der athenisch-persischen Beziehung erst spät und gegen Ende des Peloponnesischen Krieges erkannte. Daher würden sich auch die anderen Auslassungen wie beispielsweise die der

[25] Thuk. 1,89–118, bes. 1,89,1; 97, 2. Meister (1982) 48f.

[26] Auflistung bei Meister (1982) 49–50. Meiggs, AE 131; 140ff.

[27] HCT I, 365ff. Gomme listet ebd. 394ff. alle Ereignisse der Pentekontaetia auf, die bei Thukydides nicht erwähnt sind. Dazu zählen etwa Ostrakisierung, Flucht und Vertreibung des Themistokles, Ephialtes' Angriff auf den Areopag, die Verlagerung der Bundeskasse von Delos nach Athen, die Gründung zahlreicher Kleruchien und eben der sog. Kallias-Friede. Vgl. zu der thukydideischen Darstellung der Pentekontaetia jetzt Badian (1993), der in seinem zweiten Kapitel ausführlich auf die thukydideischen Darstellungsprinzipien eingeht. Die moderne Erwartung von chronologischer Vollständigkeit führt demnach zu eher irreführenden Interpretationen des thukydideischen Textes.

[28] Andrewes (1961) 1–18; vgl. ders., HCT VIII, 135 zu Thuk. 8,56,4: Vielleicht hat Thukydides hier in seiner Schilderung der Verhandlungen zwischen Athen und dem persischen Satrapen Tissaphernes die Klauseln aus dem sog. Kallias-Frieden als bekannt vorausgesetzt; vgl. auch Meister (1982) 50.

athenischen Unterstützung des Amorges-Aufstandes erklären.[29] Andererseits ist die Nichtexistenz des Kallias-Friedens immer noch die einfachste Erklärung für das Schweigen des Thukydides.

Auch Herodot erwähnt nichts von einem Vertrag der Athener mit dem Perserkönig. Allerdings gehörte diese Zeitspanne auch nicht zu seiner Thematik. Jedoch erwähnt er eine Gesandtschaft der Athener unter der Leitung des Kallias, die sich am Hof des Königs Artaxerxes befand.[30] Anlaß ist eine Gesandschaft aus Argos, die »viele Jahre später« (nach Salamis) bei Artaxerxes war, um sich zu vergewissern, ob das alte Abkommen, das die Argiver mit Xerxes geschlossen hatten, noch gültig sei. Kallias war zur selben Zeit in, wie Herodot sagt, »einer anderen Angelegenheit« dort. Abgesehen davon, daß es auffällt, wie Herodot sich müht, den Grund für die Anwesenheit des Kallias nicht zu nennen, diskreditiert er darüber hinaus auch die argivische Gesandtschaft. Herodot läßt offen,[31] ob sie wirklich stattgefunden hat oder vielmehr eine Erfindung gewesen ist. Möglicherweise soll dieser merkwürdige Nachsatz weniger die Argiver als die Athener in ein Zwielicht rücken. Aus Herodot ergibt sich immerhin die Historizität *einer* Gesandtschaft unter der Leitung des Kallias an den persischen Königshof in der Regierungszeit des Artaxerxes. Aus dem Zusammenhang ergibt sich der Schluß, daß Herodot sich auf Ereignisse zu Beginn der Regierungszeit des Artaxerxes bezieht.[32] Allerdings vertritt etwa Lewis die Ansicht, daß diese Gesandtschaft erst nach 450 stattgefunden habe. Nach dieser Interpretation ergäbe sich daraus ein deutlicher Hinweis auf die Historizität des Kallias-Friedens und vor allem auf seine Datierung um 450/49.[33] Herodots eigentümliche Formulierungen lassen keinen sicheren Schluß zu. Sie würden jedoch gut in das Bild von umstrittenen Verhandlungen passen, die wohl nicht zu einem Abschluß führten.[34]

Überhaupt ist es problematisch, ob es nach dem Selbstverständnis

[29] Thukydides erwähnt Amorges erst 412 (8,5,5), während der attische Entschluß, ihn zu unterstützen, wahrscheinlich schon drei Jahre früher zu datieren ist. Vgl. dazu Meiggs, AE 141.

[30] Herod. 7,151; vgl. Meister (1982) 44ff.; Badian (1987) 7 und 18.

[31] Herod. 7,152.

[32] So Badian (1987) a. a. O.

[33] Neben dem starken Gewicht, das Lewis, CAH (1992) 121f., dem Bericht Diodors gibt, ist dieses chronologische Argument für Lewis ausschlaggebend für die Datierung des Kallias-Friedens. Zusätzliches Indiz könnte auch die fehlende Tributliste von 449 – dazu s. u., 29 – sein.

[34] Meister (1982) 45f. Anders: Badian (1987) 1ff.

des persischen Königs denn möglich war, einen förmlichen Frieden zu schließen.[35] Andererseits sind die Bestimmungen in ihren Einzelheiten so konkret überliefert, daß sie einem Vertrag durchaus entsprechen. Gewisse Widersprüche in den Vertragsklauseln lassen sich durch die These Meisters, wonach im Verlauf des 4. Jahrhunderts eine allmähliche Konkretisierung zu beobachten sei, hinlänglich erklären.[36] So erwähnt etwa Isokrates im Panegyrikos (117ff.) nur einen Demarkationspunkt für die Seefahrt, nämlich die lykische Stadt Phaselis. Im Areopagitikos von 356 und im Panathenaikos von 339 nennt er darüber hinaus mit dem Halys auch eine Grenzlinie auf dem Land, die der Großkönig nicht überschreiten durfte.[37] Im Text des Vertrages, der auf der im 4. Jahrhundert in Athen aufgezeichneten Stele zu sehen war, wird an Stelle des Halys die sog. Sardeslinie genannt, d. h. die Grenze des Tagesrittes.[38] Für die Demarkationslinie zur See werden sowohl ein nördlicher Punkt (die Kyaneischen Inseln) als auch ein südlicher Punkt genannt, diesmal jedoch nicht Phaselis, sondern die Chelidonischen Inseln.

Die Darstellung der Vertragsklauseln bei Diodor bzw. Ephoros entspricht diesen Punkten. Darüber hinaus werden zwei weitere Bestimmungen berichtet: Die kleinasiatischen Griechenstädte sollten autonom sein, und die Athener gehen gegenüber dem Perserkönig die Verpflichtung ein, bei persischer Einhaltung der Bestimmungen nicht mit Soldaten gegen das Herrschaftsgebiet des Königs zu ziehen.[39]

Vor allem die Gewährung der Autonomie für die ionischen Griechen beleuchtet die umstrittene Authentizität des Friedens: Der Anspruch des Großkönigs auf die Tributzahlungen dieser Städte ist im 5. Jahrhundert nie aufgegeben worden, jedoch sind sie über lange Phasen hinweg nicht entrichtet worden.[40] Im Jahr 412 scheint, so jedenfalls Thukydides, der Großkönig diesen Tribut, den er »von den hellenischen Städten Athens halber nicht einziehen konnte«, nachträglich eingefordert zu haben.[41] Dies weist wieder eher darauf, daß es wohl keinen

[35] Vgl. dazu Heinrichs (1987) 525: Ein förmlicher Friedensvertrag wäre mit dem Herrschaftsverständnis der Achämenidenkönige nicht vereinbar gewesen.

[36] Meister (1982) 67ff.

[37] Isokr. Areopag. 80; Panath. 59.

[38] Vgl. dazu Diod. 12,4, 5 und Herod. 5,54,2.

[39] Diod. 12,4. Zu der Autonomiebestimmung vgl. Lykurg, Leocr. 330.

[40] Herod. 6,42,2; Thuk. 8,5,5; Isokr. 4,120. Ausf. Diskussion bei Meister (1982) 38f.; ebd. auch zur Unwahrscheinlichkeit von Doppelzahlungen der ionischen Städte sowohl an Athen als auch den Perserkönig.

[41] Thuk. 8,5,5; Übers. Landmann.

förmlichen Vertragsabschluß zwischen Athen und dem Perserkönig oder seinem Satrapen gegeben haben kann. Eher war es so, daß sich die persische Zurückhaltung als De-facto-Anerkennung der Machtverhältnisse zeigte. Als Zeitpunkt, von dem an mit diesem Rückzug der Perser aus dem Machtbereich des Seebundes zu rechnen ist, liegt der Sieg Kimons am Eurymedon nahe.

Im Zusammenhang der Ereignisse von 450/49 ist eine Unregelmäßigkeit zu nennen, die sich aus den Tributlisten dieses Zeitabschnittes ergibt.[42] Die fünfte der erhaltenen Aparche-Listen (vgl. dazu ausf. 65ff.) entspricht der Einziehung des Frühjahrs 449, d. h. der ersten Zahlung einer neuen Penteteris, einer Rechnungsperiode, die von 450 bis 446 reichte. Über die Reihe der folgenden Listen besteht Unklarheit: Für die anschließenden Jahre 448, 447 und 446 sind nur zwei vorhanden, die zwei aufeinanderfolgende Jahre, also 448 und 447 oder 447 und 446, betreffen. Es scheint daher eine Liste zu fehlen, entweder diejenige von 448 oder 446. Wenn 448 kein Tribut gezahlt worden wäre, läge die Verbindung zu dem Abschluß eines Friedensvertrages mit den Persern nahe.[43] Andererseits liegt auch für das Fehlen der Zahlungen im Jahr 446 eine plausible Erklärung vor: Nach der vernichtenden Niederlage der Athener bei Koroneia wurde das Geld möglicherweise zurückgehalten.[44] Das System von Einziehung und Registrierung des Tributes scheint in diesen Jahren gestört gewesen zu sein. Ob ein Zusammenhang mit dem Kallias-Frieden herzustellen ist, muß jedoch offenbleiben, vor allem deswegen, da auch in anderen Abrechnungsperioden Tributlisten aus nicht weiter ersichtlichen Gründen fehlen.[45]

2. *Probleme der Chronologie in den athenisch-persischen Auseinandersetzungen und die Entwicklung der attischen Herrschaft im Seebund*

Aus den Untersuchungen Meisters hat sich die zeitliche Verbindung zumindest der Verhandlungen zwischen der Gesandschaft des Kallias

[42] Ausf. dazu Meiggs, AE 153f., 514, 599; ML, 133–5; Lewis, CAH (1992) 123f., 129.

[43] Zu den Konsequenzen im Hinblick auf den sog. Friedenskongreß und die These vom Wiederaufbau der Tempel nach einem solchen Friedensschluß 450: III.1, 55ff.

[44] Dazu Lewis, CAH (1992) 125, der sich für 448 entscheidet.

[45] Die Listen von 437/6 und 431/0 fehlen ebenfalls: vgl. dazu Erxleben (1969) I, 91ff. Die Niederschrift der Listen war möglicherweise überhaupt in Anzahl und Reihenfolge schwankend.

und dem Perserkönig mit der Schlacht am Eurymedon ergeben.[46] Allerdings ist deren Datierung, wie zuletzt Badian ausführlich gezeigt hat, mit größeren chronologischen Problemen verbunden, die in engem Verhältnis zu der Niederschlagung der Aufstände in Naxos und Thasos stehen.

Meisters Hauptargument gegen einen Friedensvertrag, sei es nach Eurymedon, sei es nach 450, ist, daß die direkten kriegerischen Auseinandersetzungen weitergeführt wurden. Denn sowohl aus den 50er als auch den 40er Jahren lassen sich genügend Beispiele solcher Kampfhandlungen heranziehen, um die Historizität eines Friedensschlusses in Frage zu stellen. Dagegen hat Badian die Chronologie dieser Kämpfe einer detaillierten Revision unterzogen. Sein Ziel liegt dabei weniger in der chronologischen Fixierung bestimmter Ereignisse als in der Rekonstruktion der sehr unterschiedlichen Vorstellungen über die Rolle Athens. Deren Niederschlag sieht er gerade in den Beziehungen zu den Persern.

Die Gesandtschaft des Kallias, von der Herodot berichtet, gehört – nach der Interpretation Badians und Meisters – in die Anfangszeit der Regierung Artaxerxes' I. Die Schlacht am Eurymedon muß ihr vorausgegangen sein, also 467 oder 466, jedenfalls noch zu Lebzeiten von Xerxes stattgefunden haben.[47] Auffällig ist, daß Kimon die strategischen Möglichkeiten, die dieser Sieg öffnete, nicht ausnutzte,[48] sondern sich statt dessen nach Thrakien wandte. Damit verzichtete er auf die weitere Bekämpfung des persischen Erzfeindes und begann mit einer kriegerischen Aktion, die schließlich zum Abfall von Thasos und der kostspieligen sowie langwierigen Niederwerfung der bis dahin verbündeten Insel führte. Ob Kimon wirklich, wie Badian vermutet, einen Friedensschluß wollte oder ob er einen strategischen Fehler durch den Anspruch auf die siegreiche Beendigung des Perserkrieges zu kaschieren versuchte, läßt sich nach Lage der Überlieferung kaum sicher feststellen.

Die Revolte in Thasos folgte einige Zeit nach der Schlacht am Eurymedon.[49] Da sie über zwei Winterperioden andauerte, jedoch nicht

[46] So auch bei Badian (1987) 1ff.; anders: Accame (1982) 125ff. und ders. (1984) 1ff.; Heinrichs (1989) 189ff.; Übersicht und Diskussion der früheren Literatur bei Meister (1982) 32ff.

[47] Badian (1987) 3.

[48] Badian (1987) 3 weist darauf hin, daß er in dieser Situation – die gesamte Küstenlinie des Mittelmeeres war schutzlos – auf die Invasion Zyperns oder etwa die Unterstützung der ägyptischen Rebellion verzichtete.

[49] Badian (1987) 4; vgl. Bayer/Heideking (1975) 119ff. und besonders Steinbrecher (1985).

unmittelbar auf Eurymedon folgte (Thuk. 1, 100, 2: χρόνῳ ... ὕστερον), begann sie wahrscheinlich 465 und endete 463. Nach Thukydides' Angabe (1, 100, 1: ἐγένετο δὲ μετὰ ταῦτα καὶ ἡ ἐπ' Εὐρυμέδοντι ... πεζομαχία καὶ ναυμαχία) fand die Schlacht am Eurymedon nach der Niederschlagung der naxischen Revolte statt und vor derjenigen der Thasier. Ein weiterer chronologischer Anhaltspunkt ist die Ankunft des Themistokles in Ephesos während der Belagerung von Naxos und noch zu Lebzeiten des Xerxes.[50]

Badian hat schlüssig argumentiert, daß Thukydides' μετὰ ταῦτα hier nicht zu sehr auf eine Zeitangabe hin gepreßt werden darf. Wahrscheinlich dauerte die Belagerung von Naxos ebenso wie diejenige von Thasos zwei Jahre. Wenn also Themistokles noch zu Lebzeiten von Xerxes, jedoch während der naxischen Aktion in Asien eintraf, dann fand die Belagerung über den Zeitraum von 466/5 und 465/4 statt und ist durchaus gleichzeitig mit Eurymedon gewesen.[51] Demnach hat die naxische Rebellion etwa mit dem Zeitpunkt der Schlacht am Eurymedon 466 begonnen, während Abfall und Niederwerfung von Thasos 465 bis 463 folgten. Da jedoch die Gesandtschaft des Kallias am persischen Hof schon in die Regierungszeit des Artaxerxes fällt,[52] sind diese Verhandlungen in etwa zeitlich parallel zu der thasischen Revolte.

a) Kimons Politik des Ausgleichs

Diese Gleichzeitigkeit nimmt dem kimonischen Anspruch auf einen Sieg einiges von seinem Glanz. Die Bemerkung Plutarchs (Kim. 19, 2–3) über die Mittlerrolle Kimons zwischen Griechen und Persern gibt einen weiteren Hinweis darauf, daß es mehr um Ausgleich als um Verhandlungen aus einer Position der »Sieghaftigkeit« ging. Die Anklagen gegen Kallias, die Bemerkungen Herodots und Plutarchs, möglicherweise auch das Schweigen des Thukydides lassen darauf schließen, daß diese Verhandlungen, die sehr wahrscheinlich sogar scheiterten,[53]

[50] Plut. Them. 24, 6; 25, 3. Zu den Schwierigkeiten, aus diesen Angaben des Thukydides eine chronologische Reihenfolge oder einen entsprechenden Ablauf zu rekonstruieren: Badian (1993), 73 ff.

[51] So Badian (1987) 6.

[52] Herod. 7, 152; von einer anderen Mission ist nichts bekannt – Badian stellt hierzu eine reine Hypothese auf. Zum Beginn der Regierungszeit des Artaxerxes 465/4: Badian (1987) 2–3 mit Anm. 7; ebd. auch Überlegungen zu den Zeiten, die für Reisewege zu veranschlagen sind.

[53] Das wäre auch eine mögliche Erklärung für die zurückhaltend-ambiva-

innenpolitisch umstritten und in ihrem Ziel nicht eindeutig gewesen sind.

Die folgenden Auseinandersetzungen zwischen Athenern und Persern, für Meister das Hauptargument gegen einen Friedensschluß, sind als deutliche Diskreditierung dieser Verhandlungen zu verstehen. In der differierenden Haltung Persien gegenüber, die die persönlichkeitsorientierte Überlieferung der Antike an die Handlungen einzelner, führender Politiker band, haben sich unterschiedliche Auffassungen über die Rolle Athens verwirklicht (dazu ausführlich unten). Die Rivalität zwischen Kimon einerseits,[54] Ephialtes – und möglicherweise auch schon Perikles – andererseits hat sich nicht nur in der Anklage gegen Kimon, sondern wahrscheinlich auch in derjenigen gegen Kallias nach dessen Rückkehr aus Susa niedergeschlagen.

Vor dem Hintergrund der Anklagen gegen Kallias, die sicher mit seiner Gesandtschaft und den Verhandlungen im Zusammenhang stehen, ist auch für den Prozeß gegen Kimon etwas Derartiges zu vermuten. Nach seiner Rückkehr aus dem Norden und der Niederschlagung des thasischen Aufstandes ist Kimon in Athen vor Gericht gezogen worden, wobei Perikles als einer der vom Volk bestimmten Ankläger auftrat.[55] Nach der Athenaion Politeia war dies Teil von Kimons Euthyna, und man warf ihm vor, daß er sich durch den makedonischen König Alexander habe bestechen lassen, diesen nicht anzugreifen.[56] Demosthenes spricht von einer ihm auferlegten Buße von 50 Talenten, allerdings wegen des Versuches, die Verfassung zu ändern.[57] Bei Plutarch wiederum

lente Erwähnung (»coy« nennt Badian dies) der Kallias-Gesandtschaft bei Herodot; auch Plut. Kim. 13,4, der den Frieden als skandalös bezeichnet, weist auf ein negatives Ergebnis hin; vgl. auch Meister (1982) 46.

[54] So Badian 8f.; Sealey (1956) vertritt die Ansicht, daß in dieser Zeit noch kein Nachweis für eine Rivalität zwischen Perikles und Kimon vorläge. Zu berücksichtigen ist dabei auch die Neigung der antiken Historiographie zur antithetischen Gegenüberstellung politischer Führer: Plut. Arist. 2,1; Them. 3,1; Nik. 2,2; Nik. 2,1 zitiert Plutarch eine paarige Gegenüberstellung aus Aristoteles (AP 28). Vgl. dazu Stadter (1989) 81.

[55] AP 27,1; Dem. 23,205; Plut. Kim. 14,2–15,1; Per. 10,5; Nepos, Kim. 3 (berichtet nur den Ostrakismos, nicht den Prozeß). Bei Diodor sind weder der Prozeß noch der Ostrakismos erwähnt. Vgl. dazu Baumann (1990) 28ff.

[56] Badian (1987) 8 mit Anm. 13 lehnt dies als »mere guess« ab.

[57] Je nach Lesart die attische oder die parische Verfassung. Letzteres wäre dann eventuell als Dublette zur Expedition des Miltiades nach Paros zu verstehen. Vgl. dazu G. Busolt, Griech. Gesch. 3,1,155; Ed. Meyer, Forschungen zur Alten Gesch. 2,25 mit Anm. 1; dagegen Raubitschek, CM 19 (1958) 91 mit Anm. 7.

wird von Kimons Anklägern die Todesstrafe gefordert, womit ein Prozeß während der Rechenschaftsablegung kaum zu vereinbaren ist. Aus diesen sehr widersprüchlichen Nachrichten ist nicht zu entnehmen, ob es sich um einen Prozeß vor dem Areopag oder vor einem vom Volk gewählten Dikasterion handelte bzw. ob es sich nicht überhaupt um zwei verschiedene Prozesse gehandelt hat.[58] Theopomp hat Kimon als mehrfach der Bestechlichkeit überführten Dieb bezeichnet, der anderen athenischen Strategen darin zum Vorbild geworden sei.[59]

Im Hinblick auf die von Plutarch beschriebene Mittlerfunktion, die Kimon zwischen Persern und Griechen, jedoch gleichermaßen auch zwischen Athenern und Spartanern eingenommen habe,[60] lassen sich diese Vorwürfe und die möglicherweise daraus erfolgten Prozesse auch anders verstehen. Wenn Kallias wegen seiner Verhandlungen, die wohl gescheitert sind, in Athen angeklagt wurde, dann drängt sich der Vergleich mit der Anklage gegen Kimon wegen des Nichtangriffs Makedonien gegenüber auf: In beiden Fällen ging es darum, daß die Kämpfe um territoriale Vorherrschaft gegen die Barbaren zugunsten des *Status quo* eingeschränkt oder sogar aufgegeben werden sollten. Abgesehen von den grundsätzlichen Vorstellungen zum Verhältnis zwischen Griechen bzw. Athenern und Persern ist es selbst unter rein strategischen Überlegungen auffällig, daß Kimon an seinen Sieg am Eurymedon nicht die Befreiung Zyperns anschloß.[61]

b) Offensive und Expansion nach Kimons Sturz

Dagegen zitiert Plutarch eine Nachricht aus Kallisthenes,[62] daß Perikles mit 50 und Ephialtes mit 30 Schiffen nach Eurymedon über die Chelidonischen Inseln hinaus segelten, ohne auf persischen Widerstand zu stoßen.[63] Nach der Rücksendung des attischen Heeres durch

[58] Anders Baumann (1990) 29, der für eine Anklage vor dem Areopag plädiert. Vgl. ausf. dazu Stadter 126f.

[59] Vgl. dazu W. R. Connor, GRBS 4 (1963) 107–114, der dieses Fragment für echt hält. Die antike Kimon-Kritik klingt auch in AP 26,1 an, vgl. dazu Chambers (1990) 262.

[60] Plut. Kim. 16–17,2 zu seiner Unterstützung für eine attische Hilfsexpedition nach dem Erdbeben in Sparta. Vgl. zu einer ähnlichen Einschätzung Badian (1987) 9.

[61] Vgl. dazu Meiggs, AE 79.

[62] Plut. Kim. 13,4.

[63] Diese beiden Expeditionen werden sehr unterschiedlich eingeschätzt:

die Spartaner und dem Ostrakismos des Kimon – beides stand möglicherweise in engem Zusammenhang mit der Entmachtung des Areopags –[64] gehen die kriegerischen Auseinandersetzungen auch mit den Persern unvermindert weiter. Die Aufkündigung des 480 geschlossenen Bündnisses mit Sparta sowie der Abschluß eines Vertrages mit Argos[65] und Thessalien gehören in den gleichen Zusammenhang wie die Expedition nach Zypern.[66] Man versuchte offensichtlich sofort im Anschluß an die Entfernung Kimons dessen Verzicht nach der Schlacht am Eurymedon auf weitere Angriffe durch eine neue Offensive auszugleichen: 200 Schiffe wurden nach Zypern gesandt. Auf ein Hilfsgesuch des libyschen Prinzen Inaros hin, der die Wirren um die Nachfolge des Xerxes und die Thronbesteigung des Artaxerxes zu einer Revolte in Ägypten nutzte, beteiligte sich diese Expedition jedoch an dem ägyptischen Aufstand.[67] Die Zusammenfassung der Kriegshandlungen, die Thuk. 1,103–106 gibt, wird durch die Liste der Gefallenen der Phyle Erechtheis bestätigt.[68] Nach dem Präskript der Inschrift sind in demselben Jahr (τô αὐτô ἐνιαυτô) Athener dieser Phyle in Zypern, Ägypten, Phönikien, Halieis, Aigina und Megara gefallen. Demnach müssen sowohl die Aktionen der Athener in Megara, die Expedition nach Zypern und Ägypten, der Kampf mit den Korinthern bei Halieis ebenso wie die Seeschlacht bei Aigina und eine sonst nicht weiter bekannte Aktion in Phönikien in demselben Jahr

Badian (1987) 10 weist darauf hin, daß nichts von Gewinn und Beute dieser Expeditionen bekannt ist. Er sieht darin einen Hinweis, daß Perikles und Ephialtes sich eines Angriffes auf das Territorium des Großkönigs enthielten und damit das Abkommen des Kallias respektierten. Dagegen Meister (1982) 34 mit Anm. 64; vgl. Walsh (1981) 46f.

[64] Zu Perikles' Gesetz über die Richterbesoldung und die Entmachtung des Areopags durch Ephialtes: unten Kap. VI.3.

[65] Meiggs, AE 93 sieht in diesem Bündnis den Grund für die bei Herodot berichtete argivische Gesandtschaft zu Artaxerxes: Da indirekt Sparta herausgefordert wurde, wollte man sich dieserart der Neutralität des Perserkönigs versichern. In dieses zeitliche Umfeld gehört wahrscheinlich auch die Schlacht bei Oinopytha, in der Athen und Argos Sparta eine schwere Niederlage zufügten. Zu der Problematik der schlecht überlieferten Schlacht: Badian (1988) 311ff.

[66] Thuk. 1,102–104. Dazu Meiggs, AE 92ff.; Meister (1982) 34f. mit den Gründen für die Ahistorizität des Kallias-Friedens.

[67] Thuk. 1,104; vgl. Herod. 3,12,4 mit 7,7; Diod. 11,73,3–6. 74,1–4. 75. 77,1–5; Ktesias v. Knidos = FGrH 688 F 1,32–34; IG I^2 929 = ML 33 = HGIÜ 53.

[68] IG I^2 929 = ML 33 = HGIÜ 53.

zumindest begonnen und zu blutigen Auseinandersetzungen geführt haben.[69]

Die direkten Auseinandersetzungen mit den Persern in Ägypten lassen den Abschluß eines Friedensvertrages durch Kallias nur etwa 5 Jahre zuvor als kaum plausibel erscheinen.[70] Gleichzeitig mit dieser Abwendung von der kimonischen Strategie, die wohl von Plutarch richtig als eine eher ausgleichende als expansionistische eingeschätzt wurde, berichtet Thukydides über ein breites Ausgreifen Athens in Mittelgriechenland: Die Schlacht bei Halieis gegen Korinth und Epidauros, gefolgt von der Seeschlacht bei Kekryphaleia, gleichzeitig der Krieg mit Aigina, in dem sowohl zur See wie auch an Land gefochten wurde, gehören in den Zeitraum kurz nach der Ostrakisierung des Kimon. Hinzu kam, ebenfalls in dieser Zeitspanne, aber von Thukydides nicht erwähnt, ein siegreiches Gefecht zu Land gegen die Spartaner bei Oinopytha.[71]

[69] Thuk. 1,103,4 weist darauf hin, daß die Aversion der Korinther gegen die Athener seit diesem Engagement der Athener in Megara datiert. Aus diesem Grund hätten sie während des euböischen Aufstandes auch den Abfall Megaras unterstützt (1,114,1): vgl. dazu unten. Im einzelnen zu den Beziehungen zwischen Athen und Korinth vor dem Peloponnesischen Krieg: Kagan (1969) 173ff.; Ste.-Croix (1972) 200ff., 211ff.; anders: Raubitschek (1977) 266ff. Zur Chronologie vgl. Badian (1993) 73ff. und Lewis, CAH (1992) 127ff.

[70] Vgl. L. H. Jeffery (1990) 342. 21 = ML 34 = HGIÜ 55: In diesem Epigramm auf samische Gefallene wird ein Seesieg bei Memphis zwischen Medern und Hellenen erwähnt, bei dem die Samier den Phönikern 15 Schiffe genommen haben. Memphis ist teilweise ergänzt ([Μέμ]φιος), jedoch weisen ML 34, S. 77 auf die enge Verbindung dieses Textes zu Thuk. 1,104,2 und Ktesias 63 (Gilmore) hin, so daß die von Peek, Klio 32 (1939) 289–306 vorgeschlagene Datierung in die Mitte des 5. Jahrhunderts und damit der Bezug auf die bei Thukydides zu Beginn der ägyptischen Expedition erwähnten Kämpfe bei Memphis zu akzeptieren ist. Vgl. zur Chronologie Badian (1988) 313ff.

[71] Paus. 1,15,1; 10,10,4; Pausanias beschreibt bei seinem Rundgang in der Stoa Poikile als viertes Wandgemälde diese Schlacht zwischen Athenern und Spartanern, für deren siegreichen Ausgang die Argiver in Delphi ein Monument der Sieben gegen Theben aufstellen ließen. Meiggs 469ff. diskutiert ausführlich die unterschiedlichen Möglichkeiten, diese sonst nicht überlieferte Schlacht zu datieren. Vgl. v. a. L. H. Jeffery, ABSA 40 (1965) 41–57, die diese Schlacht im Zusammenhang mit dem Periplous des Tolmides erklärt. Meiggs, AE 469ff. sieht in der Schlacht nur ein marginales Ereignis – deshalb auch keine Erwähnung bei Thukydides –, das jedoch in zeitgenössischer Perspektive von besonderer Bedeutung war, da es den ersten Landsieg über ein spartanisches Heer darstellte. Damit erklärt Meiggs auch, daß man damals dieses außerge-

Daß diese grundsätzliche Neuorientierung der attischen Politik in engem Zusammenhang mit dem Sturz Kimons zu sehen ist, läßt sich nach der Aussage der antiken Überlieferung ebenso wie nach dem inneren Zusammenhang der Ereignisse nicht bestreiten. Dagegen ist die Frage, in welchem Maß Perikles an dieser Entwicklung beteiligt gewesen ist und inwiefern sich seine Person mit einem konkreten politischen Programm verbinden läßt, sehr viel weniger eindeutig. Die Leitung der See-Expedition über die Chelidonischen Inseln hinaus besagt an sich noch nicht, daß Perikles als Vertreter einer Politik einzustufen sein könnte, die gegen die kimonische Bewahrung des *Status quo* und auf eine Expansion gerichtet war.[72] Allerdings wird er bei Plutarch mit einer Phrase zitiert, die sich einfügt in den Ausbruch der Feindseligkeiten mit Aigina: Er drängte wohl auf die Entfernung Aiginas als ὡς λήμην τοῦ Πειραιῶς.[73] Die Auseinandersetzungen mit Aigina begannen 460 bzw. 459[74] und endeten mit völliger Unterwerfung, Eintritt in den Seebund und der Festsetzung auf den höchsten Tributbeitrag überhaupt (30 Talente). Die aktive Rolle, die Perikles hierbei gespielt hat, ist aus dem überlieferten Ausspruch abzuleiten.

Im weiteren Verlauf der Kämpfe dieses Jahrzehnts bis zur Rückkehr Kimons tritt Perikles im Gegensatz zu Myronides und Tolmides kaum hervor. Jedoch bei Kimons Versuch, in der Schlacht von Tanagra mitzukämpfen,[75] sind es vor allem die φίλοι τοῦ Περικλέους, die dies verhindern. Thukydides verbindet gerade diesen Feldzug mit einem in Athen aufgekommenen Verdacht, daß die Spartaner und attische Oligarchen einen Umsturz der demokratischen Verfassung beabsichtigt hätten.[76] Plutarch bringt Kimon sogar direkt damit in Verbindung: Kimons Feinde, das bedeutet bei der Parallelität der beiden Biographien:

wöhnliche Ereignis auf einem Gemälde öffentlich und im Zusammenhang mit dem Tatenkatalog der Athener (Amazonomachie, Iliupersis, Marathon) präsentierte. Aus der späteren Rückschau des 5. Jahrhunderts schien dieses Gefecht dann wahrscheinlich unbedeutend gewesen zu sein. Vgl. dagegen Badian (1988) 312: »After all, it must have been the one battle, apart from Marathon, which everyone living in Athens or visiting the city could literally never overlook.« Vgl. dazu Badian (1993) 73ff.

[72] Vgl. Badian (1987) 11 mit Anm. 17.

[73] Plut. Per. 8,7; vgl. dazu Stadter (1989) 108.

[74] Vgl. oben Anm. 55 zur Gefallenenliste der Phyle Erechteis.

[75] Plut. Per. 10,1; vgl. Kim. 17,4–9; Thuk. 1,107,2–108,1; Diod. 11,80; vgl. dazu: Stadter (1989) 122f.; HCT a. a. O.; Ste.-Croix (1972) 190f.; Meiggs, AE 417f.; Badian (1988).

[76] Thuk. 1,107,4. 6; vgl. Plut. Kim. 17,5.

die φίλοι τοῦ Περικλέους, machen ihm diesen Vorwurf der Verschwörung.[77] Da Plutarch in diesem Zusammenhang auch die Boule erwähnt, ist möglicherweise sogar offiziell Anklage erhoben oder doch zumindest ein Beschluß des Rates in dieser Sache gefaßt worden.[78] Abgesehen von dieser Aktion gegen Kimon, die nach Plutarch auch der Grund für die besonders herausragende Tapferkeit des Perikles in der Schlacht bei Tanagra war, ist von Perikles' militärischen Expeditionen nur noch eine Seefahrt nach Sikyon mit anschließender Schlacht gegen die Sikyonier bekannt.[79]

Dagegen spielte Perikles nach Plutarch eine entscheidende Rolle bei der Rückberufung Kimons.[80] Plutarch kennt offensichtlich eine Überlieferung zumindest einiger der von Perikles formulierten Gesetze und Beschlüsse (Per. 8,7), und es besteht kaum ein Anlaß, in diesem Fall eine Fälschung zu vermuten. Demnach wäre Kimon vorzeitig aus dem Exil zurückberufen worden, wobei jedoch nicht deutlich wird, wie lange nach der Schlacht bei Tanagra dies geschah und aus welchen Gründen.[81] Auch die Motivation des Perikles, wie sie bei Plutarch berichtet wird, scheint eine spätere Interpretation zu sein, die die Ereignisse in Athen auf die Gegnerschaft zwischen Perikles und Kimon fixiert. Das geheime Abkommen zwischen beiden, mit der Hilfe von Elpinike vermittelt, in dem Perikles sich die innenpolitische Sphäre der Stadt, Kimon dagegen die außenpolitische der militärischen Expeditionen zuteilte, ist zu Recht als Anekdote eingestuft worden.[82]

Andererseits spricht einiges dafür, daß in den Jahren nach Tanagra und dem ägyptischen Desaster eine politische Umorientierung in Athen stattfand.[83] Denn gleichzeitig mit Kimons Rückkehr scheint ein

[77] Stadter (1989) 123.

[78] Rhodes, AB 36 hält die Beteiligung der Boule für unwahrscheinlich.

[79] Thuk. 1,111.

[80] Plut. Per. 10,4; Kim. 17; Stadter (1989) 124f. mit Diskussion der verschiedenen Möglichkeiten.

[81] Die Schlacht bei Tanagra hat 457 oder 458 stattgefunden, und Kimons Rückkehr erfolgte vielleicht direkt im Anschluß daran: Meiggs, AE 111 und 422; Bayer/Heideking (1975) 137; Badian (1987) 12–3; möglich ist auch, daß er erst nach Ablauf der vollen 10 Jahre zurückkehrte: vgl. Badian (1988) 313ff.

[82] Stadter zu Plut. Per. 10,5 vermutet Antisthenes als Quelle (Athen. 13,589 E). Zur Vermittlung der Elpinike in dem Prozeß gegen Kimon: Plut. Kim. 14,3–5 (mit Bezug auf Stesimbrotos FGrHist 107 F 5); dazu auch Stadter (1989) 126.

[83] Datierung von Tanagra: s. o. Anm. 75; ägyptische Chronologie und Einschätzung als Desaster: Badian (1987) 12 mit Anm. 23; Badian (1988) 318f.

dreijähriger Stillstand der Auseinandersetzungen eingetreten zu sein (Thuk. 1,112,1), dem erst der 5jährige Waffenstillstandsvertrag und danach der 30jährige Frieden von 446/5 folgten.[84] Da der Waffenstillstand der kimonischen Vermittlung zu verdanken war (Plut. Per. 10,4), würde auch die vorhergehende, von Sparta Athen zugestandene Atempause vor dem Hintergrund der kimonischen Präsenz in Athen gut zu erklären sein.[85] Nach den großen Verlusten in Ägypten war dies einerseits dringend notwendig, andererseits muß aber auch der Zusammenhang mit den Maßnahmen gesehen werden, die Athens Verhältnis zu den Bündnern grundsätzlich veränderten. Mit der Verlagerung der Bundeskasse von Delos nach Athen, den Auseinandersetzungen um Erythrai und Milet sowie dem Bürgerrechtsgesetz des Perikles beginnt eine Phase der attischen Politik, die sich in den 40er und 30er Jahren in verstärktem Maße fortsetzt. Deren Charakteristika sind zentralisierende Maßnahmen in den Bereichen des Rechtes und der Finanzen, zunehmende Unterdrückung der Bundesgenossen vor allem durch Landkonfiskationen und ein deutlich herausgestellter, ideologisch untermauerter Führungsanspruch.[86]

c) Expansionistische Tendenzen der attischen Politik von der Ägypten-Expedition bis zum 30jährigen Frieden mit Sparta

Die ausgreifenden Tendenzen, die bis zur ägyptischen Katastrophe vorherrschten, prägen im Grunde die attische Politik auch weiterhin. Die Zypern-Expedition des Kimon, deren Ziel das Durchbrechen der phönikischen Macht war, knüpft dort an, wo die Vernichtung des attischen Korps in Ägypten die Expansion unterbrochen hatte. Denn

[84] Anders Diod. 11,86,1; dazu: Badian (1987) 13; vgl. ders. (1988) 319f.; Meiggs, AE 175ff. und Lewis, CAH (1993) 136ff.

[85] Badian (1987) 13 vermutet, daß Kimons Rückkehr als spezielles Privileg an die Bedingung geknüpft gewesen sein könnte, daß er sich in Athen politisch nicht betätige. Damit wäre der Ostrakismos auf eine Atimie reduziert worden, und daraus hätte sich dann später die anekdotische Überlieferung entwickelt, wie sie bei Plutarch und wohl auch bei dem von ihm zitierten Idomeneus (Per. 10,7) erhalten ist. Idomeneus vertrat nach Plutarch die Ansicht, daß Perikles seine politischen Rivalen, zu denen dieser nicht nur Kimon, sondern auch Ephialtes zählte, mit Gewalt beseitigen ließ. Dagegen hält Plutarch an seiner Sicht des Perikles als eines vernünftigen, auf Kompromißbereitschaft bedachten Politikers fest (vgl. dazu oben Kap. I.2.b).

[86] Dazu im einzelnen: Meiggs, AE 205ff.; zu Erythrai: IG I^3 14 = ML 40 =

neben der Belagerung Kitions, der nach Diodor die Eroberung von Marium voranging, wurden 60 Schiffe dieser Flotte nach Ägypten gesandt, um auf ein Hilfsersuchen des Amyrtaios zu antworten. Im Vergleich zu Kimons Strategie nach Eurymedon einerseits und den Feldzügen sowie Flottenzügen in der ersten Hälfte der 50er Jahre andererseits fällt auf, daß die Zielsetzung dieses zweiten großen Zuges in das östliche Mittelmeer die von Kimons Rivalen nach seiner Ostrakisierung initiierte Expansionspolitik fortsetzt und nicht etwa seine eigene Strategie der Bewahrung des *Status quo*. So ist der Waffenstillstand mit Sparta in dieser Hinsicht genutzt worden, um wieder mit neuen Kräften auszugreifen.

Inwieweit auch Kimon selbst einen Sinneswandel durchmachte oder sich der in Athen führenden Richtung anpaßte, ist hiernach schwer zu beurteilen. Daß sein Tod jedoch zum Abbruch der Expedition führte, ist eine plausible Erklärung. Andererseits wird von den Befürwortern des Kallias-Friedens der Friedensschluß selbst als Grund angeführt.[87]

In die Zeit nach 450 gehört wohl auch der bei Plutarch (Per. 19, 1) erwähnte Zug des Perikles zur thrakischen Chersones, wo er nicht nur 1000 Kolonisten ansiedelte, sondern auch andere Kolonien verstärkte. Dieses Gebiet war für die attische Kornversorgung von eminenter Wichtigkeit. Ebenso wie Miltiades (Herod. 6, 36, 2) befestigte Perikles die Landenge der Halbinsel mit einer Mauer, die die Thraker von Einfällen abhalten sollte. Eine Liste der Gefallenen kann mit diesen Kämpfen in Verbindung gebracht werden, obwohl in ihr auch kriegerische Auseinandersetzungen in Byzanz und ἐν τοῖς ἄλλοις πολέμοις erwähnt werden, die mit diesem Zug des Perikles, wenn er tatsächlich in die Jahre vor 446 gehört, nur schwer in Zusammenhang gebracht werden können.[88]

HGIÜ 63 = StV II 134 und Milet: IG I^3 21 = HGIÜ 65 = StV II 151; zur Ideologie des Perserkampfes: Kap. IV.1.a; Landkonfiskationen sind schon seit den Reformen des Ephialtes überliefert: Meiggs, AE 120ff., 158ff.; dazu Plut. Per. 7, 8; vgl. Stadter (1989) 99f.

[87] Zur Beteiligung des Pissuthnes an den Auseinandersetzungen in Samos und zur Pontos-Expedition: s. u., 46ff.

[88] IG I^2 943 = ML 48 = HGIÜ 77; vor allem die Verfasser der ATL 3, 45f. argumentieren für eine Datierung der thrakischen Expedition des Perikles in diese Zeit: In der Tributliste von 453 bezahlte die Chersones als Ganzes 18 Talente, 449 dann 13 Talente und möglicherweise noch eine zweite Rate später im Jahr. 447 bezahlte sie nichts, 446 sind dann verschiedene Einzeleinträge und die Χερρονεσῖται werden dann als Χερρονεσῖται ἀπ' 'Αγορᾶς bezeichnet. Die Gesamtsumme dieses Jahres beträgt nur 3 Talente. Diese Reduzierung ist durch

Insgesamt scheint sich aber auch das Verhältnis zwischen Athen und Sparta trotz des 5jährigen Waffenstillstandes nicht merklich entspannt zu haben. Die Auseinandersetzungen um das delphische Heiligtum führen zu direkten Kampfhandlungen: Sparta interveniert 449, um das delphische Heiligtum aus phokischer Kontrolle zu reißen und Delphi zurückzugeben – danach wird es von Athen noch im selben Sommer wiederum dem phokischen »Schutz« unterstellt.[89] Plutarch berichtet hier aus der Kenntnis der entsprechenden Inschrift in Delphi, daß die Athener bei dieser Aktion auch das Recht der Promantie erwarben, das inschriftlich im Heiligtum niedergelegt war. Nach Koroneia und dem Rückzug aus Mittelgriechenland verliert Athen jedoch auch seine entsprechenden Einflußmöglichkeiten in Delphi. Die Expansion in Mittelgriechenland scheiterte an der unruhigen und unübersichtlichen Lage in Böotien (Thuk. 3,62,5), die zu der attischen Niederlage bei Koroneia gegen ein Heer der Exulanten aus Orchomenos, Lokri sowie Euböa und dem endgültigen Rückzug aus Böotien führte.

Gleichzeitig erhob sich Euböa, in Megara wurde die attische Besatzung, die wahrscheinlich nach dem Hilfsgesuch der Megarer gegen Korinth 461 dort stationiert worden war, massakriert.[90] Der Waffenstillstand mit Sparta war abgelaufen, und ein Heer unter dem spartanischen König Pleistoanax überschritt die attische Grenze.[91] In dieser Krise trat Perikles in der Überlieferung als der Protagonist auf[92]: Ur-

die Anlage einer Kolonie plausibel zu erklären. Vgl. so auch Lewis, CAH (1992) 128.

89 Thuk. 1,112,5; Plut. Per. 21,1–3; dazu Meiggs, AE 175f. und 423. Das Bündnis Athens mit der delphischen Amphiktyonie gehört in die Phase vor 445 (Datierung nach dem Indiz des dreistrichigen Sigmas: vgl. Meiggs, AE 175 mit Anm. 3) und nach der Schlacht bei Oinopytha: IG I^3 9 = StV II 142 = HGIÜ 57; Stadter ist der Ansicht, daß Plutarch hier den lapidaren Bericht des Thukydides ausgeschmückt und entsprechend für »die Athener« jeweils »Perikles« eingesetzt habe: ausführliche Diskussion bei Stadter (1989) 223.

90 Thuk. 1,103,4. Megara erhielt Unterstützung von Korinth, Sikyon und Epidaurus: Thuk. 1,114,1. Nach deren erfolgreichem Zurückwerfen wurden in Nisai wie in Pegai attische Besatzungen stationiert. Diod. 12,5 zu 448/7 berichtet von einer attischen Invasion direkt nach dem Abfall; vgl. Stadter (1989) 225 und Anm. 77 und Lewis, CAH (1992) 134.

91 Stadter (1989) 225 mit Lit.; Bayer/Heideking (1975) 147ff.

92 Thuk. 1,114,1; vgl. Plut. Per. 22,1–23,2; Thuk. 2,21,1. Diod. 12,5 berichtet den Aufstand der Megarer unter dem Jahr 448 und vor Koroneia im Jahr 447. Gleichzeitig mit der Erhebung hätten sie nach Diodor auch ein Bündnis mit Sparta abgeschlossen (συμμαχίαν ἐποίησαν). Daraufhin seien sie von

sprünglich mit einem Heer nach Euböa geschickt, kehrte er sofort zurück.[93] Bei Eleusis und Thria traf er auf das spartanische Heer. Nach der ausführlichen Schilderung bei Plutarch und verschiedenen Anspielungen darauf bei Thukydides hatte Perikles entweder den spartanischen König selbst oder den ihn begleitenden Ephoren Kleandridas bestochen.[94] Der Zusammenhang zwischen dieser Bestechung und dem Rückzug der Spartaner ist auch anderweitig überliefert,[95] so daß kein Anlaß besteht, den Rückzug der Spartaner mit dem Beginn von Friedensverhandlungen zu erklären.[96]

In Sparta führte der Rückzug zu einem Skandal und dem Asyl des Pleistoanax im Heiligtum des Zeus Lykaios, wo er sich bis 427 aufhalten mußte, während Kleandridas nach Thurioi floh. Perikles dagegen hatte sich nach Beendigung seiner Strategie und der erfolgreichen Niederwerfung Euböas für die ausgegebene Summe zu verantworten.[97] In der Verhandlung vor der Volksversammlung rechtfertigt er die Verwendung der fraglichen 10 Talente mit εἰς τὸ δέον, einer Formulierung, die später noch von Aristophanes in den ›Wolken‹ aufgegriffen wird. Theophrast hat, nach Plutarch, sogar behauptet, daß Perikles seitdem jedes Jahr 10 Talente Bestechungsgelder nach Sparta gesandt habe, um

einem attischen Heer in den Mauern ihrer Stadt eingeschlossen worden. Bei den Ereignissen von 446 erwähnt Diodor zwar den Feldzug des Perikles nach Euböa und auch den Abschluß des 30jährigen Friedens, jedoch nicht die spartanische Invasion und ihre Begleitumstände.

93 Ein Teil seiner Streitmacht ist nach Pegai geschickt worden und von dort über Böotien nach Athen zurückgekehrt: IG I^2 1085 = ML 51 = HGIÜ 80.

94 Plut. Per. 22,1–23,2; Thuk. 2,21,1; 5,16,3; Ar. Wolken 859; vgl. Lewis, CAH (1992) 135.

95 Schol. zu Ar. Wolken 859 (= Ephoros FGrH 70 F 193): Hier werden 20 Talente erwähnt, möglicherweise jeweils 10 für den Ephoren und den König, wobei allerdings der Scholiast noch einen Zusammenhang mit dem Geld für die Akropolisbauten herstellt; möglicherweise hat er hier den späteren Prozeß gegen Perikles mit einbezogen (im einzelnen dazu unten Kap. V.3.); Diod. 13,106,10; auch bei Theophrast: Plut. Per. 23,2.

96 So Meiggs, AE 178; anders: Stadter (1989) 225 ff. Vgl. auch Kagan (1969) 124 ff. und Ste.-Croix (1972) 196 ff.

97 Ἐν τῷ τῆς στρατηγίας ἀπολογισμῷ (Plut. Per. 23,1) ist, wie Stadter (1989) 229 zeigt, ein für Plutarch eher allgemeiner Ausdruck, kann jedoch hier am besten mit dem λόγον διδόναι bei den Logisten am Ende der Amtszeit in Verbindung gebracht werden. Wenn hierbei Unregelmäßigkeiten festgestellt wurden, folgte eine Anklage vor der Volksversammlung. Anders Ostwald (1986) 436 mit Anm. 104, der keine förmliche Anklage annimmt.

den Athenern die Ruhe und Möglichkeit zum Aufbau ihrer Machtstellung zu verschaffen, die sie für eine langfristige Auseinandersetzung mit den Spartanern brauchten. Darin liegt nicht unbedingt ein Widerspruch zu dem kurz nach der Bestechungsaffäre um Pleistoanax und Kleandridas geschlossenen Frieden[98]: Thukydides berichtet von einer ähnlichen Aktion des spartanischen Königs Agis 418 (Thuk. 5,60–63), der trotz günstiger Umstände auf eine Schlacht gegen die Argiver zugunsten eines Friedens verzichtet hatte. Agis entging einer hohen Buße und der Wüstung seines Hauses nur knapp und unter Annahme eines für Sparta ganz neuen Gesetzes. Zehn gewählte Spartiaten sollten von nun an den König auf jedem Feldzug begleiten. Diese Einführung eines völlig neuen Kontrollmechanismus wäre unwahrscheinlich, wenn es sich um einen einmaligen und erstmaligen Vorfall gehandelt hätte. Vielmehr zeigt sich darin das auch in Athen dominierende Bestreben nach mehr Kontrolle der führenden Politiker. Die Bestechlichkeit der Ephoren, um die es bei Theophrast in diesem Zusammenhang mit Perikles wohl geht, aber auch der Könige, war ein allgemeines Problem in Sparta und ist ein plausibler Hintergrund für die Erregung nach Agis' Rückzug aus Argos.[99]

Regelmäßige Zahlungen nach Sparta, wie sie Theophrast berichtet hat, sind, auch wenn ein Frieden geschlossen worden ist, nicht unbedingt auszuschließen, da die grundsätzliche Gegnerschaft in den 40er Jahren schon als sehr verfestigt erscheint. Die Auseinandersetzungen um das delphische Heiligtum während des Waffenstillstandes und der prompte Einmarsch in Attika nach dessen Ablauf weisen darauf hin, daß wohl allein die Person Kimons in den 70er und 60er Jahren bzw. der kurzen Zeit zwischen seiner Rückkehr und dem Tod auf der Zypern-Expedition für die längeren Friedensphasen verantwortlich war. Nach seinem Ostrakismos bzw. nach seinem Tod flammen die kriegerischen Auseinandersetzungen sofort auf. Der Abschluß des 30jährigen Friedens scheint vor dem Hintergrund dieser Bestechungszahlungen

[98] Stadter (1989) 230 hält regelmäßig fließende Bestechungsgelder für unmöglich, da die Affäre um Pleistoanax und Kleandridas in Sparta solches Aufsehen erregt hatte. Aber Theophrast war nach der Formulierung des Plutarch (ἔνιοι δ' ἱστορήκασιν ...) nicht der einzige, der von diesen regelmäßigen Zahlungen berichtet hat. Da diese Überlieferung sonst nicht zu finden ist, hält Stadter 230 sie ebenso wie das ἔνιοι für ahistorisch.

[99] Zur Bestechlichkeit der spartanischen Ephoren: Arist. Pol. 1270b 10–13; vgl. A. Andrewes, The government of classical Sparta, in: Ancient societies und institutions. Studies pres. to Ehrenberg (1966) 1–20; Ste.-Croix (1972) 350–3; Lewis (1977) 43–8.

tatsächlich von athenischer Seite aus, wie Theophrast – und möglicherweise andere – es formuliert hat, den von beiden Seiten beabsichtigten Krieg nur hinausgeschoben zu haben. Ein wichtiges Indiz dafür, daß trotz des Friedensschlusses in Athen solche Pläne zur Realisierung eines großen Krieges mit Sparta bestanden, ist im Bau der mittleren Mauer zu sehen. Dieser Mauerbau erhält nur im Zusammenhang mit einer spartanischen Invasion einen Sinn und wäre, wenn man mit einer längeren Friedensphase gerechnet hätte, kaum zu erklären.[100]

Auch der Inhalt des Friedens war für die Athener kaum als günstig zu bezeichnen[101]: Athen mußte Nisaia, Pegai, Troizen und Achaia räumen. Damit war nicht nur jede Landoffensive Sparta gegenüber unmöglich geworden, sondern umgekehrt war Athen durch die Rückkehr Megaras in den Peloponnesischen Bund für jeden spartanischen Einfall offen. Darüber hinaus muß der Vertrag eine allgemeine Autonomie-Klausel für bestimmte Städte beinhaltet haben.[102] Denn nicht nur im Falle Aiginas wird diese Bestimmung beim Ausbruch des Peloponnesischen Krieges herangezogen (Thuk. 1,67,2),[103] sondern auch in Hinsicht auf Poteideia (Thuk. 1,58,1). Auch Samos wird in den Verhandlungen vor dem Ausbruch der Kampfhandlungen in diesem Zusammenhang genannt (Thuk. 1,40,5. 41,2. 43,1). Schließlich ist auch die Verpflichtung, sich vor den Auseinandersetzungen einem Schiedsge-

[100] So auch Meiggs, AE 188 mit Anm. 1; vgl. Andok. 1,11,7; Plat. Gorg. 455 d9–e3, wozu der Scholiast anmerkt, daß Sokrates die Debatte über den Bau der mittleren Mauer selbst hörte. Bei Plutarch (Per. 13,7–8) steht der Mauerbau in der Aufzählung zwischen Parthenon und Odeion; in IG I^{3}440, der Parthenonbauabrechnung von 443/2, erhält die Baukommission Geld π]αρὰ τειχ[οποιõν (Z. 90).

[101] Anders Meiggs, AE 182: »remarkably favourable to Athens«. Meiggs, AE 185 sieht die 460 erfolgte Aufnahme Megaras in den Seebund als eine Konzession, die Athen 446/5 nicht mehr machen mußte: »The lesson of Megara had been learnt.« Allerdings ist die Verbindung mit Megara unter strategischen Gesichtspunkten für Athen viel eher als Vorteil einzuordnen denn als Konzession. Vgl. Badian (1987) 21 f. Zum Inhalt: Thuk. 1,115,1; vgl. 1,67,1. 78,4. 144,2; Paus. 5,23,4; Diod. 12,7.

[102] Dazu Badian (1987) 21 mit Anm. 38: Er schlägt vor, diese Bestimmung auf alle diejenigen Städte zu beziehen, die bei Abschluß des Vertrages Autonomie-Status hatten (vgl. Thuk. 1,144,2); anders: Meiggs, AE 183; Ste.-Croix (1972) 293 ff.; allg. zu Autonomie: Ostwald (1982).

[103] Aiginas Münzprägung scheint in dieser Zeit nicht unterbrochen gewesen zu sein: Erxleben (1970) 69; das ist immerhin ein deutliches Zeichen für die Gewährung von Autonomie.

richt zu unterwerfen, Teil des Vertrages gewesen (Thuk. 1,78,4). Insgesamt scheint der Vertrag, wenn man Rückschlüsse aus dem Abzug der Athener von strategisch wichtigen Posten sowie aus ihrer kontinuierlichen Verletzung der zentralen Autonomie-Klausel zieht, doch eher ein Übergewicht des spartanischen Einflusses widerzuspiegeln.[104] Andernfalls kann kaum eine Bereitschaft in Athen vorausgesetzt werden, solche Bestimmungen zu akzeptieren, die Athens Machtanspruch einschränkten.[105]

d) Expansion und Niederwerfung abtrünniger Bündner

Zu welchen Konsequenzen die Athener unter Perikles' Führung bereit waren, um diesen Machtanspruch durchzusetzen, zeigt sich an der gleichzeitigen Niederwerfung des aufständischen Euböa. Dessen harte Behandlung spiegelt sich in den späteren Anspielungen der Komödie.[106] Die zahlreichen Vergleiche, die den attischen Demos mit einem durchgegangenen Pferd gleichsetzen, weisen vor allem auf zweierlei: die Willkür, die keine Kontrolle durch die politischen Führer erlaubt, und die damit verbundene Gewalttätigkeit.[107] Gerade als Beleg für letzteres werden in diesem Zusammenhang Perikles' Maßnahmen auf Euböa und später auch auf Samos sowie auf den anderen Inseln zitiert.[108] In Hestiaia, das die Besatzung eines attischen Schiffes getötet hatte, wurden sämtliche Einwohner vertrieben und 1000 Athener angesiedelt.[109] Chalkis und Eretria wurden ebenfalls schwer bestraft: Sie

[104] So auch die Einschätzung von Lewis, CAH (1992) 137.

[105] Obwohl die Bestimmung über die Autonomie, sei es speziell zu Aigina oder eher allgemein gewesen, doch unklar ist: Thuk. 1,67,2; 5,18,5; vgl. dazu Lewis, CAH (1992) 137.

[106] Ar. Wolken 211–213; Plut. Per. 7,8.

[107] Plut. Per. 7,8 bezieht sich auf Plat. rep. 562c: ἐξυβρίσαντα bedeutet bei Tieren die sexuelle Erregung (vgl. Plat. Phaidr. 254c–e; Xen. Cyr. 7,5,62); ταῖς νήσοις ἐπιπηδᾶν ist ebenfalls als sexuelle Anspielung zu verstehen (vgl. Plat. Phaidr. 254a; Arist. Hist. an. 539b). Vgl. dazu Stadter 100f. Andererseits wendet Platon den Vergleich mit dem durchgegangenen Pferd auch im Gorgias (516a 5ff.) in einem größeren Zusammenhang an. Auch das Beißen der Pferde als Zeichen der unkontrollierbaren Wildheit erwähnt er hierbei ganz speziell in dem Schildern des Verhältnisses zwischen Perikles und dem attischen Volk. Vgl. dazu oben Kap. I.1.b.

[108] Im einzelnen: s. u., 46ff.

[109] Thuk. 1,114,3; Plut. Per. 23,4; Diod. 22,22,2; Theopomp FGrH 115

mußten Geiseln stellen, sich der attischen Gerichtsbarkeit unterwerfen, die Besteuerung der Xenoi auf ihrem Gebiet an Athen abgeben sowie einen Gefolgschaftseid schwören.[110]

Aus dem fehlenden Tribut Milets in den Jahren 445 bis 443 ist zu schließen, daß auch Milet in dieser Zeit von Athen abgefallen war.[111] Da Milet seit 442 regelmäßig bezahlte, ist zu vermuten, daß die Stadt zwischen 446 und 443 unterworfen wurde. In diese Zeit fällt wahrscheinlich auch die Etablierung eines demokratischen Regimes. Dieser Verfassungswechsel hat neben den territorialen Streitigkeiten sicher auch mit zu der Auseinandersetzung zwischen Milet und Samos beigetragen, die dann zum Samischen Krieg führte.[112] Anlaß war der Versuch Samos', die geschwächte Position Milets auszunutzen, um festländisches Territorium für Samos auf Kosten von Priene zu erweitern; von diesem Land stellt der Scholiast lapidar fest, daß es in der Nähe von Milet gelegen und dieses nach dessen Kontrolle gestrebt habe. Die Samier weigerten sich, der attischen Aufforderung nachzukommen, sich einem Schiedsspruch zu unterwerfen.[113]

F 387 (= Strab. 10,1,3,445) gibt allerdings 2000 attische Siedler an. Vgl. Meiggs, AE 178.

[110] IG I[3] 40 = ML 52 = StV II 155 = HGIÜ 79 (Chalcis); IG I[3]39 = StV II 154 = HGIÜ 78 (Eretria); zu den Geiseln der Stadt Eretria: Hesych., s. v. Ἐρετριακός κατάλογος; vgl. Meiggs, AE 178ff.; im einzelnen: s. u., 134ff.

[111] Gehrke (1980); Hermann (1970); Meiggs, AE 188 und App. 15, 562ff.; Barron, JHS 82 (1962) 1ff.

[112] Zum samischen Krieg: Thuk. 1,115,2–117,3; Plut. Per. 25–28; Diod. 12,27–28; Schol. zu Ar. Wespen 283; Stadter (1989) 242ff.; Breslin (1980); Bridges (1980).

[113] Die Mitglieder des Seebundes hatten in dem ursprünglichen Eid möglicherweise (so vermutet jedenfalls Meiggs, AE 45) etwas der Bestimmung im Erythrai-Dekret Ähnliches geschworen (dies ist die älteste der inschriftlich erhaltenen Eides-Bestimmungen); IG I[3] 14 = StV II 134 = ML 40 = HGIÜ 63: Z. 23f. heißt es, daß die Mitglieder des Rates schwören sollen, nicht abzufallen von dem Volk der Athener noch den Symmachoi der Athener. AP 23,5 hat dagegen die Formulierung, daß die Mitglieder des Bundes dieselben Freunde und Feinde haben sollen. Für Meiggs, AE 45 ist der Unterschied »of more literary than historical importance«. Allerdings wird das Eingreifen der Athener in den Konflikt zwischen Samos und Milet erst dann eigentlich gerechtfertigt, wenn die Annahme von Meiggs stimmt, daß die im Erythrai-Dekret überlieferte Formel auch die Eidesformel von 477 war. Andernfalls (Stadter 243 nimmt die Formel »dieselben Freunde und Feinde haben« an) wäre ein Eingreifen nicht ohne weiteres gerechtfertigt gewesen, es sei denn, das Zurückweisen des Schiedsgerichtes durch Samos war Grund genug für das Eingreifen Athens. Für H. H.

Während der ersten Expedition des Perikles mit 40 Schiffen wurde in Samos ein demokratisches Regime mit einer athenischen Besatzung eingesetzt sowie Gefangene genommen, die nach Lemnos geschickt wurden. Von den samischen Oligarchen waren offensichtlich genügend geflohen, um den Widerstand weiterzuführen. Sie konnten den persischen Satrapen Pissuthnes zur Hilfe überreden, der ihnen 700 Söldner zur Verfügung stellte. Mit dieser Verstärkung gelang ihnen die Befreiung der Geiseln sowie die Gefangennahme der attischen Besatzung in Samos. Die Athener wurden Pissuthnes übergeben. Die Beteiligung des Pissuthnes an dieser Revolte gegen die Athener ist ein weiteres schwerwiegendes Argument gegen die Historizität des Kallias-Friedens. Denn vor dem Hintergrund eines Friedens wären die Handlungen des Pissuthnes kaum anders zu erklären als mit dem eigenmächtigen Mißachten der Friedensbedingungen durch den Satrapen.[114] Auch die Furcht vor einer phönikischen Flotte,[115] der Perikles wäh-

Schmitt stellt die Formel τοὺς αὐτοὺς φίλους καὶ ἐχθροὺς νομίζειν die jüngere Formel dar, da der erste epigraphische Beleg das Bündnis Sparta – Erxadieis ist, das wohl erst in das späte 5. Jahrhundert, wenn nicht sogar in die Zeit um 400 gehöre. Seiner Ansicht nach ist es unwahrscheinlich, daß die Formel, die als eine emphatische Bekräftigung zu verstehen sei, schon 478/7 verwendet worden sein könnte (vgl. Schmitt [1988] 535). Vielmehr spiegele sich in ihrer Verwendung in der Überlieferung die Sicht des späten oder, im Fall der AP, die Sicht des 4. Jahrhunderts. Für die Berechtigung Athens, sich in die samisch-milesischen Streitigkeiten einzumischen, läßt sich für Schmitt aus dieser Formel nichts ableiten, da nirgendwo eine Argumentation aufgrund dieser Bestimmung vorliegt, aus der sich deren Auswirkungen beurteilen ließen. Wörtlich genommen, müßte ein Schwur der Bundesgenossen, »dieselben Freunde und Feinde haben zu wollen wie die Athener«, bedeuten, daß man auch die anderen Bundesgenossen (also Freunde) Athens als Freunde betrachten, mithin nicht angreifen dürfe. Allerdings haben sich die Athener in der Regel so verhalten, daß die vorhandene Macht und das Interesse an ihrer Erhaltung als Grundlage eines Eingreifens für ausreichend erachtet wurden (pers. Mitteilung v. 4. 7. 92).

[114] Vgl. Lewis (1977) 59–60.

[115] Plut. Per. 26,1; Thuk. 1,116,3. Nach Plutarch gab es eine breite Überlieferung für das bevorstehende Eingreifen einer phönizischen Flotte. Unterschiedlich scheinen nur die Angaben gewesen zu sein, wieweit Perikles sich von Samos entfernte, um dieser Flotte zu begegnen: Nach Thukydides segelte er bis Kaunos und Karien, nach Stesimbrotos (bei Plutarch) plante er sogar bis Zypern zu segeln. Damit hätte er die an die früheren, vor allem von Kimon betriebenen Pläne angeknüpft. Corbetta (1977) 166 mit Anm. 4 hält es für unmöglich, daß die phönikische Flotte so schnell mobilisiert werden konnte, und stuft die Nachricht

rend der zweiten Strafexpedition nach Samos durch ein Entgegensegeln begegnen wollte, weist darauf hin, daß man keineswegs ein Friedensverhältnis mit dem Perserreich voraussetzte. Denn im Friedenszustand hätte man sich vor dem Eingreifen einer persischen Flotte nicht fürchten müssen.

Die Auseinandersetzung mit Samos, in die Athen eingetreten war, scheint von wesentlich größerer Tragweite gewesen zu sein als die vorhergehenden und nachfolgenden mit anderen Bündnerstädten. Zwar war gleichzeitig auch Byzanz abgefallen, aber die eigentliche, schwerwiegende Konsequenz gewannen die Ereignisse erst durch die Möglichkeit eines spartanischen Eingreifens in den Konflikt.[116] In dem Dekret über die samische Kapitulation sind die Peloponnesier in den – allerdings nur stark fragmentarisch erhaltenen – ersten Zeilen erwähnt.[117] Die Überlegung, daß es sich um mehr handelte als nur um den Abfall einer Stadt aus dem Seebund, wird erhärtet durch die Bemerkungen Plutarchs und Thukydides', daß die Samier den Athenern die Vorherrschaft über die See streitig machen wollten.[118] Dieser Punkt war sicher von größerer Bedeutung als der Sturz der oligarchischen Herrschaft.[119] Demzufolge schreckten die Athener auch vor einer langen und aufwendigen Belagerung nicht zurück, die notwendig

von ihrer Ankunft als Gerücht ein. Er bringt statt dessen diese Fahrt des Perikles mit der bei Kallisthenes FGrH 124 F16 (= Plut. Kim. 13,4) erwähnten Fahrt über die Chelidonischen Inseln hinaus in Verbindung. Dagegen ist einzuwenden, daß die Tatsache, daß man das Gerücht für real hielt, doch deutlich zeigt, daß man sich auf keinen Frieden mit dem Großkönig berufen konnte.

116 Thuk. 1,40,5: Die Korinther weisen vor der attischen Volksversammlung darauf hin, daß sie dem Vorschlag, die Samier mit peloponnesischer Hilfe zu unterstützen, nicht zugestimmt hätten. Raubitschek (1977) 266f. kommt zu dem Ergebnis, daß diese Erklärung der Korinther erfunden gewesen sei und auch die attischen Zuhörer kaum überzeugen konnte. Ähnlich: Sealey (1975) 106ff.; anders: Kagan (1969) 173ff.; Ste.-Croix (1972) 200ff., 211ff.; Meiggs, AE 190, die die Version der Korinther bei Thukydides für historisch halten. So auch Lewis, CAH (1992) 144 zu der Bundesversammlung der Peloponnesier, auf der diese Aspekte diskutiert wurden.

117 IG I^3 48 = StV II 159 = ML 56 = HGIÜ 90.

118 Plut. Per. 25,4 ; Thuk. 8,76,4 (darauf bezieht sich auch Plut. Per. 28,8); vgl. Diod. 12,27,3.

119 Dazu ML 56 S. 153; Meiggs, AE 193f. Zur Chronologie: Eddy (1973) 241ff.; Fornara (1979) 7ff.; Meritt (1984) 129ff.; vgl. Stadter (1989) 255. Vgl. HCT V,44–47 zu der Frage der Verfassungsänderung in Samos: Thuk. 8,21 berichtet vom Sturz eines oligarchischen Regimes 412, das durch eine demokra-

wurde, nachdem die Samier unter Melissos mindestens einmal, wenn nicht sogar zweimal Teile der athenischen Flotte besiegt hatten.[120] Die Erfindungen des Artemon, die Perikles erfolgreich einsetzte, verkürzten die Belagerungsdauer auf 8 Monate, eine im Vergleich zu den jeweils etwa 2 Jahre dauernden Kämpfen um Thasos und Poteideia kurze Zeitspanne. Nach der Übergabe mußten die Samier ihre Mauern einreißen,[121] ihre Flotte ausliefern,[122] Geiseln stellen und die Auslagen des Krieges erstatten.[123] Die Kosten des Krieges werden unterschiedlich hoch beziffert: In der literarischen Überlieferung ist die Rede von 1200 Talenten,[124] nach den inschriftlichen Angaben waren es jedoch mehr als 1400 Talente.[125]

Über die Art der Kriegsführung ist eine Schilderung des Duris von Samos bei Plutarch erhalten, die, ebenso wie die Behandlung Euböas, auf drastische und brutale Methoden der Athener bzw. ihrer kommandierenden Strategen hinweist.[126] Samischen Kriegsgefangenen war eine Eule auf die Stirn tätowiert worden. Dies war sonst bei entlaufenen Sklaven bzw. auch allgemein als Besitzmarkierung an Sklaven üblich

tische Verfassung ersetzt wurde. Entweder beließ man 439 das oligarchische Regime, oder es gab zwischenzeitlich einen erneuten Umsturz.

120 Thuk. 1,117,1; Plut. Per. 26,2. Zur Verwendung der Belagerungsmaschinen des Artemon: Stadter (1989) 253f.

121 Dies verlangten die Athener von allen abgefallenen und niedergeworfenen Bündnerstädten: Thasos (Thuk. 1,101,3); Mytilene (Thuk. 3,50,1); Chios (Thuk. 4,51); Poteideia (Thuk. 1,56,2). Die ionischen Städte hatten generell keine Mauern mehr (Thuk. 3,33,2), wahrscheinlich auch auf Verlangen Athens. Vgl. dazu Meiggs, AE 149ff.; HCT V, 35–36.

122 Nach Thuk. 1,99,3 war dies ebenfalls die übliche Praxis Athens nach Revolten.

123 Vgl. zu den Bedingungen: Thuk. 1,117,3; Plut. Per. 28,1; Diod. 12,28,3–4.

124 Isokr. 15,111; Diod. 12,28,3; Nepos, Tim. 1.

125 IG I^3 363 = ML 55 = HGIÜ 88; vgl. Stadter 254; in dieser Abrechnung der Kriegskosten werden als Einzelposten 128 Talente, 368 und 908 Talente genannt, als Summe dann mindestens 1400 Talente. Die Herausgeber der ATL (3,4–25) rekonstruieren als Zahlungsmodus eine jährliche Zahlung von 50 Talenten bis 413. Im Vergleich zu dem jährlichen Tribut, den Thasos und Aigina zu zahlen hatten (30 Talente), erscheint dies als geringe Summe. Möglich wäre auch eine große Summe direkt nach der Übergabe wie beispielsweise im Fall von Thasos (Thuk. 1,101,3).

126 Plut. Per. 26,4 (= FGrH 76 F 66); 28,2–3 (F 67); zu Duris von Samos: Stadter (1989) LXXVI; Jacoby, Komm. zu FGrH 76; Kebric (1977); Mastrocinque (1979).

und sollte in diesem Fall symbolisieren, daß die abtrünnigen Samier attisches Eigentum waren. Gleichzeitig ist darin eine auffallende Parallele zu dem Verhalten des Xerxes zu sehen, der so Thebaner, die bei den Thermopylen gegen ihn gekämpft hatten, hatte zeichnen lassen. Die Samier ließen daraufhin attischen Gefangenen die Samaina, das Bild der samischen Kriegsschiffe, auf die Stirn tätowieren.[127]

Die Behandlung der samischen Trierarchen und Matrosen nach der Übergabe der Stadt war nach dem Bericht des Duris derart grausam, daß Plutarch es kaum für möglich halten konnte: Sie wurden auf der Agora von Milet gekreuzigt; nach 10 Tagen erst wurden ihnen mit Knüppeln die Schädel eingeschlagen und die Leichen ohne Beerdigung beiseite geschafft. Vor allem die Verweigerung der Bestattung war nach antiken Sitten eine barbarische Tat.[128] Trotz der geäußerten Zweifel konrastiert Plutarch diese brutale Behandlung der samischen Kriegsgegner mit der würde- und ehrenvollen Bestattung der Gefallenen in Athen, für die Perikles seinen berühmten Epitaphios hielt.[129]

Allerdings soll Elpinike dazu bemerkt haben, daß Perikles im Gegensatz zu Kimon seine Soldaten nicht gegen Perser und Phönikier geführt habe, sondern gegen eine verbündete und stammesverwandte Polis (Plut. Per. 28,7). Insgesamt zeigt sich hieran wie auch an der Behandlung Euböas eine zunehmende Brutalität gegenüber den Seebundsmitgliedern. So stehen Aktionen wie später diejenigen gegen Mytilene oder Melos, das nicht einmal zum Bund gehörte, in einer langen Tradition und hängen eng mit der von Perikles verfolgten expansionistischen Politik zusammen. Dies kommt auch in seiner von Ion von Chios überlieferten Ansicht zum Ausdruck, er sei stolz auf die Unterwerfung der Samier gewesen, die er in nur neun Monaten vollbracht habe im Unterschied zu Agamemnon, der zehn Jahre für die Eroberung einer Barbarenstadt gebraucht habe.[130]

Byzanz scheint gleichzeitig mit der Unterwerfung von Samos wieder

[127] Stadter (1989) 250 weist zu Recht darauf hin, daß in diesem Fall die korrekte Version bei Photius und der Suda s. v. Σαμίων ὁ δῆμος und Aelian V.H. 2,9 zu finden ist. Plut. Per. 26,4 hat die Symbole verwechselt. Karavites (1985) 54–6 bezweifelt die Authentizität dieser Tätowierungen.

[128] Vgl. dazu A. Mehl, Für eine neue Bewertung eines Justizskandals, ZRG 99 (1982) 32–80; die Kreuzigung war in der Antike für Verräter üblich, insofern kann an dem Bericht des Duris ein wahrer Kern sein. Stadter (1989) 258 bezieht die Tortur ausschließlich auf Trierarchen und Hopliten, die seiner Ansicht nach tatsächliche oder zumindest potentielle Oligarchen gewesen sein müßten.

[129] Zum Verhältnis zu Thuk. 2,35–46: vgl. Stadter (1989) 260.

[130] Plut. Per. 28,7 (= Ion FGrH 392 F 16).

in den Bund zurückgekehrt zu sein. In den Jahren bis zum Ausbruch des Peloponnesischen Krieges hat wohl nur Lesbos einen Abfall erwogen,[131] wobei hiervon nur das vergebliche Hilfsgesuch in Sparta bekannt ist. Der attische Druck auf die Inseln hat sich, nach den Zahlen der Tributlisten zu urteilen, im Anschluß an den samischen Aufstand verstärkt: Für verschiedene Städte ist die Zahlung einer Epiphora, also einer zusätzlichen Zahlung im Sinn einer Buße, belegt, und für manche Städte ist der Tribut erhöht worden, so daß er auf dem Niveau der Zeit vor 446 lag.

Die expansionistischen Tendenzen richten sich in den 30er Jahren nach Norden. Die Gründung der Kolonie Amphipolis in Thrakien und ein Bündnis mit dem Makedonenkönig Perdikkas gehören in diese Jahre.[132] Vor allem jedoch diente die Pontos-Expedition des Perikles der Demonstration attischer Macht.[133] Auch die Sicherung des Kornnachschubs ließ sich durch eine solche Flottenexpedition bewirken. Plutarch berichtet von der Hilfe für sinopische Exulanten. Ein Kontingent unter Lamachos wurde abgestellt, um den Tyrannen Timesileos und seine Anhänger aus der Stadt zu vertreiben.[134] Nach der Rückkehr von der Expedition veranlaßte Perikles einen Volksbeschluß, nach dem 600 attische Siedler sich zusammen mit den Rückgeführten auf dem Land der Stadt niederlassen sollten. Dabei muß es sich um ein Gründungsdekret ähnlich dem für Brea gehandelt haben.[135] Das Land ist wahrscheinlich – wie in Brea – von γεωνόμοι aufgeteilt worden. Die attische Kolonne in Amisos, von der Appian sagt, sie sei zur Zeit der attischen Vorherrschaft zur See gegründet worden, könnte auch während oder im Zusammenhang mit dieser Expedition angelegt worden sein.[136]

[131] Thuk. 3,13,1; dazu Meiggs, AE 194.

[132] Meiggs, AE 196f.

[133] Diese Expedition erwähnt nur Plut. Per. 20,1–2. Vgl. dazu: Stadter (1989) 216ff.

[134] Timesilaos wird auf einer Inschrift aus Olbia, wohin er offensichtlich zusammen mit seinem Bruder geflohen ist, Bürgerrecht und Atelie verliehen: J. G. Vinogradov, Sinope und Olbia im 5. Jh. v. u. Z.: Das Problem der Staatsordnung, VDI 156 (1981) 65–90, 157 (1981) 49–75; J. und L. Robert, Bulletin épigraphique, REG 95 (1982) 322–432.

[135] Plut. Per. 20, 2; vgl. IG I³ 46 = ML 49 = HGIÜ 82; für die attischen Aktivitäten in Sinope gibt es einen inschriftlichen Beweis: IG I² 944, eine Gefallenenliste mit der Lesung: ἐν [Σιν]όπει (vgl. dazu Clairmont [1979] 123–6: das Fragment schließt die Ergänzung [ἐν 'Αλ]όπει, die auf Thuk. 2,26,2 zu 431 basiert, aus; so jedoch noch Bradeen [1974] 20–1).

[136] Nach Theopomp FGrH 115 F 389 war Amisos eine milesische Grün-

e) Perikles als Vertreter eines expansionistischen Herrschaftsanspruchs

Insgesamt zeigt sich durch den Vergleich mit den Feldzügen Kimons, daß Perikles als ein konsequenter Vertreter der expansionistischen Bestrebungen Athens angesehen werden kann. Kimons Rückzug auf den *Status quo* nach Eurymedon scheint ihm zum Verhängnis geworden zu sein. Perikles ist ein solcher Fehler in der Beurteilung der Stimmung in Athen nicht unterlaufen. Die Vergleiche des Demos in den Komödien und auch bei Platon mit einem erregten und durchgehenden Pferd zeigen sehr deutlich, daß eine Politik des *Status quo* in Athen nicht durchsetzbar war. Von daher erscheint die Ansicht Plutarchs (Per. 20,3), daß gerade Perikles versuchte, die expansionswütigen Gelüste des attischen Demos zu zügeln, als eine idealisierende Rückschau.[137]

Vor allem die Auseinandersetzungen mit den Persern waren ideologisch derart bedeutungsvoll, daß ein Friedensschluß auf der Basis des *Status quo* nicht nur das attische Selbstverständnis auf das schwerste belastet, sondern auch die Existenz des Seebundes riskiert hätte.[138] Andererseits scheint Kimon in Athen mit dem Anspruch aufgetreten zu sein, die Perser entscheidend geschlagen zu haben (Plut. Kim. 13). Nur so sind die Verhandlungen mit den Persern, die Kallias in Susa geführt hat, zu erklären. Als sie gescheitert waren, muß in Athen dem Demos bewußt geworden sein, daß es bei den Friedensbedingungen

dung, die nach einer Phase der kappadokischen Herrschaft von Athenern unter der Führung von Athenokles besiedelt wurde. Appian, Bell. Mithr. 83, bezeichnet die Stadt als eine attische Siedlung aus der Zeit der athenischen Macht zur See, die lange demokratisch war, bis sie unter persische Herrschaft geriet. Erst Alexander habe die Demokratie wiederhergestellt. Vgl. zu Amisos: Meiggs, AE 198; S. M. Burstein, Outpost of Hellenism, Berkeley 1976, 28ff.; Badian (1987) 24 vermutet im Zusammenhang mit der Pontos-Expedition auch die Unterwerfung des mit Samos zusammen abgefallenen Byzanz. Weitere Gründungen oder Eingliederungen anderer Städte in den Seebund sind in dieser Zeit am Pontosgebiet nicht erfolgt. Allerdings zählt die Tributliste von 425 dann etwa 40 Städte aus diesem Gebiet auf, die z. T. auch an der Nordküste liegen. Vgl. dazu Gomme, HCT I,367ff.; Meiggs, AE 197ff.; Kagan (1969) 180,387ff.: ATL 3,114ff.; Karamoutsos (1979) 9ff. zieht die pontische Expedition mit dem Zug zur Chersones zusammen und datiert beide auf 447; allerdings berücksichtigt er IG I^2 944 nicht. Vgl. dazu Stadter (1989) 217f.

[137] Zu Plutarchs Perikles-Bild: s. o. Kap. I.2.b.

[138] Dieser Punkt wird allgemein anerkannt, gerade in Hinsicht auf das Schweigen der zeitgenössischen Quellen.

tatsächlich nur um einen *Status quo* gegangen war, da der Perserkönig von seinem Anspruch her kaum ein Gebiet bzw. Volk aus seinem Reichsverband entlassen konnte.[139]

Vor dem Hintergrund des damit einhergehenden Stimmungsumschwunges ist auch die Diskussion um die von Kimon befürwortete Hilfe für Sparta zu sehen (Plut. Kim. 16, 8). Schon hier zeigt sich in dem Argument des Ephialtes, »Sparta liegen zu lassen« zugunsten der αὔξησις τῆς πατρίδος, die politische Tendenz, die nach Kimons Sturz die attische Politik bis hin zum Peloponnesischen Krieg prägt. Der Expansionsdrang der Athener führte sie nach Mittelgriechenland und Ägypten, nach Nordgriechenland und an die Küsten des Schwarzen Meeres, direkt in das Gebiet des Perserkönigs. Die kriegerische Auseinandersetzung mit den Spartanern wird ebensowenig gescheut wie die brutale und grausame Bestrafung abgefallener Bündner. Wenn der Frieden mit Sparta diesen Expansionsdrang zeitweilig beschnitt, so lag dies wahrscheinlich weniger an attischer Schwäche, einen Zwei- oder Mehrfrontenkrieg zu führen, sondern eher an der Schwäche der spartanischen Führung, die offensichtlich uneins und bestechlich war.

Perikles' Rolle in dieser Entwicklung läßt sich sehr viel besser im Zusammenhang des Vergleichs beschreiben, der die attischen Politiker als machtlose und willfährige Opfer der Demos-Herrschaft darstellt.[140] So ist Perikles in allen Belangen ebenso wie bei allen Expeditionen und Feldzügen, die mit seinem Namen verbunden sind, ein konsequenter Vertreter dieses attischen Dranges nach Macht und Expansion. Ein Einschnitt, wie er etwa mit einem Friedensschluß um 450 zu verbinden wäre, läßt sich in dieser Linie der Feldzüge nicht erkennen. Andererseits spricht gegen eine Situation, auf die der allein von Plutarch berichtete Vorschlag eines allgemeinen Friedenskongresses passen würde,[141] daß dabei benannte Themen wie Sicherheit zur See und Einhaltung eines allgemeinen Friedens von ihrem inhaltlichen Kontext sehr viel eher

[139] Vgl. dazu ausführlich Badian (1987) 36, der aus der von ihm angenommenen Historizität des Friedens ableitet, daß die Tatsache eines Abkommens unter solchen Bedingungen ein diplomatisches Meisterstück gewesen sein muß. Vgl. auch Heinrichs (1987).

[140] Vgl. dazu oben I.1.b, 10.

[141] Plut. Per. 17, 1; nach der vagen Zeitangabe (»als die Lakedaimonier begannen, über das Wachstum der Athener unwillig zu sein«) könnte ein solches Dekret auf jede Phase der spartanisch-athenischen Beziehungen zwischen 460 und dem Beginn des Peloponnesischen Krieges passen. Vgl. dazu oben, 38ff.

in die Diskussion des 4. Jahrhunderts gehören.[142] Auch der Beschluß zur Wiedererrichtung der von den Persern zerstörten Tempel hat kaum ein historisches Gewicht. Seit dem Zug des Xerxes waren zahlreiche Tempel in Athen und Attika aufgebaut worden.[143] Wenn auch einige Tempel in der Zwischenzeit nicht restauriert worden waren, so ist dies bei der Inkonsistenz des Befundes kein Argument für ein generelles Liegenlassen der Ruinen.[144] Allerdings ist gerade der Beginn des Bauprogrammes auf der Akropolis als ein gewichtiges Argument für einen Einschnitt in diesen Jahren gewertet worden. Lewis ist der Ansicht, daß in Athen, bevor man mit einem derart monumentalen Programm begann, Einverständnis und Klarheit über die allgemeine Situation geherrscht haben muß. Bauten, die in ihrer Aussage als Siegesmonumente zu deuten sind, seien nur vor dem Hintergrund einer eindeutigen Situation zu planen. Daneben seien die Details wie etwa die einzelnen Bedingungen des Friedens, sein Abschluß durch den König selbst oder nur durch den Satrapen »relatively unimportant«.[145] Als Voraussetzung für eine solche Situation in Athen würde jedoch schon ein propagandistischer Anspruch auf Sieg oder permanente Überlegenheit genügen, ohne daß dies von einem Friedensschluß bzw. entsprechenden Verhandlungen untermauert gewesen sein müßte.

Insgesamt erscheint Perikles jedoch als der Hauptvertreter einer breiten Strömung in Athen, die eine konsequente expansionistische Politik betrieb und auch der Auseinandersetzung mit Sparta um die Vorherrschaft in Griechenland durchaus nicht auswich.

[142] Seager (1969) 129ff. Vgl. dazu: Meiggs, AE 512ff.; Meister (1982) 103 mit weiterer Literatur; Stadter (1989) 202–3 mit ausführlicher Diskussion.

[143] Zur Diskussion um das kimonische Bauprogramm auf der Akropolis vgl. unten Kap. IV.1.b.

[144] Auch die dem Eid von Platää zugeschriebene Verpflichtung, die Tempel nicht wiederaufzubauen (Diod. 11,29,2; Lykurg, Leocr. 80), kann kaum als historisch eingeordnet werden: In der inschriftlichen Fassung ist diese Bestimmung nicht erhalten. Vgl. dazu Siewert (1972) 8f. und HGIÜ 40; Siewert hält die Tempelklausel für unhistorisch (ebd. 102f.). Wahrscheinlich gehört sie, ebenso wie der Kallias-Frieden, zu den im 4. Jahrhundert gefälschten Texten: Theopomp FGrH 115 F 153; vgl. Meiggs, AE 504ff.

[145] Lewis, CAH (1992) 126.

III. DIE FINANZEN ATHENS

Eine zusammenfassende Beschreibung der attischen Finanzen für den Zeitraum der zweiten Hälfte des 5. Jahrhunderts ist nicht möglich. Seit etwa der Mitte des 5. Jahrhunderts setzt eine – im Vergleich zu anderen Poleis und anderen Epochen – reichhaltige inschriftliche Überlieferung ein. Es sind Texte erhalten, die bestimmte Bereiche der attischen Einkünfte (Tributzahlungen, Verpachtungen etc.) und Ausgaben (für die Bauten auf der Akropolis, Feldzüge, Belagerungen etc.) auf Stein dokumentieren. Allerdings handelt es sich hierbei jeweils um Ausschnitte aus dem Gesamtbereich der öffentlichen Finanzen, die im einzelnen auch nicht immer eindeutig in ihrem Verhältnis zur privaten Finanzierung öffentlicher Aufgaben abzugrenzen sind.[1] Aufgrund der Unklarheiten ist es nur in einigen Fällen, d. h., wenn bestimmte methodische Voraussetzungen gegeben sind, möglich, Einzelaspekte eines größeren Zusammenhanges (wie etwa die Höhe des Phoros, d. h. der Tributzahlungen) zu rekonstruieren.

Eine wesentliche Voraussetzung dieser Art erfüllen die erhaltenen Finanzdekrete: Sie sind als Gruppe eines inhaltlich und zeitlich zusammenhängenden Komplexes von anderen Dokumenten abgegrenzt.[2] Die Existenz dieser Gruppe von Finanzdekreten scheint, im Vergleich zu anderen Poleis in der Zeit des 5. und 4. Jahrhunderts, eine Eigentümlichkeit der attischen Demokratie zu sein. Eine Erklärungsmöglichkeit dafür, warum die öffentliche Darstellung gerade des Gelderflusses für so bedeutend gehalten wurde, daß man dafür die aufwendige und bleibende Darstellung auf Steintafeln wählte, wäre nach Finley in einer »Polizeifunktion« der Inschriften zu sehen.[3] Im Zusammenhang mit der detaillierten Darstellung der aus dem Tribut einge-

[1] Ein gutes Beispiel für die Unklarheit dieses Zusammenhanges ist das sog. Brunnenhausdekret IG I^3 49 = HGIÜ 84; in diesem Dekret, in dem es um Auftrag und Finanzierung der Reparatur und Restaurierung der öffentlichen Brunnenhäuser und Wasserleitungen geht, wird den Söhnen und Enkeln des Perikles gedankt. Vermutlich haben sie einen finanziellen Beitrag geleistet. Es ist jedoch völlig unklar, in welcher Weise dies erfolgte und in welchem Verhältnis diese Mittel zu den öffentlichen Geldern standen.

[2] Grundsätzlich dazu Finley (1987) 39ff., bes. 60.

[3] Finley (1987) 46f., 56. Vgl. dazu auch Schubert (1993) 69ff.

gangenen Zahlungen auf den Tributlisten sowie der Darstellung der unterschiedlichen Modi für die Einziehung des Tributes in den Dekreten des Kleinias und Kleonymos ist diese Erklärung einleuchtend. Denn gerade der Tribut gilt als *das* Herrschaftsmittel der Athener im Seebundsgebiet.[4]

Die Eigentümlichkeiten der attischen Finanzdekrete lassen sich an zwei Aspekten darstellen. Einerseits ist die Technik von Abrechnung und Dokumentation der Geldbewegungen kaum anders denn als unbeholfen zu bezeichnen.[5] Allerdings zeigt sich in den Dekreten gerade in ihrer Umständlichkeit und ihrem Detailverlangen ein Bemühen um die exakte Kontrolle von Eingängen, Ausgängen und vor allem zunehmend auch der Ausstände. Strafandrohungen im Hinblick auf Verzögerungen, Nachlässigkeiten und Unterschlagungen, wie sie in den bereits genannten Dekreten des Kleinias und des Kleonymos in aller Deutlichkeit formuliert sind, begleiten dieses Bemühen. Daß ein »globaler Text« im Sinne eines Haushaltsplanes oder -berichtes fehlt,[6] ist zwar aus moderner Sicht bedauerlich, dokumentiert aber, daß die öffentliche und für jeden Beliebigen mögliche Nachvollziehbarkeit und Kontrolle an Hand der publizierten Details und Einzelposten ein ganz wesentliches Anliegen dieser Texte war.[7]

1. Die Debatte um die Finanzierung der Akropolisbauten

Einer der umstrittensten Punkte in der Diskussion über die Organisation der attischen Finanzen ist die bei Plutarch überlieferte Debatte um die Finanzierung der Akropolisbauten.[8] Plutarch bezieht sich auf

[4] Zu dem Tribut und den Listen, die im Grunde nur »Aparchelisten« sind, unten: 2.a–c; zu den Dekreten des Kleinias und Kleonymos: unten 2.b; zu dem Tribut als Herrschaftsmittel: Schuller (1974). Allerdings läßt sich diese Erklärung nicht auf alle Aspekte der mit Gelddingen befaßten Inschriften übertragen: dazu Finley a. a. O. 56ff.

[5] Finley (1987) 46.

[6] Vgl. dazu C. Ampolo, Tra finanza e politica: carriera e affari del Signor Moroikles, Riv. Fil. 109 (1981) 188f.; vgl. dazu Finley (1987) 56.

[7] Ein solcher »Haushaltsplan« lag durchaus im Bereich der intellektuellen Möglichkeiten der attischen Strategen, Logisten und Poleten: Die große »Logisteninschrift« (IG I³ 369 = ML 72 = HGIÜ 112) zeigt, wie solche Aufstellungen über einen längeren Zeitraum hinweg hätten aussehen können. Thuk. 2,13 ist ein weiteres Beispiel.

[8] Plut. Per. 12–14,2 zum Bauprogramm der perikleischen Zeit auf der Akro-

Angriffe gegen Perikles in der Volksversammlung. Anlaß der Angriffe waren die Baukosten.[9] Sie sollten, so die Gegner des Perikles bei Plutarch, aus den Geldern der Bundesgenossen bestritten worden sein: τὰ κοινὰ τῶν Ἑλλήνων χρήματα seien aus Delos nach Athen überführt worden wegen der Furcht vor den Barbaren. Dieser Grund sei als Vorwand entlarvt worden, da diese Gelder in Statuen und »Tausend-Talente-Tempel« zum Schmuck Athens geflossen seien und somit Athen seiner Glaubwürdigkeit den Bündnern gegenüber beraubt hätten.

Nach den erhaltenen Fragmenten der Abrechnungen, die die jeweiligen Baukommissionen Jahr für Jahr auf Stein veröffentlicht haben, läßt sich der bei Plutarch überlieferte Vorwurf der antiken Diskussion nicht belegen.[10] In den ersten Jahren der Bautätigkeit am Parthenon sind etwa 33 Talente im Jahr aus den Geldern der Athenaschatzmeister an die Baukommission des Parthenon gezahlt worden (vgl. IG I³ 437, Z. 40ff. und IG I³ 442, Z. 173). Dagegen ist gegen Ende der Bautätigkeit (434/3) nur noch die kleine Summe von 1470 Drachmen, d. h. ca. ¼ Talent, übergeben worden (IG I³ 449, Z. 378ff.). Die Zahlungen der Hellenotamiai, soweit sie sich rekonstruieren lassen, übersteigen nie die Gesamtsumme der Aparche.[11] In den Abrechnungen der Baukommisson, die für die Propyläen zuständig war, werden die Zahlungen der Hellenotamiai ausdrücklich als Auszahlung der Aparche, des der Athena zustehenden Sechzigstels, bezeichnet (IG I³ 462–465).[12] In den Abrechnungen für die Goldelfenbeinstatue des Phidias stammen alle Zahlungen von den Athenaschatzmeistern, die größte jährliche Zahlung beläuft sich auf 160 Talente.[13] Nach Harpokration (s. v. Προ-

polis, der Errichtung der Mittleren Mauern, des Telesterions sowie des Odeions. 12,1–6 und 14,1–2 spricht Plutarch die überlieferte Diskussion um die Finanzierung an.

[9] Vgl. zu dieser Diskussion: Stadter (1989) 144ff.; speziell: Ameling (1985) 47–63; Kallet-Marx (1989) 252–66; Kluwe, in: Berger, Parthenon-Kongreß (1984) I, 11ff.

[10] ML 59 mit Kommentar S. 164f.; Wittenburg (1978) 8ff.; Muss/Schubert (1988) 149ff.; Triebel-Schubert (1983) 106ff.; Giovannini (1990) 130 verweist in diesem Zusammenhang darauf, daß in Athen auch eine andere Version dieses Zusammenhanges kursierte: Nach Dem. 22,13 sind Propyläen und Parthenon aus der Barbarenbeute finanziert worden.

[11] Giovannini ebd. 138. Vgl. Triebel-Schubert a. a. O.

[12] Zu den Zahlungen der Hellenotamiai ἀπὸ στρατιᾶς vgl. Wittenburg (1978) 34.

[13] Zu der Finanzierung der Parthenos vgl. Eddy (1977) 107ff. Eddy vermutet aufgrund des aus den Parthenos-Abrechnungen zu erschließenden Goldkurses

πύλαια ταῦτα) sollen allein die Propyläen 2000 Talente gekostet haben. Diese Zahl ist nach den aus den Abrechnungen zu rekonstruierenden Kosten völlig unglaubwürdig.[14] Möglich wäre es, daß die 2000 Talente eine Gesamtsumme darstellen, die sowohl den Parthenon, die Propyläen wie auch die Parthenos umfaßt. So werden etwa die Kosten des Parthenon auf 470 Talente und diejenigen der Parthenos auf eine Summe zwischen 700 und 1000 Talenten geschätzt.

Perikles habe dem, so Plutarch, entgegengehalten, daß Athen den Bündnern gegenüber nicht rechenschaftspflichtig sei, solange es den Krieg gegen die Barbaren für die Städte des Seebundes führe (Plut. Per. 12,2). Für die hier Perikles in den Mund gelegten Argumente ist immer wieder nach Quellen gesucht worden.[15] Plutarch nennt keine Namen, und auch die enge Verbindung von kommentierender Erzählung und ausschmückender Rhetorik läßt erkennen, wie sehr hierbei eigene, auch zeitbedingte Vorstellungen des Plutarch eingeflossen sind.[16]

(14 : 1 für das Verhältnis Silber zu Gold), daß das Gold nicht auf dem freien Markt gekauft worden sein kann, da einerseits so viel Gold nicht auf dem Markt war und andererseits dieser Kurs zu niedrig gewesen wäre. Als einzige Quelle seien demnach für das Gold der Parthenos nur die in Goldmünzen abgelieferten Zahlungen von Phoros in Frage gekommen, die zu einem derart günstigen Verhältnis hätten umgeschmolzen werden können. Zustimmend zu dieser These Eddys äußert sich Kluwe, Parthenon-Kongreß (1984) I, 12.

[14] Vgl. zu einem Versuch, die Kosten für die drei genannten Werke mit Hilfe von vergleichbaren Zahlen zu schätzen: Stanier (1953) 68 ff. Vgl. dazu ML 59 mit Kommentar S. 165 und ausf. Muss/Schubert (1988) 149 ff.

[15] Übersicht der verschiedenen Vorschläge, die Ion von Chios, Stesimbrotos, Ephoros und Theopomp nennen, bei Ameling (1985) 48.

[16] Zu diesem Ergebnis kommt Ameling (1985) 62 f.; ähnlich auch Stadter (1989) 182. Vor allem die Vorstellung von einer πόλις ἔμμισθος hält Ameling für kaiserzeitlich, da ein Vergleich mit den Zahlen der Beschäftigten beispielsweise am Erechtheion oder am Asklepieion in Epidauros zeigen, daß diese Zahlen höchstens über die gesamte Bauzeit einige hundert Beschäftigte umfassen (vgl. Burford [1969], 191 ff.). Vgl. ebenso: Frost (1979) 276 ff.; Lewis, CAH (1992) 139; anders: Stadter 153 f. zu Plut. Per. 12, 3–6. Stadter verweist auf Lys. 3, 3–4; Xen. Hell. 3, 4, 16–17 und Thuk. 2, 40, 1, um zu belegen, daß die Vorstellung von einer Stadt mit gut beschäftigten Handwerkern an öffentlichen Bauten auch schon im 5. Jahrhundert zu dem Bild von einer wohlhabenden Polis gehörte. Vgl. v. a. Giglioni (1974); Frost (1964) 389–92; P. Brunt, Free labour and public works at Rome, JRS 70 (1980) 81–100. Vgl. auch unten: Kap. IV.1.b.

»Friedenskongreß« und »Wiederaufbau der Tempel«

Neben dem Vorwurf, daß Phoros-Gelder für attische Bauten verwandt worden seien, impliziert diese Debatte jedoch auch einige andere Gesichtspunkte, die ebenso umstritten sind. Der Wiederaufbau der zerstörten Tempel, vor allem derjenigen, die durch den Persersturm in Athen niedergebrannt worden sind, wird in der Regel mit einer nur literarisch überlieferten Klausel eines möglicherweise vor der Schlacht von Platää geschworenen Eides verbunden.[17] Die entsprechende Klausel dieses Eides war demnach die Bestimmung, die Ruinen der zerstörten Tempel als Mahnmale »liegen zu lassen«. Ebenso steht dieser Gedanke des Wiederaufbaus in einem inneren Zusammenhang mit der Vorstellung eines großen Friedensschlusses um 450, dem – nach der Überlieferung des Plutarch – eine Einladung des Perikles zu einem allgemeinen Friedenskongreß folgte. Ein Gegenstand dieses Friedenskongresses sollte der Beschluß zum Wiederaufbau der durch die Perser zerstörten Tempel sein. Die beiden hier implizierten Aspekte eines im Zusammenhang mit dem Perserkrieg bzw. seines offiziellen Endes herbeigeführten »Wiederaufbauprogrammes« stehen und fallen mit der Datierung des Kallias-Friedens in die Zeit um 450/49.[18]

Da gerade die Datierung des Kallias-Friedens durch die Untersuchung Meisters in ein neues Licht gerückt worden ist,[19] ist auch die enge Verknüpfung zwischen dem sogenannten Wiederaufbau der attischen Tempel bzw. dem Baubeginn des Parthenon im speziellen, dem Eid von Platää und einem großen Friedensprojekt neu zu überdenken. Insbesondere die vielfältigen Bauprojekte in Athen und Attika, die zwischen die Zerstörung durch die Perser und den Baubeginn des perikleischen Parthenon zu datieren sind, stellen diese Verknüpfung in Frage. Neben der von Plutarch erwähnten Südmauer und dem Peisianakteion sind sowohl die vormnesikleischen Propyläen als auch die erste nachpersische Mysterienhalle in Eleusis größere Bauprojekte, die in

[17] Diod. 11,29,2; Lykurg, Leocr. 81; vgl. Paus. 10,35,2; Isokr. 4,156, der die Klausel jedoch im Zusammenhang eines Schwures der Ionier während des ionischen Aufstandes erwähnt. Zu der inschriftlichen Überlieferung des Eides Siewert (1972) 8f. (vgl. HGIÜ 40); ausführliche Diskussion bei Meiggs, AE, App. 10, 504–7.

[18] Vgl. dazu oben ausführlich: Kap. II.

[19] Meisters These ist, daß, wenn es überhaupt einen Friedensschluß zwischen Athenern und Persern gegeben hat, dieser dann nach der Schlacht am Eurymedon kurz vor oder Mitte der 60er Jahre anzusetzen ist. Vgl. dazu oben: Kap. II.1, 19ff.

kimonischer Zeit begonnen wurden und die These von einer Baupause zwischen 480 und ca. 450 widerlegen.[20] Auch in der Diskussion um den Vorgängerbau des perikleischen Parthenon ist die These einer kimonischen Phase nicht unwahrscheinlich.[21] Auf diesem Hintergrund läßt sich weder eine größere Baupause in Attika noch die Vorstellung eines erst in perikleischer Zeit gestarteten »Wiederaufbauprogrammes« halten. Insofern gewinnt auch die Behauptung des Theopomp, der Eid von Plataä sei eine propagandistische Fälschung der Athener, mehr Gewicht.[22]

Die gleiche Argumentationslinie läßt sich für die Verbindung von Kallias-Frieden, dem bei Plutarch erwähnten Friedenskongreß und dem Beginn des Akropolisbauprojektes ziehen. Rückt man von dem Datum 450/49 für den möglichen oder versuchten Friedensschluß zwischen Athen und Persien ab, so ist, da Plutarch keinen chronologischen Anhaltspunkt für dieses sogenannte Kongreßdekret gibt, kaum ersichtlich, warum auf die Initiative des Perikles hin gerade 449 ein allgemeiner Friedenskongreß geplant werden sollte.[23] Im Gegenteil, Plutarchs einleitende Bemerkung ἀρχομένων δὲ Λακεδαιμονίων ἄχθεσθαι τῇ αὐξήσει τῶν Ἀθηναίων ... (Per. 17, 1) deutet auf eine wesentlich frühere Periode der Beziehungen zwischen Athen und Sparta.[24] Das Dekret dieser Einladung ist, trotz der massiven Einwände, die beispielsweise von Seager geäußert wurden, nicht ohne weiteres als unhistorisch zu bezeichnen. Die Formulierungen Plutarchs

[20] Dazu ausführlich: Th. E. Kalpaxis, Hemiteles (1986) 126ff.; vgl. Muss/Schubert (1988) 58 und 109f.

[21] Kalpaxis a. a. O.; vgl. dazu Muss/Schubert (1988) 55ff., 99ff. mit einer Übersicht der neueren Literatur zu der Diskussion um einen möglichen kimonischen Parthenon.

[22] Theopomp FGrH 115 F 153; vgl. zu der Problematik der propagandistischen Fälschungen der Athener im 4. Jahrhundert: Habicht (1961); Meiggs, AE, App. 10, 504ff. glaubt an die Historizität des Eides, schränkt dies jedoch ebd. in Add. 597 in Hinsicht auf die Untersuchungen Rhys Carpenters zum kimonischen Parthenon wieder ein. Vgl. auch Stadter (1989) 205.

[23] Neben der Vorstellung eines »Wiederaufbauprogrammes« nach Abschluß eines großen Friedens mit den Persern spielt auch die möglicherweise fehlende Tributliste von 449/8 eine Rolle für diese Datierung: Meiggs, AE 153ff., 514 und ML, 133–5; vgl. Lewis, CAH (1992) 122f. Ausf. dazu oben, 29.

[24] Beispielsweise direkt nach Eurymedon – oder sogar noch früher – und vor der Rücksendung des attischen Hilfskorps unter Kimon durch die Spartaner, da letzteres ebenfalls in dem Mißtrauen der Spartaner begründet gewesen ist (Plut. Kim. 17, 2). Ausf. dazu Stadter (1989) 201f.

könnten auf die offiziellen Ausdrucksweisen der attischen Dekrete zurückgeführt werden.[25] Ein innerer Zusammenhang mit der bei Plutarch überlieferten Diskussion um die Finanzierung der Akropolisbauten ist jedoch nicht zu rekonstruieren. Dafür spricht auch die bei Plutarch in der Baudebatte berichtete Rechtfertigung des Perikles, die eine Rechenschaft den Bündnern gegenüber ablehnt, *solange Athen den Krieg gegen die Barbaren für sie führe* (Plut. Per. 12,2). Dieses Argument schließt einen kurz vor Baubeginn abgeschlossenen Friedensvertrag aus.

Hieraus ergibt sich, daß die Debatte um die Finanzierung des Akropolisbauprojektes von den Fragen nach Echtheit und Inhalt sowohl des Eides von Platää als auch des Kongreß-Dekretes zu trennen ist. Beide Dokumente können sowohl von der Tendenz (Tempel-Klausel des Eides von Platää) als auch von der Datierung her (Kongreß-Dekret) nicht mit dem historischen Umfeld des Baubeginns verbunden werden.

Von daher ist der Kern dessen, was Plutarch in den entsprechenden Kapiteln 12 und 14 über die Diskussion der Finanzierung berichtet, für sich zu betrachten. Abgesehen von rhetorischem und anderem Beiwerk, das von Ameling und Stadter ausführlich herausgearbeitet worden ist, lassen sich folgende Punkte dieser Diskussion, die mit der Person des Perikles in enger Verbindung gestanden hat, herausschälen:

- Die Angriffe gegen ihn richteten sich auf die Verwendung von bestimmten Geldern.[26]
- Bei diesen Geldern handelte es sich um den Phoros (Plut. Per. 12,2),

[25] So Meiggs, AE, App. 10, 512ff., der entsprechende Beispiele für eine sprachliche Umsetzung gibt. Seager (1967) hält das Dekret für eine antimakedonische Fälschung aus der Zeit nach dem Frieden des Philokrates 346; vor allem die Vorstellung von der Freiheit der Meere ist seiner Ansicht nach kein Thema der Diplomatie im 5. Jahrhundert gewesen, sondern erst durch die Auseinandersetzung zwischen Philipp von Makedonien und Athen zum Diskussionspunkt geworden. Bosworth dagegen (1971) hält es für eine promakedonische Fälschung nach Chaironeia. Vgl. auch Balcer (1974) 35ff.; Perlman (1976) 7ff.; Griffith (1978) 218–9; Walsh (1981) 59ff.; für MacDonald (1982) 120ff. schlägt sich in dem Kongreß-Dekret der Anspruch Athens auf die Hegemonie in Griechenland nieder.

[26] Auch Diod. 12,38,2 bezieht sich auf diesen Komplex. Er gibt einen kurzen Rückblick darauf, wieso Perikles zu einer derart zentralen Stellung hinsichtlich der Verfügung über die attischen Gelder kam, und verbindet dies mit einem Hinweis auf die Integrität des Perikles. Sehr widersprüchlich schließt er daran direkt, als Tatsache, eine längerfristig laufende Unterschlagung des Perikles an, die dann im Gefolge der Prozesse vor und während des Kriegsausbruchs zu einer Anklage führte.

aber auch um andere Einkünfte Athens (14,1: ὡς σπαθῶντος τὰ χρήματα καὶ τὰς προσόδους ἀπολλύντος).[27]

– Schließlich muß auch die Frage eine Rolle gespielt haben, wie hoch bestimmte Ausgaben gewesen sind, sonst wäre die Verbindung mit der Finanzierung der Akropolisbauten und die Formulierung von den »Tausend-Talente-Tempeln« sinnlos.

Die Historizität dieser Debatte läßt sich noch am besten dadurch sichern, daß Plutarch sie mit der Auseinandersetzung zwischen Perikles und Thukydides Melesiou verbindet.[28]

Diese rein innenpolitische Orientierung der Finanzierungsdebatte wirft ebenfalls ein Licht auf die Ziele, die mit der Errichtung der Akropolisbauten der perikleischen Zeit verbunden waren. Neben allgemeinen Aussagen zur Größe Athens, zur mythischen Legitimierung des besonderen Anspruches, den die Stadt erhob,[29] sind innenpolitische Motive in der Zielsetzung dieses großen Bauprojektes nicht auszuschließen. Die Diskussion um einen kimonischen Vorgängerbau des Parthenon ist nach wie vor nicht abgeschlossen. Es ist durchaus möglich, daß ein in kimonischer Zeit begonnener, bereits halbfertiger Tempelbau nach dem Ostrakismos des Kimon wieder abgetragen und große Teile dieses Baues für den perikleischen Parthenon wiederverwendet wurden.[30] Die darin zum Ausdruck kommende Diskreditierung der kimonischen Politik entspräche genau der entschiedenen Abkehr von seiner Politik der Mäßigung und des Ausgleichs, die nach seinem Ostrakismos in der attischen Politik zu beobachten ist. Die später an die Bauten der perikleischen Zeit anknüpfende Kritik deren Finanzierung wäre dann ein konsequenter Rückbezug auf Kimon durch Thukydides Melesiou.

[27] Anders Stadter (1989) 181 zu 14,1, der dies nur auf den Phoros bezieht. Zu der Differenzierung der Einkünfte im einzelnen s. u.

[28] Plut. Per. 14,1; vgl. Stadter (1989) 130f. zu den Quellen der Kapitel 11–14 der Perikles-Vita; speziell auch 147f.; Meinhardt (1957) 37ff. Vgl. Kallet-Marx (1989) 262. Anders: Andrewes (1978) 4, der die gesamte Passage als unhistorisch ablehnt. Allerdings sagt Diodor 12,41,1 ausdrücklich, daß er den gesamten Komplex, also auch die Vorgeschichte der Anklage gegen Perikles, aus Ephoros übernommen hat. Auch Thukydides 2,13 muß in diesem Zusammenhang berücksichtigt werden. Dazu s. u., 62ff.

[29] Vgl. dazu Hölscher (1973) 73; Knell (1979); Schuller, in: Berger, Parthenon-Kongreß (1984) I, 20ff.; Corso (1986); Muss/Schubert (1988) 108ff.

[30] Muss/Schubert (1988) zu den Einzelheiten dieser Überlegung 71ff. und 108ff.

2. *Die Finanzierung der Akropolisbauten und die Einkünfte Athens*

Die bei Thukydides (2, 13, 2) neben der γνώμη als weitere Quelle der attischen Überlegenheit genannte Finanzkraft hat Perikles, so jedenfalls Thukydides, in einer Rede kurz vor dem Einmarsch des Archidamos den Athenern im Detail erläutert (Thuk. 2, 13, 3). Aus dem Phoros erhalte Athen demnach jährlich etwa 600 Talente, ohne die anderen Einkünfte dabei mitzurechnen. Dazu verfüge die Stadt über eine Reserve von 6000 Talenten an gemünztem Silber, die auf der Akropolis aufbewahrt seien. 500 Talente seien Weihgeschenke, Beutestücke etc. wert, 40 Talente das Gold der Athena Parthenos, und darüber hinaus stünden auch die Geld- und Wertbestände aus den Heiligtümern der anderen Götter zur Verfügung.

a) Phoros und andere Einkünfte

Gerade die finanziellen Einzelheiten dieser Perikles-Rede sind zum Gegenstand weitreichender Kontroversen über das Verhältnis von Phoros und anderen Einkünften Athens geworden.[31] Der Inhalt dessen, was Thukydides über die Einkünfte aus dem Phoros sagt, widerspricht zuallererst dem epigraphischen Befund der Tributlisten. Die in diesen Listen aufgeführten Beträge stellen jeweils das Sechzigstel, d. h. die Aparche, dar, den der Athena als der Schutzgöttin zustehenden Teil des Tributes. Der Tribut hat jedoch nach dem Befund der Listen bis 433 in keinem Fall mehr als 400 Talente im Jahr betragen.[32] Nach Thukydides (1, 96) lag der Satz aus der Veranlagung des Aristeides bei 460 Talenten bzw. betrugen, wie er 2, 13, 3 sagt, die gesamten Einkünfte 600 Talente. Dieser offenkundige Widerspruch ist in der Regel dahingehend erklärt worden, daß Thukydides φόρος in einer eher allgemeinen Bedeutung verwendet habe, so daß auch Zahlungen dazugezählt werden konnten, die nicht im strengen Sinn φόρος waren.[33]

[31] Eine ausführliche Diskussion dieser Passage findet sich HCT II, 26–33 zu Thuk. 2, 13, 3; vgl. Meiggs, AE 234–72; ATL 3, 131 ff.

[32] IG I^3 259–290; vgl. ML 39, S. 88; ebd. 83–9 ausführliche Diskussion des epigraphischen Befundes und der Literatur. Meiggs, AE 234 ff. und App. 12–4, 524 ff. ATL 1, 241; 3, 239–43.

[33] So ML, S. 88; die Verfasser der ATL (3, 132) schlagen vor, φόρου in Thuk. 2, 13, 3 als Glosse bzw. Ergänzung eines späteren Herausgebers zu verstehen; damit wäre der Widerspruch zwischen den 600 Talenten und dem Befund der Tributlisten nicht ganz so kraß. Vgl. auch HCT I, 277 zu Thuk. 1, 96, 2 und

Gomme hat eine Aufgliederung der bei Thukydides genannten Zahlen vorgeschlagen, die die literarisch und epigraphisch erhaltenen Daten zueinander in Beziehung setzt (HCT II, 16ff.). Unter φόρος ἀπὸ τῶν συμμάχων, den genannten 600 Talenten, wären dann die gesamten Einkünfte Athens aus dem auswärtigen Bereich zu verstehen. Davon entfielen, entsprechend dem, was sich aus den Tributlisten ergibt, etwa 390–400 Talente auf den eigentlichen Phoros. Dazu kämen die Abgaben von Städten, die offenbar in einer eigenen Kategorie geführt wurden wie beispielsweise Thera und Samos nach der Unterwerfung, aber auch Amphipolis, das nicht zu den tributzahlenden Städten gehörte.[34] Gerade von Samos und Amphipolis ist bekannt, daß sie über besondere Wirtschaftskraft verfügten.

Zu den 600 Talenten müssen ebenfalls die Einkünfte aus dem auswärtigen Landbesitz Athens gerechnet werden. Es sind τεμένη Ἀθηνᾶς μεδεούσης auf Euböa (in Chalkis [IG I³ 418; IG XII 9, 934; vgl. Ael. V. H. 6, 1; Plut. Per. 23, 4]; nach IG I³ 418 wahrscheinlich auch in Hestiaia und Eretria), auf Samos und Aigina bekannt.[35] Nach Thukydides betrugen etwa die Einnahmen aus dem konfiszierten Land auf Lesbos 10 Talente im Jahr (3, 50, 2). In den Zeilen 5–7 des Kallias-Dekretes (IG I³ 52 = ML 58) werden die Gelder, die die Hellenotamiai zur Verfügung haben, als καὶ τἆλλα ἅ ἐστι τούτον | [τõ]ν χρεμάτον, καὶ

HCT I, 284 zu Thuk. 1, 99, 3: Gomme schlägt vor, die 460 Talente aus der Aristeides-Schatzung als eine Gesamtsumme aufzufassen, die für den Unterhalt einer schlagkräftigen Flotte als nötig akzeptiert wurden, wobei nicht festgelegt war, wie die Beiträge dann im einzelnen geleistet wurden.

[34] Vgl. dazu IG I³ 68 = ML 68 = HGIÜ 111; in den Zeilen 21–25 dieses sog. Kleonymos-Dekretes wird ausdrücklich festgestellt, daß die Bestimmungen über die Tributeinzieher, die generell für alle Städte festgelegt wurden, die Tribut bezahlen (Z. 5–7), in derselben oder ähnlicher Weise (dieser Teil der Bestimmung ist nur ergänzt) für Samos und Thera gelten sollen. Amphipolis wird bei Thuk. 4, 108, 1 als eine Polis erwähnt, die Athen nützlich war wegen des Schiffsbauholzes und χρημάτων προσόδῳ; vgl. dagegen Meritt, ATL 3, 88, der auf die Einträge in den Tributlisten verweist, nach denen den Strategen teilweise vor Ort der Phoros direkt bezahlt wurde, demnach solche Sonderkategorien auch in den Listen erfaßt und diese somit doch vollständig seien.

[35] Aigina: IG IV 29–38; vgl. dazu J. Barron, JHS 103 (1983) 1–12; zu den samischen Horoi: vgl. Barron (1964) 35ff.; K. Tsakos, AD 32, 1977 (1983) 72–9 (Nr. 2 = SEG 32, 1982, 835) und J. und L. Robert, REG 96 (1983) 125 (Nr. 291); s. auch Gomme, CR 1 (1936) 6–8; ders., HCT II, 18; Meiggs, AE 295–98; vgl. mit ausführlicher Diskussion: Smarczyk (1990) 73ff.

τὰ ἐκ τε͂ς δεκάτες ἐπειδὰν πραθε͂ι bezeichnet.[36] Dies läßt auch darauf schließen, daß die Einkünfte aus dem Seebund mehr als den Phoros umfaßten.

Demnach sind die Angaben des Thukydides durchaus plausibel. Die bei Aristophanes, Xenophon und Diodor genannten Zahlen, auch wenn sie teilweise auf ihn zurückgehen, ergänzen und bestätigen diese Überlegungen Gommes.[37] Aristophanes (Wespen 656–664) läßt Bdelykleon von 2000 Talenten an Gesamteinkünften der Stadt sprechen. Seit der Schatzung von 425 betrug der Tribut über 1400 Talente, so daß die Summe der nicht-tributabhängigen Einkünfte Athens etwa zwischen 500 und 600 Talenten ausmachte. Xenophon nennt den Betrag von 1000 Talenten als Jahreseinkommen Athens zu Beginn des Peloponnesischen Krieges (Anab. 7,1,27). Davon wären entweder die 460 Talente des Phoros abzuziehen, so daß etwa 540 Talente aus dem inländischen Einkommen blieben, oder die von Thukydides genannten 600 Talente, wonach das inländische Einkommen Athens bei ca. 400 Talenten gelegen hätte. Selbst unter Berücksichtigung der Differenzen und Ungenauigkeiten der verschiedenen Zahlen zeigt sich doch deutlich, daß alle Bündner zusammen bis zur Kleon-Schatzung nicht einmal die Hälfte, oder gerade eben die Hälfte des rein attischen Jahreseinkommens aufzubringen hatten. Diese eher konservative Zahlen zugrundelegenden Berechnungen Gommes lassen darauf schließen, daß die finanzielle Bedeutung des eigentlichen Phoros bis zu der drastischen Erhöhung während des archidamischen Krieges nicht von ausschlaggebender Bedeutung für die Finanzkraft Athens gewesen sein kann. Die Bedeutung des Phoros als eines Herrschaftsmittels ist dagegen nicht zu unterschätzen. Denn in der Tributzahlung kommt eine Prestige- und Autonomieminderung zum Ausdruck, die in Formulierungen wie φόρου ὑποτελεῖς und αὐτοτελεῖς ihren Niederschlag findet.

[36] »... als auch die sonstigen (Beträge), die zu diesen Geldern gehören, und die aus dem Zehnten eingehenden (Beträge)« (Übers. HGIÜ 92). Vgl. dazu ML 58 (= IG I³ 52 = HGIÜ 92) mit dem Kommentar S. 160f. zu dieser Bestimmung. In den Abrechnungen der Athenaschatzmeister (418–414 v. Chr.: IG I³ 370 = ML 77 = HGIÜ 128 und 410/9 v. Chr.: IG I³ 375 = ML 84 = HGIÜ 142) sind Zahlungen aus Samos aufgeführt, die zwar unter den Einkünften der Göttin aufgezählt werden, jedoch teilweise direkt an die Strategen und Hellenotamiai ausgezahlt worden sind (410/9 etwa 95 Talente).

[37] Diodor 11,47,1 nennt für 478/7 560 Talente aus dem Tribut, 12,40,2 für 431/0 460 Talente. Die erste Angabe läßt sich eigentlich nur als Versehen erklären, da der Tribut kaum in diesem Zeitraum geringer geworden sein kann. Vgl. Plut. Arist. 24, der wohl seine Zahlen aus Thukydides hat.

Es ist möglich, daß dies der eigentliche und wesentliche Punkt an der Tributzahlung gewesen ist.[38]

b) Phoros und Aparche

Die Diskrepanz zwischen den bei Thukydides genannten Zahlen und denjenigen, die sich aus den Tributlisten rekonstruieren lassen, hat zu verschiedenen Erklärungsmodellen Anlaß gegeben.[39] Vor allem die Überlegungen von Unz haben einen neuen Gesichtspunkt in die Diskussion eingebracht.[40] Unz ist der Ansicht, daß die Perikles von Thukydides in den Mund gelegte Formulierung φόρος ἀπὸ τῶν συμμάχων τῇ πόλει wörtlich zu nehmen sei. Im Vergleich der aus den Tributlisten erhaltenen Zahlen und der ungefähr geschätzten Ausgaben für Flottenexpeditionen und Belagerungen (Thasos, Naxos) zur Zeit Kimons bis hin zu der samischen Expedition ergibt sich für Unz, daß »the Delian League must have been on the verge of bankruptcy throughout this period« (ebd. 26). Dagegen ließe sich auf der Grundlage der von Thukydides genannten Zahlen durchaus eine ausgeglichene Bilanz von 479 bis hin zum Ausbruch des Peloponnesischen Krieges aufstellen.

Nach Thukydides (1, 99, 1) bestanden die Athener auf einer exakten Einhaltung der Tributpflichten, trieben die entsprechenden Zahlungen und Leistungen mit Strenge und Härte ein und betrachteten jede Verweigerung als Abfall, dem mit Gewalt zu begegnen war. Dagegen zeigen nun die Tributlisten auffallend viele Irregularitäten und Schwankungen. Von den mehr als 200 Mitgliedern des Seebundes in der Zeit von 453 bis 439 zahlten im Durchschnitt etwa nur 160 überhaupt den Phoros, wobei die Zahl im einzelnen zwischen 140 und 173 zahlenden Bündnern schwankt. Von diesen wiederum zahlten viele nur einen Teil der veranlagten Summe.[41]

[38] Vgl. dazu Schubert (1993) 56ff., 69ff.; Schuller (1974) 104ff.

[39] Chambers (1958), 27f.; vgl. Eddy (1968) 187f. (vgl. ders. [1973] 47ff.) und French (1972) 1ff., die zu einem ähnlichen Ergebnis wie Gomme kommen.

[40] Unz (1985) 21–42.

[41] Unz (1985) 28f. mit Anm. 30 und Appendix, 41ff., mit einer Übersicht der gravierendsten Unregelmäßgkeiten. Vgl. dazu auch ATL 3, 265–74 und Meiggs, AE 524–30, die diese Schwankungen dadurch zu erkären versuchen, daß teilweise kleinere Städte in die Zahlungen benachbarter größerer Poleis miteinbezogen oder daß ursprünglich doch mehr Schiffe gestellt als Phoroszahlungen geleistet wurden.

Besonders auffällig ist, daß auch größere Städte wie Sestos und Thasos äußerst geringe Summen zahlen oder, wie im Fall der Polis Naupaktos, gar keinen Tribut leisten. Sestos, eine der wohlhabendsten und stärksten Poleis am Hellespont, zahlte nur 500 oder 1000 Drachmen im Jahr, teilweise sogar überhaupt nichts.[42] Thasos zahlte bis 443 nur 3 Talente, ähnlich beispielsweise kleinen Inseln wie Kythnos, danach 30 Talente. Selbst wenn dem der Verlust der Goldminen und festländischen Besitzungen nach der Niederwerfung des Aufstandes durch Kimon zugrunde liegt, so blieben Thasos doch noch die Minen auf der Insel selbst, die nach Herodot immerhin ein Drittel des thasischen Reichtums ausmachten (Herod. 6,46f.).

Demnach zeigen die Tributlisten keinesfalls den gesamten Bestand der überseeischen Einkünfte Athens, und die Frage, welche Art von Zahlungen in ihnen tatsächlich festgehalten wurde, ist durchaus berechtigt. Unz schlägt in Beantwortung dieser Frage vor, die Zahlungen, deren Aparche in den Listen aufgezeichnet wurde, als den Überschuß des jährlichen Tributes zu verstehen. Das würde bedeuten, daß zuerst die Zahlungen für die Flottenstationen und Garnisonen im Seebundsgebiet verwendet wurden. Dann erst wäre der verbleibende Rest nach Athen gebracht und die Aparche von diesen Beträgen an den Athena-Schatz übergeben bzw. auf den Tributlisten aufgezeichnet worden.[43] Damit ließen sich sowohl die gravierendsten der Irregularitäten erklären als auch die Diskrepanz zwischen den Zahlen des Thukydides und dem epigraphischen Befund. Am Beispiel von Thasos zeigt sich, daß sich die Differenz zwischen 30 Talenten, die Thasos später zahlte und die der Leistungskraft der Insel angemessen waren, und 3 Talenten sehr leicht aus der Stationierung beispielsweise einer Schwadron von 7 Trieren in Thasos erklären ließe.[44]

Ein anderes Indiz, das Unz als Beleg für seine Überlegung heranzieht, ist die Beschreibung des Isokrates (8,82), wie bezahlte Träger τὸ περιγιγνόμενον ἐκ τῶν φόρων ἀργύριον während der städtischen Dionysien in die Orchestra tragen. Isokrates will hiermit die Arroganz der Athener ihren Verbündeten im ersten Seebund gegenüber kritisie-

[42] Zu Sestos vgl. Herod. 9,114–117; Plut. Kim. 9. Weitere Unregelmäßigkeiten zählt Unz a. a. O. 28ff. auf; vgl. beispielsweise Thuk. 2,29,6; 80,7 zu Methone und 2,69; 3,19 zu Lykien und Karien. In den Tributlisten von 447 und 446 fehlt Aigina ganz.

[43] Unz (1985) 30ff.

[44] So Unz (1985) 31 mit Bezug auf Thuk. 4,105 und unter Zugrundelegung eines achtmonatigen Einsatzes. Weitere Beispiele ebd. 32ff.; zu den Kosten der Flotte s. u., 71ff.

ren. Die Übersetzung von τὸ περιγιγνόμενον als »Überschuß« ist jedoch nicht so eindeutig, wie Unz es darstellt.[45] Vielmehr ist ein Verständnis dieser Formulierung als »das sich aus dem Phoros Ergebende«, wie es schon von Raubitschek vorgeschlagen wurde, sprachlich ebenso abgesichert.[46]

Zwei schwerwiegende Einwände gegen diese Erklärung betreffen die religiöse Bedeutung der Aparche, die von den realen Zahlungen des Phoros nicht einfach abgetrennt werden kann, sowie die mit dieser Reduktion der Aparche-Zahlungen auf den Überschuß verbundenen organisatorischen Schwierigkeiten der Abrechnung. Die Bedeutung der Aparche, die für Athen gerade hinsichtlich auch der anderen Versuche, über religiöse Mittel die Herrschaft im Seebund zu legitimieren,[47] unverzichtbar war, kommt in den von Unz nur als Ausdruck individueller Religiosität eingestuften Sonderbestimmungen zum Ausdruck. Die Rubrik αἵδε τῶν πόλεων αὐτὴν τὴν ἀπαρχὴν ἀπήγαγον aus den Tributlisten der ersten Hälfte der 20er Jahre sowie die Sonderbestimmungen für Methone zeigen deutlich, daß es sich hierbei um eine Privilegierung handelte, nicht etwa um einige zusätzliche Zahlungen von religiös besonders korrekten Poleis.[48] Eine weitere Schwierigkeit dieses Überschuß-Modelles ist in der Organisation der Abrechnung zu sehen. Hierbei verweist Unz auf die Existenz des im Kleinias-Dekret erwähnten und mit dieser Bestimmung auch wohl eingeführten γραμματεῖον, das die versiegelte Sendung des Tributes jeder veranlagten Stadt begleiten sollte.[49] Er versteht es als Abrechnung, die dann vorgelegt werden sollte, wenn aus dem veranschlagten Tribut Zahlungen an die Strategen bzw. für den Unterhalt von stationierten Schiffen oder Expeditionen geleistet worden waren.

[45] Unz (1985) 40; vgl. Meiggs, AE 433–4; ATL 3,16f.; Raubitschek, TAPA 72 (1941) 356–62. Meiggs ebd. weist darauf hin, daß im 19. Jahrhundert die in einigen Handschriften überlieferte Lesart τῶν πόρων statt ἐκ τῶν φόρων vorgezogen wurde, die die Erwähnung der Verbündeten in bezug auf den Phoros hier jedoch sinnvoller erscheinen läßt.

[46] Vgl. Arr, an. 7,17,4; LSJ s. v. περιγίγνομαι II. 3.

[47] Muss/Schubert (1988) 112–4; Smarczyk (1990) 318ff.

[48] Übersicht bei ATL 1,450; vgl. IG I^3 281–2; dazu Schuller (1981) 142ff.; zu dem Methone-Dekret IG I^3 61 = ML 65 = HGIÜ 104 vgl. Smarczyk (1990) 653ff.

[49] Unz (1985) 38f.; IG I^3 34, Z. 15ff. = ML 46 = HGIÜ 74.

Die Bestimmungen der Dekrete des Kleinias (ML 46) und des Kleonymos (ML 68)

Gegen das Überschuß-Modell von Unz sprechen der Inhalt und die Bestimmungen der in den Dekreten des Kleinias und Kleonymos festgelegten Verfahrensweisen.[50] Nach dem Kleinias-Dekret sollten Boule und Archonten der einzelnen tributpflichtigen Städte zusammen mit den attischen Gesandten, den Episkopoi, dafür sorgen, daß die jeweilige Zahlung gesammelt und nach Athen gebracht wurde. Für die Überbringung waren Richtlinien vorgesehen: Die Geldsendung sollte versiegelt und getrennt davon auch die Höhe des eingesandten Betrages aufgeschrieben werden, damit die Summe während der Übergabe des Geldes in Athen vor dem Rat vorgelesen werden konnte.

Nach den Dionysien war es dann die Aufgabe der Hellenotamiai, vor der Volksversammlung bekanntzugeben, welche Poleis den Phoros in der festgesetzten Höhe korrekt bezahlt hatten und für welche Poleis noch Ausstände festgestellt wurden. Anschließend sollten vier Gesandte in der Volksversammlung gewählt werden,[51] die den Städten entweder eine Art Quittung über den korrekt gezahlten Phoros geben sollten oder den entsprechenden Rückstand einzufordern hatten.

Zur Sicherung des exakt festgelegten Ablaufs wurden Strafandrohungen beschlossen. Gleichzeitig versah man auch die Gabe von Rind und Panhoplie, die aus Anlaß der Panathenäen von den Bündnern gefordert wurde, für den Fall der Unterlassung mit derselben Strafandrohung. Die Hellenotamiai wurden beauftragt, sowohl die Tributveranlagung als auch die korrekten Zahlungen und die Ausstände auf Tafeln zu veröffentlichen. Für die Schuldner war darüber hinaus anscheinend noch eine gesonderte Bekanntmachung ihrer Ausstände vor dem Rat vorgesehen.

In dem Dekret des Kleinias wird anscheinend zum ersten Mal exakt festgelegt, wie und wann die Hellenotamiai bereits gezahlte, nur teilweise oder überhaupt nicht entrichtete Beträge auflisten und der Volksversammlung bekanntmachen sollen. Das Kontrollverfahren mit Hilfe von Versiegelung und Quittung, die Androhung von Strafmaßnahmen, die Einbeziehung von Rat und Heliaia lassen darauf schließen, daß

[50] IG I^3 34 = ML 46 = HGIÜ 74 (Kleinias-Dekret); IG I^3 68 = ML 68 = HGIÜ 111, Z. 9ff.: 426/5 (Kleonymos-Dekret).

[51] Jeweils zwei sollten zu den Städten auf den Inseln und in Ionien (ergänzt) reisen sowie zu denjenigen am Hellespont (ergänzt) und in Thrakien. Vgl. ML 46, Z. 25–8.

man Unregelmäßgkeiten in der Tributzahlung durch Disziplinierungsmaßnahmen begegnen wollte.[52]

Die gleiche Intention liegt dem sog. Kleonymos-Dekret zugrunde. Auf Antrag des Kleonymos sollten in allen Städten, die den Athenern Tribut zahlen, ἐγλογε̃ς, d. h. Tributeinzieher, gewählt werden, die für die Eintreibung des Tributes verantwortlich waren. Möglicherweise enthielt das Dekret auch eine Bestimmung, nach der diese Einzieher von Athen bei eventuellen Unregelmäßigkeiten zur Rechenschaft gezogen werden konnten.[53] Nach den Dionysien sollten die Hellenotamiai, in gleicher Weise wie es das Kleinias-Dekret festlegte, der Volksversammlung bekanntgeben, welche Städte korrekt gezahlt hatten und welche noch säumig waren. Eine entsprechende Liste sollte öffentlich – auf der Agora – ausgestellt werden, so daß jeder Beliebige jederzeit den Stand der Phoroszahlungen kontrollieren konnte. Für Samos und Thera wurde eine wohl vergleichbare Bestimmung beschlossen. Einige Ergänzungsanträge schließen sich an. Aus ihnen ist zu entnehmen, daß entsprechende Gerichtsverfahren, die gegen säumige Poleis anzustrengen waren, zügig durchgeführt werden und Athen die Führung *des Krieges* erleichtern sollten.[54]

Die chronologische Beziehung zwischen den beiden Dekreten ist nach wie vor nicht eindeutig geklärt. Der zeitliche Zusammenhang zwischen dem Peloponnesischen Krieg und dem Kleonymos-Dekret ist durch die Erwähnung des Kriegsgeschehens im Text, die Sonderbestimmung für Samos und Thera und die literarisch überlieferte Rolle des Kleonymos gesichert, so daß eine Datierung in das Jahr 426 allgemein akzeptiert wird. Wegen der vergleichbaren Intention und des ähnlich »imperialen« Tons ist das Kleinias-Dekret von Mattingly im Zuge seiner zahlreichen Herabdatierungen von Inschriften aus den 40er Jahren in die 20er Jahre als jünger eingestuft worden.[55] Meiggs und Lewis vertreten demgegenüber die Ansicht, daß das Kleinias-Dekret in die erste Hälfte der 40er Jahre gehöre. Neben den epigraphischen Argumenten, die auf eine ältere Phase der Schriftstilisierung hinweisen,[56] stützen sie sich vor allem auf den Namen des Antragstellers: Der an sich seltene Name Kleinias weist auf den Vater des Alkibiades hin, den be-

[52] Vgl. ML 46, S. 119.

[53] ML 68, Z. 8f. Einzelheiten hätten demnach in der darauffolgenden Lücke des Textes gestanden.

[54] ML 48, Z. 27f.

[55] Vgl. Mattingly (1964/1967/1968/1970/1974/1975).

[56] Vgl. dazu ausführlich unten 3.b mit Anm. 76.

kanntesten attischen Träger dieses Namens, der bei Koroneia (477/6) gefallen ist. Auch die mit dem Münzdekret vergleichbaren Züge attischer Machtpolitik stützen nach Meiggs und Lewis diese Datierung.[57]

Die von Unz vermutete Praxis der regulären Zahlungen vor Ort, denen nur die Restzahlungen nach Athen folgten, würden sich mit diesen Bestimmungen des Kleinias-Dekretes nicht vereinbaren lassen. Die Forderung nach einem γϱαμματεῖον in diesem Dekret läßt sich kaum als Forderung nach einer detaillierten Abrechnung verstehen, sondern viel eher als ein Verlangen nach schriftlicher Niederlegung des nach Athen abgesandten Betrages. Auch der um 430 gefaßte Beschluß der Athener, in dem es um eine Eintreibung von bis dahin nicht oder unvollständig gezahlten Tributen geht, zeigt, daß es Unregelmäßigkeiten bei den Tributzahlungen gegeben hat und dementsprechend auch Bemühungen, die Organisation und Intensität der Einziehung zu verbessern.[58] Die entsprechenden Bestimmungen aus dem Kleonymos-Dekret hängen möglicherweise schon sehr viel mehr mit der Situation des Krieges und dem erhöhten Finanzbedarf zusammen. Daher ist die herkömmliche Interpretation der Diskrepanz zwischen den Zahlen der Tributlisten und denjenigen des Thukydides, wie sie beispielsweise Gomme oder etwa Meiggs vorgeschlagen haben, nach wie vor plausibel.

Darüber hinaus setzt die These von Unz voraus, daß Athen zumindest nach 449 – dem Jahr, in dem Unz den sogenannten Kallias-Frieden vermutet – keinen Unterschied zwischen eigenen finanziellen Ressourcen und dem Phoros gemacht hat.[59] Denn wie aus dem Münzdekret und den Samos-Anleihen zu ersehen ist, ist für Seebundaktionen eine Finanzierung aus dem Athena-Schatz gewählt worden. Wenn Jahr für Jahr Überschüsse bzw. deren Sechzigstel für Athena eingesandt und verzeichnet wurden, dann ist zu fragen, warum man nicht die so sich

[57] ML 46, S. 120f.; vgl. Lewis, CAH (1992) 130, der etwas zurückhaltender urteilt; zu dem Münzdekret vgl. unten 3.b, 82ff.

[58] IG I^3 60 = ATL T 76 = HGIÜ 103; vgl. im Gegensatz dazu die Bestimmungen aus dem Methone-Dekret IG I^3 61, Z. 10ff. = ML 65 = HGIÜ 104, wo es ebenfalls um Rück- oder Nachzahlungen geht, die aber offensichtlich kein ausstehender Tribut waren. Anders bei ML, S. 179, wo es offenbleibt, ob es sich bei diesen Schulden um Phoros gehandelt hat oder nicht. Jedoch scheinen die Bestimmungen über die Phoroszahlungen von Methone in den Zeilen 3–9 abgehandelt zu sein, während in 9–10 andere Gelder gemeint sind, die vor allem dem Demosion der Athener geschuldet werden.

[59] Vgl. dagegen die Kritik von Giovannini (1990) 131ff. Vgl. dagegen Lewis, CAH (1992) 126.

über den Zeitraum ergebende Reserve dafür eingesetzt hat.[60] Die von Unz vertretene Vermischung der Gelder und Kassen implizierte damit auch, daß Phoros-Gelder bzw. eine daraus aufgebaute Reserve zur Finanzierung des Akropolisbauprogrammes verwendet wurden, aber nicht für die eigentlichen größeren Unternehmungen wie die Ägypten- oder Zypern-Expedition bzw. die Niederwerfung von Samos. Andererseits zeigt das Brunnenhaus-Dekret,[61] daß zwar durchaus Phoros-Gelder für Baumaßnahmen in Athen benutzt wurden, aber in jedem Fall erst, wenn das Sechzigstel für die Göttin daraus entnommen worden war. Damit wird die These von Unz hinfällig, da er so argumentiert, daß die Aparche erst von dem Restlichen genommen wurde.

c) Phoros und Flottenfinanzierung

Die verschiedenen Vermutungen über eine Finanzierung der Akropolisbauten aus dem Phoros stehen auch mit der Frage in Verbindung, wie hoch der jährliche Unterhalt der attischen Flotte war. Von der Beantwortung dieser Frage hängt es wiederum ab, ob es möglich war, aus dem Phoros überhaupt eine Reserve zu bilden, aus der dann möglicherweise Gelder in attische Bauprojekte flossen.

Nach Plutarch ist es auf Perikles zurückzuführen, daß jedes Jahr für acht Monate 60 Schiffe ausgesandt wurden, um vor allem das Rudertraining für die breite Menge des attischen Demos zu ermöglichen.[62]

[60] Zu dem Fragenkomplex, der sich an die Spekulationen von einer Reservebildung knüpft, unten im einzelnen. Im Münzdekret (ATL T 69 = D 14 = ML 45 = HGIÜ 68) wird in § 7 auf Schulden bei Athena und Hephaistos Bezug genommen, die nach dem Gesamtzusammenhang des Dekretes aus Seebundsgeldern zurückgezahlt werden sollten. Danach ist zu vermuten, daß die Anleihen auch für Seebundszwecke aufgenommen worden waren. Bei einer konservativen Datierung des Dekretes in die Jahre zwischen 450 und 440 kämen dafür nur Ausgaben für die ägyptische Expedition oder den Feldzug des Kimon nach Zypern in Frage (vgl. dazu unten). Samos-Anleihe: IG I^3 363 = D 14 = ML 55 = HGIÜ 88.

[61] Zu IG I^3 49: s. u. Anm. 89.

[62] Plut. Per. 11,4; vgl. Ps.-Xen., Ath. Pol. 1,2 zum ναυτικὸς ὄχλος und seiner Bedeutung für die Demokratie; 2,2ff. zu den Vorteilen, die Athen aus seiner Seemacht erwuchsen; AP 27,1 zur Bedeutung der Seemacht Athens und Rhodes (1985) 336f. Nach Eddy (1968) 143 ist man erst nach dem 30jährigen Frieden von 445 – auf Initiative des Perikles- zu einem solchen größeren Flottenprogramm übergegangen, da erst von diesem Zeitpunkt an eine längere Friedensperiode absehbar war.

Nach den Zahlen, die Thukydides aus der Zeit der sizilianischen Expedition berichtet, würde der Unterhalt einer solchen Flotte über diesen Zeitraum 480 Talente im Jahr erfordert haben.[63] Da der hierbei zugrundegelegte Tageslohn von 1 Drachme nur mit einer außergewöhnlichen Bezahlung während der Sizilien-Expedition zu erklären ist (Thuk. 6,31,3), muß für Friedenszeiten ein beträchtlich geringerer Lohn zugrunde gelegt werden. Gomme nimmt für die Periode des Friedens einen Tageslohn von 3 Obolen an, also die Hälfte des Betrages, der später unter den außergewöhnlichen Bedingungen des Krieges gezahlt wurde. Damit hätte der Unterhalt der Flotte bei einem ständigen Kontingent von 60 Schiffen etwa 300 Talente gekostet.[64] Andererseits spricht Thukydides sogar davon, daß Athen zu Beginn des Krieges über 300 fahrbereite Trieren verfügte (2,13,8). Allein der Unterhalt dieser Flotte hätte, selbst unter der Annahme des geringeren Lohnes von 3 Obolen, 1200 Talente im Jahr gekostet.

Zusätzlich zu diesen Unterhaltskosten kamen dann die Kosten für außerordentliche Einsätze wie die größeren Expeditionen im Kampf gegen die Perser oder langwierige Belagerungen wie diejenigen von Thasos, Naxos und später Samos, Byzanz und Poteideia. Die Kosten der samischen Expedition beliefen sich, einschließlich der Belagerung und der Niederwerfung von Byzanz, auf etwa 1400 Talente.[65] Die Belagerung von Poteideia hat sogar über 2000 Talente gekostet, dagegen die Expedition nach Korkyra vergleichsweise wenig mit nur 76 Talenten.[66] Auf der Basis der für den Tribut überlieferten Zahlen hätte allerdings allein die Korkyra-Expedition schon ⅕ bzw. ⅙ des Jahresetats verschlungen.

Vergleicht man diese Zahlen, einerseits die Erträge des Tributes, andererseits die Unterhaltskosten für die Flotte und die sehr hohen

[63] Thuk. 6,8,1; vgl. dazu HCT II,42 und IV,294. Vgl. zu dieser Berechnung schon Böckh (^{3}1886 = 1968) 357. Zu den Zahlen für die Besatzungen: Gomme a. a. O. rechnet mit 200 Mann pro Schiff. Demnach wären zur Bemannung einer Flotte von 60 Schiffen etwa 12000 Mann erforderlich gewesen. Vgl. zu den Zahlen im einzelnen: Eddy (1968) 142ff.; Bleicken (1985) 87ff.

[64] Gomme, HCT II,42; wenn allerdings, aus welchen Gründen auch immer, in einem Jahr beispielsweise 120 Schiffe im Einsatz waren, wären die Kosten schon auf 600 Talente angestiegen. Unz (1985) 27 mit Anm. 24 rechnet dagegen nur mit etwa 150 bis 200 Talenten an jährlichen Kosten für die Flotte.

[65] IG I^3 363 = ML 55 = HGIÜ 88. Vgl. Nepos, Timoth. 1: 1200 Talente für die Belagerung von Samos; ebenso die ergänzten Zahlen bei Isokr. 15,111 und Diod. 12,28.

[66] IG I^3 364 = ML 61 = HGIÜ 97.

Kosten für Belagerungen und andere größere Expeditionen, so läßt sich kaum erklären, wie die 390 oder auch 460 Talente des Tributes eine ausreichende finanzielle Grundlage für die Finanzen des Seebundes geboten haben sollen. Die Zahlen, die Plutarch nennt, sind daher auch immer wieder in Frage gestellt worden.[67]

Vor allem Eddy hat nachdrücklich darauf hingewiesen, daß diese rekonstruierten Zahlen der Unterhaltskosten im Verhältnis zu den attischen Gesamteinkünften gesehen werden müssen ebenso wie auf dem Hintergrund der vermutlichen Zahlen der Gesamtbevölkerung Athens.[68] Von daher hält er die Zahlen des Plutarch-Textes für falsch und schlägt eine Emendation vor: Statt 60 will er 16 lesen, also EKKAIΔEKA statt EΞHKONTA. Dieser Vorschlag ist paläographisch und inhaltlich schwierig.[69] Es besteht, von den finanziellen Fragen abgesehen, kein Anlaß, an der Zahl von 60 Schiffen zu zweifeln. Aus der Beschreibung der Kämpfe um Samos bei Thukydides geht hervor, daß sich an den ersten Seekämpfen immerhin 70 samische Schiffe, auf der Seite Athens zuerst 25 Schiffe aus Chios und Lesbos, später noch einmal 30 Schiffe von dort beteiligten, die zusätzlich zu den 140 attischen Schiffen mitkämpften. Auf dem Hintergrund dieser Zahlen ist es nicht sehr wahrscheinlich, daß die Athener in Zeiten ohne größere kriegerische Auseinandersetzungen mit nur 16 Schiffen ihre Vorherrschaft im Seebund und die damit verbundene Abschreckung der phönizischen Flotte des Perserkönigs hätten aufrechterhalten können.

3. Der Schatz der Athena und die Bildung von Reserven

a) Existenz und Höhe der Reserve

Eine ganz andere Frage, die hinter diesen Überlegungen steht, ist diejenige, ob und woher die Athener ihre finanziellen Reserven bezogen haben, die ihnen nicht nur die Finanzierung des Akropolisbauprojektes, sondern auch der größeren kriegerischen Aktionen erlaubten. In der Rede des Perikles, wie Thukydides sie berichtet (2, 13, 3), wird auf die Existenz einer solchen Reserve Bezug genommen: 6000 Talente

[67] Meiggs, AE 427 hält es nicht für wahrscheinlich, daß die Flotte die vollen acht Monate im Einsatz war. Vgl. dagegen Amit (1965) 51 und Jordan (1975) 105.

[68] Eddy (1968) 141 ff.

[69] So auch die Bewertung bei Stadter (1989) 138.

an gemünztem Silber lagen demnach 431 auf der Akropolis.[70] Dieser Schatz soll sogar noch größer gewesen sein, bevor man davon, so Thukydides, die benötigten Summen für die Akropolisbauten sowie die Belagerung von Poteideia entnahm. Die Formulierung des Thukydides ist hierbei nicht ganz eindeutig, so daß dieser Höchststand entweder als etwa 10000 Talente umfassend verstanden werden kann oder, wie es die Herausgeber der ATL vorschlagen, als unantastbare Reserve von 6000 Talenten, die seit dem Kallias-Frieden konstantgehalten wurde.[71]

Die Überlieferung des 4. Jahrhunderts nennt etwas differierende Bestände für diese Rücklagen: Diodor, der hier zwar direkt aus Ephoros schöpft, aber die Formulierungen des Thukydides auch noch erkennen läßt, spricht von 10000 Talenten, von denen 4000 für den Bau der Propyläen und die Belagerung von Poteideia entnommen worden seien (12,40,2). An anderer Stelle erwähnt er einen Fonds von 8000 Talenten des Seebundes, der von Delos nach Athen verlagert und unter die Aufsicht des Perikles gestellt worden sei.[72] Auch Demosthenes und Isokrates wissen von dieser Reserve auf der Akropolis.[73] Isokrates nennt, ähnlich wie Diodor, eine Summe von 8000 Talenten, die von den Bündnern eingesammelt und auf der Akropolis aufbewahrt worden sei.

Immerhin bleibt hier festzuhalten, daß Thukydides der Ansicht war, die Akropolisbauten seien aus diesem Schatz finanziert worden, und diese Meinung auch für so unbestreitbar hielt, daß er sie Perikles in den

[70] Vgl. Andok. 3,7: In den Jahren nach dem 30jährigen Frieden hatte man eine Reserve von 1000 Talenten beschlossen. Nach dem Nikias-Frieden sei diese Reserve auf 7000 Talente erhöht worden bei einem jährlichen Einkommen von 1200 Talenten aus dem Tribut. Allerdings ist gerade diese Rede des Andokides bekannt für ihre Fehlerhaftigkeit.

[71] ATL 3,131 ff., 3,338–40: Die Herausgeber vertreten die Ansicht, daß zu keiner Zeit eine Summe von 9700 Talenten – zur Zeit des Höchststandes hätten nur 300 Talente gefehlt, um den Betrag von 10000 zu erreichen (Thuk. 2,13,3) – in dieser Reserve enthalten gewesen sei. Diese Reserve sei nie über 6000 Talente hinausgegangen. Sie stützen diese Interpretation mit einer entsprechenden Ergänzung des Anonymos Argentinensis (dazu unten, 75 ff.). Zu den sprachlichen Schwierigkeiten dieser Bemerkung des Thukydides und zu den entsprechenden Fragen der handschriftlichen Überlieferung: Gomme, HCT II,26 ff. zu Thuk. 2,13,3. Ebd. diskutiert Gomme auch das Scholion zu Ar. Ploutos 1193, das die Thukydides-Stelle zitiert.

[72] Diod. 12,38,2; 12,54,3 und 13,21,2 nennt er allerdings 10000 Talente als Summe dieses Fonds.

[73] Dem. 3,24; Isokr. 8,69; 15,234; vgl. dazu Gomme, HCT II,28; Meiggs, AE 259 ff.; Ruschenbusch (1979) 160 ff.

Mund legen konnte, ohne damit einen groben Anachronismus hinsichtlich finanzieller Fakten zu begehen. Andererseits ist bei Thukydides, im Gegensatz zu Diodor bzw. Ephoros und Isokrates, nichts darüber zu erfahren, aus welchen Quellen diese Reserve gebildet worden war und ob es sich dabei ausschließlich um das Geld des Athenaschatzes handelte. Phorosgelder als Bestandteil dieser Reserve sind hiernach jedenfalls nicht auszuschließen.

Der Anonymus Argentinensis

Zur Rekonstruktion dieser Reservenbildung ist immer wieder Bezug genommen worden auf ein Papyrus-Fragment, in dem kurze Teile der Epitome eines Kommentars zur Rede des Demosthenes gegen Androtion (22, 13–17) erhalten sind.[74] Da die Zeilenlänge nicht zu bestimmen ist, differieren die Ergänzungen zum Teil erheblich. Ohne Rekurs auf diese Ergänzungen zu nehmen, lassen sich aus dem Lemma zu dem Demosthenes-Text ὅτι ᾠκοδόμησαν τὰ Προπύλαι]α καὶ τὸν Παρθενῶνα drei Aspekte erkennen, die von dem Scholiasten in irgendeinem Zusammenhang hinsichtlich der Akropolisbauten erwähnt worden sind: eine γνώμη Περικλέους während des Archontates des Εὐθύδημος, eine Bestimmung über eine Summe, die in der öffentlichen Kasse zurückgelegt worden war (τὰ ἐν δημοσί ‹ωι› ἀποκέιμενα τάλαν[τα), und über 5000 (Talente?) κατὰ τὴν Ἀριστε̣ί̣[δου τάξιν. Die Erwähnung eines perikleischen Antrages während des Archontates des Euthydemos ist recht eindeutig, da sie in das Jahr 431/30 gehört. Die Rücklage in der öffentlichen Kasse kann mit den Notwendigkeiten des Krieges erklärt werden. Allerdings läßt sich hierbei recht wenig an Zusammenhang mit der Demosthenes-Rede und der Errichtung der Akropolisbauten erkennen. Auch die 5000 Talente, wenn sie sich tatsächlich auf die Aristeides-Schatzung beziehen und nicht etwa auf ein anderes Dekret eines anderen Bürgers mit einem Namen, der ebenfalls mit den Buchstaben Ἀριστ... beginnt, stehen in keiner erkennbaren Verbindung zu den Akropolisbauten.

Um den Zusammenhang mit der Finanzierung des Akropolisbauprogrammes zu bewahren, ist die Erwähnung des Euthydemos als Verwechslung mit dem Archon von 450/49 Euthynos erklärt worden.

[74] Strasburg Pap. Graeca 84: Anonymus Argentinensis; Text bei Meritt/Wade-Gery, Athenian Resources, Hesperia 26 (1957) 164 und wiederabgedruckt bei Meiggs, AE 515. Die Erklärung des Textes als Teile des genannten Kommentars zuerst bei U. Wilcken, Hermes 42 (1907) 374–418. Vgl. ATL 1,572 mit anderen Ergänzungen und Schachermeyr (1969).

Auch Diodor hat diese Verwechslung (12,3,1), und dies weist somit auf eine gewisse literarische Tradition.[75] So ist es auch möglich, die Erwähnung einer Reservebildung und der 5000 Talente mit dem Beginn des Bauprogrammes, seiner Finanzierung einerseits und andererseits mit einer langfristigen, auf Perikles zurückgehenden Planung von Rücklagen aus dem Überschuß des Tributes zu erklären. Darüber hinaus verbinden die Herausgeber der ATL diese Überlegungen mit den 3000 Talenten, die in Teil A von IG I^3 52, dem ersten Teil des sog. Kallias-Dekretes, »als bereits der Athena auf die Burg gebracht« erwähnt werden. Die Herausgeber der ATL rekonstruieren hier einen langfristig angelegten Finanzplan: Die 3000 Talente sollen sich aus Zahlungen von jährlich 200 Talenten zusammengesetzt haben, die seit 449 aus der Kasse der Hellenotamiai, also aus Phoros-Geldern, an den Athenaschatz geleistet worden seien. Daraus ergeben sich nach 15 Jahren eben genau 3000 Talente, die zusammen mit den 5000 Talenten aus dem sog. Papyrus-Dekret, d. h. dem von Perikles nach dieser Rekonstruktion 449 beantragten Beschluß, die 8000 Talente ergeben, die von Diodor und anderen als Summe der Reserve genannt werden.

Die sprachlichen Einwände gegen diese Ergänzung des Anonymus Argentinensis hat Meiggs zusammengestellt.[76] Die historischen Einwände lassen sich, bei allen Vorbehalten auch gegen die weitgehenden inhaltlichen Folgerungen aus der Ergänzung, vor allem an der Verbindung dieser Finanzplanung mit dem sog. Kallias-Frieden anknüpfen. Fällt das Datum 450/49 für diesen vermuteten Friedensschluß, so besteht kein weiterer Anlaß, das Papyrus-Dekret auf 449 zu legen und es etwa mit der bei Plutarch berichteten Debatte um die Finanzierung der Bauten – die selbst nicht genau zu datieren ist – zu verbinden. Daher ist der in der Handschrift genannte Archon von 431/0 als chronologischer Anhaltspunkt für die vermuteten Maßnahmen durchaus zu akzeptieren. Die Konsequenz wäre dann, daß der Antrag des Perikles sich auf eine Maßnahme bezogen hätte, in der etwas über die Reservenbildung im δημόσιον beschlossen worden war.[77] Inwiefern die 5000

[75] ATL 1,572; Wade-Gery, Hesperia 14 (1945) 224ff.; Meritt/Wade-Gery, Hesperia 26 (1957) 163; Meiggs, AE 517; Ruschenbusch (1979) 160ff.

[76] Meiggs, AE App. 10, 515–8.

[77] Auch in dem ersten der Methone-Dekrete, das ebenfalls in diesen Zeitraum gehört, ist die Rede davon, daß Gelder für das Demosion eingetrieben werden sollen bzw. auch ein genereller Volksbeschluß bestand, der die Zahlung von bundesgenössischen Geldern an das Demosion betraf: IG I^3 61 = ML 65 = HGIÜ 104, Z. 9–16.

Talente hierzu in Bezug stehen und ob sie überhaupt etwas mit dem Phoros zu tun hatten, läßt sich jedoch kaum beurteilen.[78]

b) Das Kallias-Dekret und die Reserve von 3000 Talenten

Unter dem Namen des Antragstellers Kallias ist ein Dekret erhalten, in dem sehr spezielle finanzielle und organisatorische Fragen geregelt werden. Sie stehen in Beziehung zu der Frage nach der Bildung einer Reserve in Athen. Die Datierung dieses Dekretes, in dem die Einrichtung eines Kollegiums der ταμίαι τῶν ἄλλων θεῶν beschlossen wird, ist Gegenstand einer langen Forschungsdiskussion.[79]

In Dekret A, das – im Gegensatz zu Dekret B – ganz ohne Zweifel von Kallias beantragt worden ist,[80] wird beschlossen, Schulden bei

[78] Im Hinblick auf den Anonymus Argentinensis ist auch Lewis sehr zurückhaltend: CAH (1992) 127 und 501 f.

[79] Übersicht bei Triebel-Schubert (1984) 355. Vgl. auch Linders (1975) 53. Eine gute Zusammenfassung der Argumente gibt Meritt (1982). Er hebt ebd. noch einmal hervor, daß die Datierung dieses Dekretes auf der Basis der ersten erhaltenen Inventarliste dieser Schatzmeister-Kollegien der anderen Götter von 429 (IG I^3 383) sowie der Logisteninschrift (IG I^3 369) mit sehr großer Sicherheit möglich ist. Sein Hauptargument, an anderer Stelle von ihm schon früher vertreten (ATL 3,320,326), basiert auf der Angabe der Logisteninschrift über Schulden bei den anderen Göttern aus den Jahren 433/2 bis 423/2. Demnach muß die Einrichtung des entsprechenden Kollegiums, das für die Gelder der anderen Götter insgesamt zuständig war, dem Jahr 433 vorausgegangen sein, also aller Wahrscheinlichkeit 434/3. Vgl. andererseits Triebel-Schubert (1984), wo dafür argumentiert wird, daß der Beschluß zur Einrichtung eines solchen Kollegiums vor Beginn einer Penteteris gefaßt worden sein muß, da die Abrechnungen bereits mit dem Jahr 429 (IG I^3 383) beginnen, hierbei sich jedoch auf ein vorhergehendes Kollegium beziehen. Es spricht sehr viel dafür, daß die Amtszeit der Tamiai das bouleutische Jahr war und nicht das panathenäische (Triebel-Schubert ebd. 366ff., vgl. Meritt [1982] 116: Auch für die Abrechnung der Schulden und Außenstände bei den Tamiai galt das bouleutische Jahr). Daher müssen die Tamiai der anderen Götter mindestens gegen Ende des Amtsjahres 435/4, also im Hochsommer 434, gewählt worden sein, damit sie 434/3 im Amt sein konnten, um eine reguläre Jahresabrechnung aufstellen zu können. Kallet-Marx, CQ 39 (1989) 94ff. vertritt dagegen die Ansicht, daß Dekret A erst 431 beschlossen worden sein kann, da erst zu diesem Zeitpunkt mit einem Krieg in Athen gerechnet wurde. Thuk. 2,13,3 interpretiert sie so, daß die Perikles zugeschriebenen Äußerungen sich nicht mit der Existenz eines Schatzmeister-Kollegiums der anderen Götter vereinbaren lassen.

[80] Literatur zu dieser Frage: Kallet-Marx, CQ 39 (1989) 94ff. Generell ist

den anderen Göttern zurückzuzahlen, da der Athena die 3000 Talente, wie es durch einen anderen Beschluß bestimmt war, schon auf die Burg gebracht worden seien. Die Gelder, mit denen diese Schulden bei den anderen Göttern zurückgezahlt werden sollen, bestimmt das Dekret sehr genau: Die Geldbestände, die derzeit bei den Hellenotamiai seien, sowie die anderen Gelder, die hierzu zählen, und der Verkaufserlös des Zehnten sollen herangezogen werden.

Es ist bisher allgemein angenommen worden, daß es sich um Geldbeträge handelte, die aus Schulden der Hellenotamiai bei den anderen Göttern resultierten.[81] Allerdings sagt der Text des Dekretes nichts darüber aus, wer dieses Geld nun tatsächlich geborgt hatte. Neben den Hellenotamiai kommen durchaus die Strategen in Frage: Nach den Angaben der Logisteninschrift sind Zahlungen aus den Geldern der Athena sowohl an die Hellenotamiai – ohne weiteren Zusatz – gegangen wie auch an die Hellenotamiai für die Strategen und an die Strategen direkt, aus den Geldern der anderen Götter werden Zahlungen an die Strategen erwähnt.[82] Es ist also nicht auszuschließen, daß für die Strategen direkt Gelder bei den anderen Göttern aufgenommen wurden, die dann später aus der Kasse der Hellenotamiai zurückgezahlt

seit der Untersuchung Wade-Gerys von 1931 die Ansicht vertreten worden, beide Dekrete seien von demselben Kallias beantragt worden. Dies basiert auf der identischen Rekonstruktion des Präskriptes von B durch Wade-Gery. Kallet-Marx gründet ihre, von der mittlerweile kanonisch gewordenen Ansicht Wade-Gerys (1931) 57ff. abweichende Meinung auf eine erneute Autopsie (vgl. in diesem Sinn auch Pritchett [1971] 223), nach der sich keine Anhaltspunkte für ein solches identisches Präskript ergeben. Vor allem die Rekonstruktion der Namen Eupeithes und Kallias ist nach dem Befund nicht zu sichern.

[81] So beispielsweise Wade-Gery a. a. O. 69; anders Kallet-Marx, CQ 39 (1989) 104, die der Ansicht ist, daß τὰ ὀφειλόμενα χρέματα sich nicht unbedingt auf Schulden bei den anderen Göttern beziehen müsse, sondern auch Fälligkeiten von normalen Eingängen bedeuten könne. Sie begründet dies u. a. auch damit, daß es vor dem Kallias-Dekret keinen Hinweis dafür gebe, daß »the state« von den anderen Göttern Geld geborgt habe. Dagegen ist auf § 7 des Münzdekretes hinzuweisen: Hier wird von Schulden bei Athena und Hephaistos gesprochen, über deren Zurückzahlung etwas beschlossen worden sei oder werden sollte.

[82] IG I^3 369 = ML 72 = HGIÜ 112, Z. 2–3, 18, 20–1, 26, 56. In dieser Inschrift rechnen die Logisten die Darlehen ab, die zwischen 426/5 und 423/2 aus den Geldern der Athena Polias, der Athena Nike und der anderen Götter genommen wurden. Neben kalendarischen Einzelheiten weist der Text auf die unterschiedlichen Empfänger und Verwendungszwecke der Gelder hin.

wurden. Bei den im Kallias-Dekret genannten Schulden muß es sich teilweise auch um weiter zurückliegende Ausgaben handeln, da in Z. 10ff. bestimmt wird, daß die entsprechenden Angaben und Unterlagen zusammengesucht werden sollen bzw. Angaben melden solle εἴ τις ἄλλος οἶδεν. Meiggs und Lewis halten es sogar für möglich, daß diese Schulden noch aus dem ersten Peloponnesischen Krieg oder sogar der Zeit der Perserinvasion stammen können.[83]

Die grundsätzliche Frage nach der Tendenz dieses Dekretes verbindet sich mit derjenigen nach der Herkunft der genannten 3000 Talente sowie derjenigen nach dem Ziel, das mit der Einrichtung des zusätzlichen Schatzmeisterkollegiums verbunden war. Die zentrale Verwaltung der Gelder aus den Schätzen der anderen Heiligtümer, die weit verstreut über Attika lagen, läßt sich als einerseits organisatorische Maßnahme verstehen, die die Straffung und einheitliche Verwaltung der Gelder beabsichtigte. Andererseits läßt sie sich als Maßnahme zur Sicherung für den Fall einer Invasion in Attika interpretieren. Dahinter steht die Vorstellung, daß man in Athen auch mit einer solchen Invasion rechnete. Das Datum des Beschlusses zeigt demnach, seit wann man in Athen einen Krieg bzw. sogar eine spartanische Invasion vorhersah.[84] Die Datierung auf 434, bzw. möglicherweise auch 435, ließe sich durchaus auch im Umkreis des Phidias-Prozesses und der Asebie-Anklagen sowie der Diskusion um die Ursachen des Kriegsausbruches interpretieren (vgl. dazu unten, 116ff.).

Die Frage nach der Herkunft der 3000 Talente wird in der Regel mit der Erwähnung von Zahlungen in Teil B des Dekretes, Z. 22, verbunden. In B, das wesentlich schlechter erhalten ist als A, geht es um die Begrenzung von weiteren Ausgaben für die Bauten auf der Akropolis. Die goldenen Niken sollen fertiggestellt werden, ebenso eine Umschließung. Dafür und zum Ausbessern werden maximal 10 Talente bereitgestellt.[85] Nach den Ergänzungen von Wade-Gery liegt in B ein Beschluß vor, 200 Talente für die Rückzahlung der Schulden bei Athena zur Verfügung zu stellen, die jährlich gezahlt werden soll-

[83] ML 58 mit Kommentar S. 159.

[84] Aus diesem Grund lehnt Kallet-Marx u. a. auch die Datierung auf 434/3 oder 435/4 ab und befürwortet ein Datum in 431, da dies mit der Darstellung des Thukydides besser übereinstimme. Vgl. auch A. G. Woodheads (1973/74) Interpretation des Brunnenhaus-Dekretes (dazu s. u., 81 mit Anm. 89).

[85] Die in diesem Zusammenhang oft erwähnte Bestimmung, daß auch die Propyläen fertigzustellen seien und dies auch in dem genannten engen finanziellen Rahmen, beruht auf einer Ergänzung von Z. 3, wo es heißt: . . . καὶ τὰ προ[. . .

ten.[86] Meiggs und Lewis plädieren dagegen in ihrem Kommentar für einen Beschluß um 443, nach dem Ostrakismos des Thukydides Melesiou, als Teil einer Reorganisation der Finanzen. In diesem Beschluß seien dann jährliche Raten festgelegt worden, die bis 434 zu 3000 Talenten als Reserve akkumulierten. Die 200 Talente in B passen eher schlecht zu der Formulierung in A, die etwas umständlich und nicht so präzise wirkt, wie es anzunehmen wäre, wenn eine exakte Summe von vornherein festgelegt worden wäre.[87]

Zwar ist die Datierung von B, bedingt durch die erneute Autopsie und die sich daraus ergebenden Unsicherheiten in der Rekonstruktion des Präskriptes, nicht mehr an diejenige von A gebunden, doch stehen die weiteren Bestimmungen von B in einem ähnlichen Zusammenhang wie diejenigen von A, so daß die Dekrete nicht zu weit auseinanderliegen können. In B wird, neben einer Begrenzung von Ausgaben für die Bauten auf der Akropolis auf jährlich 10 Talente, beschlossen, daß von den Geldern auf der Akropolis, also den Schätzen der Athena und der anderen Götter, jährlich nicht mehr als 10000 Drachmen entnommen werden dürfen. Für größere Beträge ist eine Entlastung durch die Volksversammlung notwendig, die in Form einer ἀδεία zu geschehen habe.[88] Die Hellenotamiai sollen die Beträge, die allen Göttern geschuldet werden, jeweils zuerst den Athena-Schatzmeistern übergeben. Wenn dann von den 200 Talenten, die das Volk hierzu bestimmt hat, die Schulden bei den anderen Göttern zurückgezahlt sind, soll die Verwaltung der Gelder entsprechend zwischen den beiden Kollegien der Athena-Schatzmeister und der Schatzmeister der anderen Götter aufgeteilt werden. Demnach beziehen sich die 200 Talente von B nur auf die Schulden bei den anderen Göttern und sind sehr wahrscheinlich aus der Kasse der Hellenotamiai bezahlt worden, womit noch

[86] ATL 3,326ff.; Hesperia 26 (1957) 182ff.; HCT II,26ff.

[87] ML 58 mit Kommentar S. 159. Gomme, HCT II,30f. ist der Ansicht, daß die Beute in das δημόσιον gezahlt wurde und aus diesem dann auch die 3000 Talente stammen, die im Kallias-Dekret genannt sind. Im Unterschied zu den Herausgebern der ATL hält er Athens Ressourcen für so groß, daß sowohl beträchtliche Summen im δημόσιον gelagert werden konnten, als auch größere Feldzüge zu finanzieren waren. Ganz anders argumentiert Giovannini (1990) 140, der auf die großen Summen hinweist, die durch die Kriegsbeute und die Auslösung der Gefangenen in den Schatz der Athena gekommen sind: Plut. Kim. 9,3–6; Thuk. 1,96,1; vgl. Thuk. 3,70,1; Xen. Ages. 1,34.

[88] Vergleichbar mit der Bestimmung über die Auflage einer Eisphora: Thomsen (1964) 138ff. Die früheste Erwähnung einer Eisphora ist IG I^3 41 (Hestiaia-Dekret); vgl. Thuk. 3,19,1 und AP 8,3.

nicht gesagt ist, daß diese auch die Beträge ursprünglich ausgeborgt hatten.

Über die Herkunft der 3000 Talente ist damit aus B nichts zu erfahren. Allerdings lassen einige Bestimmungen und Formulierungen beider Dekrete erkennen, daß sie sich auf Beschlüsse beziehen, in denen die Gelder der Hellenotamiai für diese Rückzahlungen und Reservebildungen bestimmt werden. Am Ende von A heißt es, daß überschüssige Beträge derjenigen Gelder, die für die Rückzahlung reserviert waren, auf die Werften und Mauern – sehr wahrscheinlich Athens – verwandt werden sollen (Z. 30–1). Das bedeutet, daß Gelder der Hellenotamiai, durchaus auch Phoros, für Baumaßnahmen in Athen verwandt wurden.

Eine ähnliche Anweisung findet sich im sog. Brunnenhaus-Dekret.[89] Dort findet sich der Beschluß, daß Arbeiten an den Brunnen der Stadt Athen aus Phoros-Geldern zu finanzieren seien. Die Söhne und Enkel des Perikles haben Anteil an diesem Beschluß gehabt. Es ist jedoch nicht zu ersehen, in welcher Weise und ob tatsächlich Perikles (so ergänzt in Z. 13) ebenfalls beteiligt war. Eine Vermischung der Kassen der Hellenotamiai, des Demosion und der Athena-Schatzmeister in der Hinsicht, daß jeweils die entsprechend benötigten Gelder nach Bedarf entnommen wurden, ohne daß eine Zweckbindung der einzelnen Kassen zu erkennen wäre, scheint also augenscheinlich praktiziert worden zu sein.[90]

Die verschiedensten Formulierungen weisen darauf hin, daß in den Beschlüssen der Volksversammlung kein Unterschied gemacht wurde, welche Kasse für Flottenaktivitäten und bestimmte Bauprojekte herangezogen wurde.[91] Besonders deutlich zeigt sich dies auch in dem er-

89 IG I³ 49 = ATL T 73 = D 19 = HGIÜ 84. Vgl. dazu A. G. Woodhead (1973/74) mit der Datierung auf 435/4 und Literatur ebd. 752 mit Anm. 2. Woodhead weist darauf hin (754), daß der Tenor des Dekretes dem von B des sog. Kallias-Dekretes ähnlich ist: Begrenzung der Ausgaben, zügige Fertigstellung. Die Zeilen 15 und 16, in denen der Phoros erwähnt wird, sind u. U. auch so zu rekonstruieren, daß nur die Aparche als Teil des Phoros für die Zahlungen herangezogen werden sollte (Mattingly, Historia 10, 1961, 164ff.). Insgesamt beurteilt Woodhead die Maßnahmen zur Verbesserung der Wasserversorgung als Zeichen der perikleischen Voraussicht, Athen seit 434 auf den Krieg vorzubereiten.

90 Anders Kallet-Marx, CQ 39 (1989) 259.

91 Neben dem Brunnenhaus-Dekret und der Bestimmung über die Finanzierung von Mauern und Werften in Teil A des Kallias-Dekretes ist hier vor allem auf die Korkyra-Anleihe (IG I³ 364 = ML 61 = HGIÜ 97), die Logisteninschrift

sten Methone-Dekret.[92] Dort geht es in Z. 10ff. um ausständige Zahlungen, die in das Demosion der Athener fließen sollten. Dabei scheint es sich nicht um Phoros gehandelt zu haben, sondern um andere Außenstände aus Bundesgenossengeldern.

Das Münzdekret

Schon in dem sog. Münzdekret ist diese Praxis zu beobachten.[93] Dieses Dekret legt die Vereinheitlichung von Münzfuß, Maßen und Gewichten nach attischem Standard für alle Bündnerstädte fest. Dort

(IG I^3 369 = ML 72 = HGIÜ 112; vgl. o. Anm. 79 mit Text) und auch die Abrechungen der Athenaschatzmeister (z. B. ML 77) zu verweisen.

[92] IG I^3 61 = ML 65 = HGIÜ 104. In dieser Inschrift geht es um die attischen Beziehungen zu Methone und Makedonien. Sie wurde 423 aufgezeichnet, umfaßt jedoch verschiedene Dekrete, deren erstes wahrscheinlich aus dem Jahr 430 stammt. Vgl. dazu ML 65, S. 178–80.

[93] ATL T 69 = D14 = ML 45 = HGIÜ 68. Zur Datierung des Münzdekretes: Kommentar von Meiggs und Lewis a. a. O. S. 114ff. Die epigraphischen Überlegungen kreisen vor allem um die Frage, bis wann man in Athen die ältere Form des dreistrichigen Sigmas verwandte. Die epigraphischen Kriterien sind nach wie vor nicht eindeutig, wie einige der Horoi-Inschriften und Privatinschriften mit dreistrichigem Sigma zeigen, die deutlich nach 420 zu datieren sind; vgl. beispielsweise IG II^2 2343 (kurz nach 403), wo das dreistrichige Sigma dreimal neben dem vierstrichigen zu sehen ist und auch IG I^3 148 (sehr wahrscheinlich aus den 20er Jahren), wo ebenfalls beide Formen nebeneinander auftreten. Vgl. dazu ausführlich und mit vielen Belegen für das spätere Vorkommen des dreistrichigen Sigmas: G. Németh, AAntHung 39 (1987) 99ff. Vor allem Mattingly hat in zahlreichen Arbeiten immer wieder betont, daß aus historischen Gründen eine spätere Datierung des Münzdekrets eher plausibel sei: vgl. die Zusammenfassung und überzeugende Erwiderung auf Mattingly bei Meiggs, AE 599f. und Meritt/Wade-Gery (1962/1963). Allerdings ist von den sieben Fragmenten des Münzdekretes nur eines in attischer Schrift und dieses wohl auch eher in Kos als in Athen geschrieben worden. Die anderen sechs Fragmente sind vermutlich später zu datieren. Das muß noch nicht entscheidend für eine Datierung des Dekretes sein, da eine spätere Präsentation im Bereich des Seebundes entweder mit einer Reaktivierung des Dekretes (so Meiggs, AE 600) oder mit einer Neuaufnahme in den Seebund zu erklären ist. Die ausführlichen Untersuchungen von Erxleben (1969/1970/1971) zu den Münzprägestätten des Seebundsbereiches im 5. Jahrhundert haben folgendes gezeigt: In den meisten Fällen ist nach den großen Perserzügen nur noch Kleinsilber geprägt worden. Wenn noch eine eigene Großsilberprägung vorhanden war, dann ist in fast allen Fällen etwa seit 465/60 eine Unterbrechung dieser Großsilberprägung bis zum Peloponnesischen Krieg zu beobachten. Da die Datierung im einzelnen gerade bei Münzen außerordentlich schwierig ist, kann eigentlich

heißt es in § 6, daß die Beträge, die nach dieser riesigen Umwechselaktion zurückblieben, den Strategen oder den Apodekten, also den attischen Finanzbeamten, die für den Empfang von Zahlungen zuständig waren, übergeben werden sollten. Hier handelt es sich eindeutig um Gelder der Bündnerstädte, nicht einmal Phoros, sondern Gelder, die zusätzlich aufgrund der Bestimmungen des Münzdekretes nach Athen kamen. Nach dieser Übergabe, so wird in § 7 bestimmt, soll auch ein Beschluß über die der Athena und dem Hephaistos geschuldeten Beträge gefaßt werden. Hinsichtlich dieser Mittel wird eine Sanktionsklausel auferlegt, die derjenigen des Dekretes B, des sog. zweiten Kallias-Dekretes, entspricht.[94] Später erscheint dieselbe Klausel noch einmal in dem Beschluß über die Sizilien-Expedition. Ohne Zweifel handelt es sich immer um dieselbe eiserne Reserve der Athener, die unter gar keinen Umständen angetastet werden sollte. Akzeptiert man eine Spätdatierung des Münzdekretes in die 20er Jahre, so wäre die Bestimmung im Kallias-Dekret die erste dieser Art und demnach wohl die Einrichtungsbestimmung.[95] Andererseits haben die Untersuchungen Erxlebens gezeigt, daß das Münzdekret eher um einiges früher noch anzusetzen sein könnte, als mit der bisher üblichen konservativen Datierung in die Mitte der 40er Jahre vorgeschlagen wurde. Erxlebens Befunde sprechen weniger für eine Datierung des Münzdekretes in eine spätere Phase oder gar in die 20er Jahre. Schließlich ist auch die Feststellung des Kallias-Dekretes, daß die Schulden bei Athena – 3000 Talente – nun bezahlt seien und es jetzt nur noch um diejenigen bei den

nur festgehalten werden, daß es zwar wohl eine weitgehende Unterbrechung gab, diese jedoch wesentlich früher anzusetzen ist als die bisher übliche Datierung des Münzdekretes auf die Jahre um 445. Demnach stünde das Münzgesetz viel eher im Zusammenhang der Veränderungen seit 465 und den Aktionen des Ephialtes. Andererseits kann man aber bei einer Datierung um 445 ebenfalls von einer Reaktivierung oder auch der Festschreibung eines schon länger praktizierten *Status quo* ausgehen. Vgl. dazu auch Lewis, CAH (1992) 130 mit weiterer Literatur.

[94] Vgl. dazu ausführlich Lewis (1974), der die Sanktionsklauseln des Münzdekretes, des sog. zweiten Kallias-Dekretes und des Beschlusses über die sizilianische Expedition (IG I[3] 93 = ML 78 = HGIÜ 131) miteinander verglichen hat. Lewis kommt zu dem Ergebnis, daß sich diese Sanktionsklausel immer auf einen Reservefonds bezieht, der nicht angetastet werden durfte. Anders dagegen Mattingly (1974), der der Ansicht ist, daß ein solcher Reservefonds nicht über 30 Jahre und mehr hinweg bewahrt worden sein kann. Damit begründet er unter anderem auch seine Spätdatierung des Münzdekretes.

[95] Vgl. Triebel-Schubert (1984) 360f. mit Anm. 8.

anderen Göttern gehe, ein deutliches Indiz dafür, daß das Münzdekret vor dem Kallias-Dekret – und zwar eine geraume Zeit – liegen muß. Denn wie oben betont wurde, ging man im Münzdekret noch davon aus, daß bei Athena und Hephaistos noch Schulden auszugleichen seien. Wie groß genau der Abstand ist, ob nun 10 oder 5 Jahre, läßt sich jedoch nicht sagen. Demnach handelt es sich bei der genannten Bestimmung des Münzdekretes wahrscheinlich um die erste dieser drei Sanktionsklauseln.

Schließlich läßt sich über die 3000 Talente des sog. ersten Kallias-Dekretes vermuten, daß es sich dabei tatsächlich um die letzte Reserve der Athener gehandelt hat. Diese ist wahrscheinlich über einen längeren Zeitraum hinweg – seit der Beschlußfassung des Münzdekretes – aufgebaut, mit dem ersten Kallias-Dekret abgeschlossen und von da an als einziger Fonds getrennt von den anderen Kassen mit Hilfe strenger Sanktionsklauseln bis mindestens zur Sizilien-Expedition bewahrt worden.

Zur Herkunft dieser 3000 Talente läßt sich auf diesem Hintergrund gerade aus dem Münzdekret einiges entnehmen. Alle Seebundsstädte sollen nach diesem Beschluß ihr Silbergeld zur attischen Münze bringen bzw. bringen lassen.[96] In der Münzprägestätte sollte die Hälfte dieses empfangenen Geldes gemünzt und an die Poleis zurückgegeben werden. Die andere Hälfte ist vermutlich – hier ist eine größere Lücke im Text der Inschrift, die die Einzelheiten und Modalitäten dieser Übergabe bestimmte – an die Strategen und eventuell auch die Apodekten (ergänzt) übergeben worden (§§ 5–6). Nach dieser Übergabe sollte dann ein Beschluß gefaßt werden, wie die der Athena und dem Hephaistos geschuldeten Beträge zurückzuzahlen seien. In § 8 folgt dann die besagte Sanktionsklausel. Anscheinend war das Ziel des Münzdekretes nicht nur eine Vereinheitlichung des Münzfußes, der Maße und der Gewichte, sondern auch eine großangelegte Einziehungsaktion zur Auffüllung der attischen Kasse, wobei nach dem erhaltenen Text nicht beurteilt werden kann, ob die attischen Strategen die gesamte Hälfte oder wiederum nur einen Teil davon zurückbehalten sollten. Von diesem Anteil jedoch waren die Schulden bei Athena und Hephaistos zu bezahlen, sehr wahrscheinlich folgten in der Lücke auch noch die Namen einiger anderer Götter.

Insgesamt fügt sich dieser Zusammenhang zu dem rekonstruierten Inhalt der beiden Dekrete A und B des Kallias-Dekretes (IG I^3 52), so

[96] Meiggs, AE 167ff.; Erxleben (1969/1970/1971); ML 45 mit Kommentar S. 113–7.

daß die Herkunft der 3000 Talente wohl mit dieser Einziehungsaktion von Bundesgenossengeldern verbunden gewesen sein könnte. Da nicht mit Sicherheit zu sagen ist, wie groß der zeitliche Abstand zwischen dem Münzdekret und dem Kallias-Dekret ist, läßt sich auch nichts darüber sagen, ob die 3000 Talente direkt übergeben wurden oder in Teilsummen.[97] Aus dem Zusammenhang des Textes, in dem es primär um Gelder der Seebundsstädte geht, ist zu schließen, daß es sich um die Rückzahlung von Geldern handelte, die an die Hellenotamiai ausgeliehen worden waren und die zur Auffüllung der attischen Kasse wieder benötigt wurden.

Wenn es wirklich in den Jahren zuvor eine Reserve aus den Bundesgenossengeldern gegeben hat,[98] dann war sie offensichtlich spätestens seit dem ägyptischen Feldzug und der großen Zypern-Expedition des Kimon aufgebraucht – andernfalls sind die Schulden bei Athena und den anderen Göttern, die ja nicht einmal bis 435 bzw. 434 zurückgezahlt waren, kaum zu erklären. Auf dem Hintergrund der hohen Unterhaltskosten für die Flotte (s. o., 71 ff.) ist die Bildung einer solchen Reserve aus Phoros-Geldern nicht wahrscheinlich. Von daher würde dann auch verständlich, warum Athen zu einer Maßnahme wie dieser vermuteten Geldeinziehung greifen mußte.[99]

[97] Die Bestimmung in Z. 4 des Kallias-Dekretes (A) *νομίσματος ℎεμεδαπõ* deutet darauf hin, daß man sich für die Umwechselung des Betrages bzw. der Beträge von fremder in einheimische Währung einige Zeit gelassen hat.

[98] Diod. 12,38,2. Vgl. demgegenüber die zahlreichen Versuche, den Bestand und die Größe einer solchen Reserve aus Bundesgenossengeldern zu berechnen: Gomme, HCT II,32; Meiggs, AE 257ff.; Ruschenbusch (1979) 157ff.; Unz (1985); kritisch äußert sich dazu Giovannini (1990) 144.

[99] Lewis, CAH (1992) 126 vertritt eine ganz andere Ansicht: Es sei der Bundesschatz, der vor 454 von Delos nach Athen gebracht wurde, mit dem Schatz der Athena zusammengelegt worden. Demnach hätten die Hellenotamiai von da an überhaupt keine eigene Reserve mehr gehabt und in jedem Fall auf den Athenaschatz zurückgreifen müssen. Aus diesem Grund sieht Lewis in den Vorwürfen, die Akropolisbauten seien aus Bundesgenossengeldern finanziert worden, einen berechtigten Kern. Allerdings ist die These von der Verschmelzung der beiden Schätze nicht durch einen Hinweis aus den Inschriften zu belegen.

c) Perikles und die attischen Finanzen

Zwar ist eine Heranziehung von Phoros- und Bundesgenossengeldern neben den eigentlichen Ausgaben für die Flotte auch für attische Baumaßnahmen nachzuweisen, doch ist aufgrund der erhaltenen Bauinschriften derartiges gerade für die Akropolisbauten wohl auszuschließen. Sie sind nach Ausweis der erhaltenen Bauabrechnungen (IG I^3 436–450) aus Geldern des Athenaschatzes sowie der Aparche finanziert worden. Einen Sonderfall stellte möglicherweise die Athena Parthenos dar: Eddy hat die These aufgestellt, daß die in Gold bezahlten Phorosbeiträge der Bündner zu einem recht günstigen Kurs für die Statue umgeschmolzen worden waren.

Insgesamt jedoch scheint die bei Plutarch berichtete Debatte in der Volksversammmlung über eine Verwendung von Phoros-Geldern für diese Bauten eher eine anekdotische Mischung unter Verwendung einiger Anachronismen zu sein. Denn es ist offensichtlich so gewesen, daß der Phoros in keiner Weise für vor allem die größeren Feldzüge ausreichte und Athen daher ständig eigenes Geld aufwenden mußte.[100] Folgt man allerdings der These Eddys über die Herkunft des für die Athena Parthenos verwandten Goldes, wäre dies sicher genug Anlaß gewesen, von einer skandalösen Zweckentfremdung zu sprechen.

443/2 ist nach Ausweis der Tributlisten die Organisation der Tributbezirke und der Tributeinziehung vereinheitlicht worden. Antikles war über zwei Jahre hinweg Untersekretär der Hellenotamiai. Dies sind für Meiggs Hinweise darauf, daß eine Umstrukturierung des Seebundes in diesen Jahren erfolgte.[101] Die Hintergründe sieht er in den Angriffen auf die Integrität im finanziellen Bereich, die vor allem Thukydides Melesiou gegen Perikles richtete. Nach der Ostrakisierung des Thukydides wäre nach Meiggs eine Situation zur Bereinigung bzw. Reform der Finanzen des Seebundes und eventuell des Athenaschatzes gegeben gewesen.[102] Ein anderes Indiz für finanzielle Schwierigkeiten in diesen Jahren ist die von Antiphon erwähnte Enthauptung eines gesamten Kollegiums der Hellenotamiai, die eigentlich kaum anders denn mit

[100] Ameling (1985); Kallet-Marx, CLAnt 8 (1989) ist der Ansicht, daß schon die Verwendung der Aparche ausreichend gewesen sein könnte, um Anlaß zu einer solchen Debatte zu geben. Eddys These (1977) böte demgegenüber allerdings eine sehr wesentliche Grundlage für derartige Vorwürfe.

[101] Meiggs, AE 244ff.

[102] Zur Diskussion um die Datierung dieses Ostrakismos: Krentz (1984) 499ff.

gravierenden Schwierigkeiten finanzieller Art erklärt werden kann.[103] In diesem Zusammenhang ließe sich auch das Münzdekret gut einordnen: Zum einen verfügt es über die Rückzahlung von Schulden bei der Göttin Athena und anderen Göttern, die in einem an die Bündner gerichteten Dekret sich nur auf für den Seebund ausgegebene Beträge beziehen können, zum anderen steht es im Zusammenhang mit der Reservebildung, die immer wieder mit Perikles in Verbindung gebracht wird. Andererseits ist dieser Zusammenhang nicht als zwingend zu betrachten, da die Untersuchungen der Münzprägestätten auch die Möglichkeit eröffnet haben, das Münzdekret in die 60er Jahre zu datieren.

Die Rolle, die Perikles in dieser Entwicklung der attischen Finanzen gespielt hat, ist nach den Inschriften nicht eindeutig zu ermitteln. Die literarische Überlieferung hingegen mißt ihm eine zentrale Stellung in der Organisation und Verwaltung der attischen Gelder zu. Thukydides legt ihm eine Rede in den Mund, die von einer übersichtlichen und vorausschauenden Planung geprägt ist. Da dies für Thukydides allerdings auch ein für den Verlauf des ganzen Krieges entscheidender Gesichtspunkt ist (vgl. Thuk. 2,13,2), läßt sich fragen, ob dies nicht eine idealisierende Rückprojektion des Thukydides selbst ist. Andererseits sprechen sowohl der Scholiast des Anonymos Argentinensis wie auch Diodor, d. h. Ephoros, und Plutarch Perikles eine Schlüsselrolle in der Organisation und Verwaltung der Seebundsgelder zu.[104] Diodor ist sogar der Ansicht, daß die Verantwortung für die Bundeskasse Perikles persönlich übertragen worden sei. Dagegen spricht jedoch, daß sie keineswegs sicher 454 nach Athen kam, sondern möglicherweise schon zu Aristeides' Lebzeiten.[105] Von daher ist die Vermutung, daß Perikles tatsächlich hinter der Planung und Organisation dieser Reservebildung sowie der Zentralisierung der Gelder auf der Akropolis stand, zwar nicht zu beweisen, aber doch sehr plausibel. Vor allem die ihm immer wieder zugeschriebene persönliche Verantwortung für die Herbeifüh-

[103] Meiggs, AE 246; Antiphon wendet sich (5,69–71) mit dieser Erwähnung an die älteren Mitglieder der Jury, woraus Meiggs ableitet, daß dieses Ereignis in die 40er oder 50er Jahre zu datieren sei. Die Anschuldigung habe sich, so Antiphon, als falsch herausgestellt, jedoch erst, als bis auf einen Hellenotamias an allen schon die Todesstrafe vollzogen war.

[104] Plutarchs Bericht zur Baudebatte: Per. 12–14; Diod. 12,38,2; vgl. 40,1. 54,3; 13,21,3; dazu Stadter 148; der Anon. Argent. weist auf die γνώμη des Perikles in finanzieller Hinsicht hin.

[105] Plut. Arist. 25,3; vgl. W. K. Pritchett, The transfer of the Delian treasury, Historia 18 (1969) 17–21.

rung des Krieges läßt den Schluß zu, daß er immerhin versuchte, für diesen Krieg auch die besten Voraussetzungen zu schaffen.[106]

Besonders der Vergleich zu Sparta, den Thukydides mehrfach erwähnt, zeigt, wie ungewöhnlich die gesamte Struktur der attischen Finanzen in ihrer Effizienz und Organisation war.[107] Das Fragment der Inschrift, in der die Beiträge zur spartanischen Kriegsfinanzierung festgehalten sind, weist auf große Unterschiede[108]: Die Beiträge sind in den unterschiedlichsten Währungen geleistet und erfaßt worden (persische, aiginetische, attische Münzen), teilweise sind sie auch in Naturalien erbracht worden. Das betraf nicht nur die Stellung von Schiffen, sondern auch ganz konkret Lieferungen von Getreide. Darüber hinaus sind in dieser Inschrift die Beiträge von Einzelpersonen, Poleis, Gruppen (z. B. die Exulanten von Chios) nebeneinandergestellt, ohne sie in irgendeiner erkennbaren Weise zu rubrizieren. Dagegen wird in den attischen Listen und Abrechnungen minutiös rubriziert, in Kategorien eingeteilt, in einheitlicher Währung abgerechnet und vor allem – im Unterschied zu Sparta – auch systematisch Geld eingezogen. Diese für den griechischen Raum als neuartig zu bezeichnende Erscheinung ist kaum ohne die intensive Mitwirkung des Perikles vorzustellen, wenn auch kaum Einzelheiten seiner Tätigkeit zu rekonstruieren sind.

[106] Vgl. dazu Romilly (1965 = 1979) 290 ff.
[107] Loomis (1992) zu IG V 1, 1 und einem dazugehörigen neuen Fragment.
[108] Loomis (1992) 77 ff.

IV. DIE BAUTEN ATHENS IN PERIKLEISCHER ZEIT

1. Die Bauten auf der Akropolis

a) Die Aussage der Bauten

In der Zeit des Isokrates galten die Bauten auf der Akropolis in besonderem Maß als Ausdruck des Herrschaftsbewußtseins der attischen Demokratie des 5. Jahrhunderts.[1] Die Aussage der Bauten vermittelte in der Antike einen Eindruck von Reichtum, Macht und Größe – für Isokrates lag darin der Anspruch, daß Athen nicht nur zur Herrschaft über Griechenland, sondern auch über die Welt befähigt sei. An anderer Stelle schreibt er Perikles einen entscheidenden Einfluß bei der Planung und Errichtung der Bauten zu.[2] Diesen konnte Perikles nach Meinung des Isokrates geltend machen, weil er nicht nur der προστάτης τοῦ δήμου, sondern vor allem deswegen, weil er ein hervorragender Redner war. Isokrates hebt in seinem kursorischen Überblick der politischen Leistungen, die die Reihe der Staatsmänner von Solon bis Perikles kennzeichnet, die Baupolitik als die charakteristische Errungenschaft des Perikles hervor. Dieser Aspekt dient Isokrates zur Rechtfertigung des politischen Stellenwertes der Rhetorik; jedoch ist es auffallend, daß er hier nicht auf militärische oder politische Entwicklungen der perikleischen Zeit verweist, sondern die zeitlose Gültigkeit der Aussage dieser Bauten betont.

In den neu errichteten Bauten auf der Akropolis manifestierte sich in monumentaler Weise das Selbstverständnis der attischen Volksherrschaft und ihrer Macht im Seebund.[3] Das Bildprogramm des Parthenon zeigt den im 5. Jahrhundert üblichen Tatenkatalog: auf den Westmetopen die Amazonomachie, auf den Ostmetopen die Gigantomachie, auf den Nordmetopen den Fall Trojas und auf den Südmetopen

[1] Isokr. 7,66: ... καὶ τάδε τίς οὐ μνημονεύει τῶν ἡλικιωτῶν τῶν ἐμῶν, τὴν μὲν δημοκρατίαν οὕτω κοσμήσασαν τὴν πόλιν καὶ τοῖς ἱεροῖς καὶ τοῖς ὁσίοις, ὥστ᾽ ἔτι καὶ νῦν τοὺς ἀφικνουμένους νομίζειν αὐτὴν ἀξίαν εἶναι μὴ μόνον τῶν Ἑλλήνων ἄρχειν ἀλλὰ καὶ τῶν ἄλλων ἁπάντων ...

[2] Isokr. 15,234.

[3] Ausf. dazu Muss/Schubert (1988) 108ff., 163ff. Vgl. Knell (1979); Brommer (1985).

die Kentauromachie.[4] Hierin schlägt sich das neue Selbstbewußtsein des attischen Demos nieder, das sich aus dessen hervorragender Rolle im Kampf gegen die Perser, deren Zurückdrängung aus der Ägäis sowie der Befreiung der ionischen Griechenstädte herleitete. Der Kontrast zu den Persern, die als Asiaten und Barbaren bezeichnet wurden, diente als ideologische Leitlinie zur Herausarbeitung der spezifischen Eigenschaften der Athener. Eben diese wurden als Grundlage des Erfolgs im Kampf gegen die Perser dargestellt.[5] In der politischen und rhetorischen Diskussion wurde darauf immer wieder Bezug genommen, aber auch in einem ganz allgemeinen, symbolhaften Sinn fand dies seinen Niederschlag in der mythischen Bildthematik[6]: Die Verteidigung der griechischen Zivilisation gegen die Perser ist im übertragenen Sinn der mythische Kampf der Griechen gegen die Barbaren, der Sieg Europas über Asien.

Besonderen Ausdruck fanden diese Vorstellungen in den Darstellungen der Athena als der Schutzgöttin der attischen Bürgerschaft: Im Ostgiebel des Parthenon ist ihre Geburt dargestellt, im Westgiebel der Wettstreit zwischen Athena und Poseidon um Attika.[7] Hier wird einerseits die Beziehung zwischen Athena und dem Göttervater Zeus betont, andererseits durch den Wettstreit zwischen Poseidon und Athena hervorgehoben, welche Bedeutung dem Land Attika zukam, da sich sogar die Götter darum gestritten haben.

Nicht nur auf die Geschichte des Perserkampfes wird hier angespielt, sondern auch auf allgemeine Gegensätze wie etwa dem von σωφροσύνη, Besonnenheit, verkörpert in der Person Athenas, und ὕβρις, Hochmut, verkörpert in den Barbaren, den Persern.

Diese Verschränkung von Politik, Mythos und Kunst findet ihren Höhepunkt in der Thematik des Cellafrieses am Parthenon sowie der phidiasischen Gold-Elfenbeinstatue der Athena.[8] In der Darstellung des Panathenäenzuges auf dem Fries ist nicht nur der kultische Bezug auf die Göttin und das auf der Akropolis, an ihrem Altar mit der Weihung des ihr zu Ehren angefertigten Peplos, endende Panathenäenfest zu sehen, sondern auch die Aktualität im Rahmen der Seebundspolitik Athens.[9] Die Jahre, in denen der Fries begonnen wurde, sind gekenn-

[4] E. Simon, JdI 90 (1975) 100ff. deutet die 8 mittleren der 32 Südmetopen als Bilder aus der Erechtheus-Sage; vgl. Brommer (1985) 15ff., 22ff.

[5] Muss/Schubert (1988) 97f.

[6] Hölscher (1973) 73.

[7] Muss/Schubert (1988) 66ff.

[8] Ausf. dazu Muss/Schubert (1988) 112ff.

[9] Zur Diskussion darüber, ob auf dem Fries eine mythische Szene dargestellt

zeichnet von einer verstärkten Verpflichtung und Einbindung der Bundesgenossen in die zivilen und religiösen Bereiche Athens. Den Bündnern wird die Teilnahme an den Panathenäen verordnet, ebenso, Gaben wie Kuh und Panhoplie zu opfern.[10] Die ehemals eigenständigen Bündner wurden damit auf den Status der abhängigen Apoikien reduziert. Athenas Rolle als Schutzgöttin für die attische Bürgerschaft wurde somit auf den gesamten Seebund übertragen und das Fest zu einer Demonstration attischer Macht und Herrschaft ausgedehnt.[11]

In der Bildthematik der phidiasischen Gold-Elfenbeinstatue, die ebenso wie der Parthenon keine eigentliche kultische Funktion hatte,[12] sondern als eine besonders kostbare Votivgabe zu sehen ist, werden die Themen der Bauplastik am Tempel wiederholt. Die Fabeltiere des Helms, die Nike, der Figurenschmuck des Schilds und der Basis präsentieren die Autochthonie der Athener und den Sieg über die Perser in allen Variationen.[13]

Durch den Vergleich mit anderen, sowohl früheren als auch späteren Bauten im Athen des 5. Jahrhunderts wie etwa der der Stoa Poikile, der des Nike-Tempels oder des Erechtheions läßt sich deutlich belegen, daß die mythologisch-inhaltliche Präsentation der Bildaussage an den Akropolisbauten der perikleischen Zeit sich ganz im Rahmen des im 5. Jahrhundert Geläufigen bzw. Bekannten und Erwarteten bewegt.[14] Auch wenn, wie bei Isokrates oder später bei Plutarch, für Perikles eine besondere Initiative oder Verantwortlichkeit in Anspruch genommen wird, so läßt sich doch aus der inhaltlichen Orientierung der Bauten kein Hinweis erschließen, der eine individuelle »Handschrift« politischer Art erkennen ließe.[15]

ist oder die zeitgenössische Abbildung eines bestimmten Panathenäenfestes gemeint ist (nach dem Vorschlag von Boardman [in: Berger (1984) 210ff.] das Fest vor der Schlacht bei Marathon): Muss/Schubert (1988) 114. Zur Diskussion des von Root, AJA 89 (1985) 109ff. durchgeführten Vergleichs zwischen dem Parthenonfries und den Apadana-Friesen in Persepolis: ebd. 114f.

[10] IG I^3 34; dazu Muss/Schubert (1988) 115; Smarczyk (1990) 525ff.

[11] Schuller (1974); Wesenberg, in: Berger, Parthenon-Kongreß (1984).

[12] Zum Parthenon als Schatzhaus: Herington (1955); Preisshofen, AA (1977) 74ff.

[13] Vgl. dazu Simon (1985) 207; anders Fehr (1979) 71ff.

[14] Ausf. dazu Hölscher (1973). Vgl. Muss/Schubert (1988) 108ff.

[15] Zu dem gleichen Ergebnis kommt Himmelmann (1977) 67ff. im Hinblick auf die Frage nach einer speziell phidiasischen »Künstlerhandschrift«.

b) Die Akropolisbauten als Gegenstand der innenpolitischen Auseinandersetzung

Thukydides Melesiou und der Streit um die Finanzierung der Bauten

Plutarch, der die Bauten auf der Akropolis ebenso überschwenglich hervorhebt wie Isokrates, betont in seiner Darstellung nichtsdestoweniger, daß sie auch Gegenstand einer heftigen innenpolitischen Auseinandersetzung waren.[16] Gerade dieser Kampf ist in der Perikles-Vita des Plutarch der entscheidende Wendepunkt in der Laufbahn des Perikles vom Demagogen zum προστάτης.

Nach Plutarch waren die Kosten und die Finanzierung der Bauten auch Gegenstand des Streites um die Macht zwischen Perikles und Thukydides, dem Sohn des Melesias, der in der Nachfolge Kimons die Führung der attischen Aristokraten übernommen hatte.[17] Thukydides habe Perikles in der Volksversammlung Verschwendung und Bereicherung auf Kosten der Bündner vorgeworfen. Die Verwendung des iterativen Imperfekts in dem Bericht Plutarchs läßt darauf schließen, daß Plutarch sich, entsprechend der Darstellung seiner Quellen, hierbei auf einen längeren Zeitraum bezieht, in dem mehrere Debatten in der Ekklesia geführt worden sein müssen.[18]

Die Glaubwürdigkeit des Plutarch-Berichtes über diesen Aspekt des Bauprogrammes ist immer wieder in Zweifel gezogen worden. Nach dem Ausweis der Bauabrechnungen sind Parthenon, Propyläen, Parthenos und Erechtheion im wesentlichen aus dem Athena-Schatz finanziert worden. Die Beiträge der Hellenotamiai, d. h. die Gelder aus dem Phoros, beschränkten sich auf die der Göttin zustehende Aparche (vgl. dazu oben III.2.b, 65ff.). Für Andrewes klingt die Darstellung Plutarchs wie die Ausarbeitung eines hellenistischen Schülers über die moralische Legitimation, den Tribut zur prachtvollen Ausgestaltung Athens zu verwenden.[19] Ameling versteht die Passage als eine rhetorisch ausgeschmückte Interpretation der bekannten Äußerungen des Thukydides und des Isokrates. Plutarch habe damit, im Sinne einer *adhortatio,* ähnliche Vorhaben und Programme bei seinen Zeitgenossen anregen wollen.[20] Für die Überlegung von Ameling spricht vor allem,

[16] Plut. Per. 12–14, 2.

[17] Vgl. zu Thukydides Melesiou Wade-Gery (1932); Meinhardt (1957) 37–45; Stadter (1989) 130f. zu Plut. Per. 11–14. Zu der Kostenfrage: Kap. III. 1. und 2.

[18] Vgl. Stadter (1989) 146 zu Plut. Per. 12, 1.

[19] Andrewes (1978) 4f.

[20] Ameling (1985) 47ff.

daß Plutarch die Intention des Bauprogrammes mit einem Aspekt verknüpft, der sich recht eindeutig als anachronistische Interpretation erweisen läßt. Plutarch stellt besonders die Bautätigkeit auf der Akropolis als ein riesiges »Arbeitsbeschaffungsprogramm« dar. Jedoch zeigen die relativ vollständigen Bauinschriften des Erechtheions, daß hierfür insgesamt über den ganzen Zeitraum bis zur Fertigstellung nur 107 Handwerker beschäftigt wurden, die darüber hinaus dort sicher nicht ihre einzige Arbeitsstelle hatten.[21] Da die einzelnen Handwerker in diesen Inschriften namentlich genannt werden und ihre spezielle Arbeitsleistung beschrieben ist, lassen sich nicht nur die unterschiedlichen Tagessätze für die einzelnen handwerklichen Leistungen errechnen,[22] sondern es zeigt sich auch deutlich, daß aus den Bauskulpturen keinesfalls eine eigene, individuelle schöpferische Leistung eines Bildhauers abzulesen ist.[23] Diese für das Erechtheion genau zu rekonstruierende Arbeitsorganisation ist auf Grund des Vergleichs mit anderen größeren Bauprojekten auch für die in der perikleischen Zeit errichteten Bauten auf der Akropolis anzunehmen.[24] Lewis hält dagegen die Debatte wenn auch nicht für eindeutig authentisch, so doch für zeitgenössisch.[25] Denn die Aufzählung der beteiligten Handwerker und Gewerbe sei so ausführlich und präzise, daß sie einem späteren Rhetor kaum hätte einfallen können.

Auch die ganz unsichere Chronologie des Ostrakismos, durch den Thukydides Melesiou für 10 Jahre exiliert wurde, spricht gegen die Darstellung des Plutarch, wenn auch nicht generell dagegen, daß die genannten Argumente in der öffentlichen Diskussion benutzt wurden.[26] Krentz hat nachdrücklich darauf hingewiesen, daß die Annahme, der Ostrakismos des Thukydides Melesiou habe 443 stattgefunden, einzig auf der Angabe des Plutarch beruht, daß danach Perikles für 15 Jahre in Folge das Strategenamt innehatte.[27] Die Kontinuität

[21] Ausf. dazu Muss/Schubert (1988) 152ff.

[22] Wesenberg (1985) 55ff.; vgl. Muss/Schubert (1988) 155. Wesenberg hat mit exakten Berechnungen nachgewiesen, daß die oft hervorgehobene These, die Bezahlung der Handwerker – die sich sowohl aus den Schichten der Vollbürger und Metöken wie auch derjenigen der Sklaven zusammensetzten – sei unabhängig vom sozialen Status erfolgt, nicht den Befund der Inschriften wiedergibt.

[23] Vgl. Himmelmann (1977) 67ff.; Muss/Schubert (1988) 155.

[24] Burford (1969); Wittenburg (1978).

[25] Lewis, CAH (1992) 139f.

[26] Vgl. Kap. III.1 und 2.

[27] Plut. Per. 16,3; vgl. dazu Stadter (1989) 196; Krentz (1984) 499ff.; Lewis, CAH (1992) 141 hält die Angabe des Plutarch für authentisch.

über 15 Jahre ist in jedem Fall schwierig zu berechnen, da Perikles 431 abgesetzt wurde. Für 440 ist ein Thukydides als Stratege im samischen Krieg überliefert, bei dem es sich möglicherweise um den Kontrahenten des Perikles gehandelt hat.[28] Der Ostrakismos des Thukydides, der durch Ostraka-Funde gesichert ist,[29] könnte demnach auch erst während der 30er Jahre stattgefunden haben. Auch dies ist als Hinweis darauf zu werten, daß das Bild, das Plutarch von der 15 Jahre währenden, unumschränkten »Alleinherrschaft« des Perikles zeichnet, weniger mit den tatsächlichen politischen Gegebenheiten zusammenhängt als mit einem Idealbild des Plutarch.[30]

Streit um die architektonische Gestaltung?

Neben der Finanzierung der Bauten ergeben sich aus der architektonischen Gestaltung sowohl des Parthenon als auch der Propyläen einige Aspekte, die als Indizien für eine Auseinandersetzung um die Bauten gewertet werden könnten. In der langen archäologischen Diskussion um Datierung, Ausmaße und Fertigstellung des dem Parthenon vorangegangenen Baus ist immer wieder auf die Möglichkeit hingewiesen worden, daß der Vorgänger des perikleischen Parthenons nicht ein in Arbeit befindlicher Tempel gewesen war, der durch den Persersturm vernichtet wurde, sondern ein Werk kimonischer Zeit.[31] Vor allem die Südmauer der Akropolis, die Kimon aus der Siegesbeute der Schlacht am Eurymedon errichtet haben soll, deutet auf die Datierung des Vorgängerbaus in kimonische Zeit. Denn die Südmauer ermöglichte es erst, die Füllschichten von der Südseite des Parthenon zu halten.[32] Die in der Nordmauer verbauten, unfertigen Säulentrommeln, die von diesem Vorgänger stammen, und die Wiederverwendung bestimmter Architekturteile dieses Tempels für den perikleischen Parthenon zeigen folgendes:

1. Durch das Einlassen der Säulentrommeln neben den Triglyphen des alten Athena-Tempels, der durch die Perser niedergebrannt wurde, in die Nordmauer der Akropolis wird der Vorgang, der zum Abbruch des Vorhabens führte, mit dem Frevel der Perser gleichgestellt, die die Heiligtümer der Götter in Athen zerstörten.[33]

[28] Thuk. 1,117,2; dazu Krentz (1984) 499ff.

[29] Thomsen (1972) 80, 82, 93, 100; vgl. ML 21, S. 45ff.

[30] Vgl. Kap. I.2.b. Zu den Berechnungen und Interpretationen der 15jährigen, ununterbrochenen »Alleinherrschaft«: Stadter (1989) 196f.

[31] Literaturübersicht und Diskussion der archäologischen Befunde: Muss/Schubert (1988) 57f.

[32] A. Tschira, JdI 87 (1972) 162f., 182. Vgl. dazu Muss/Schubert (1988) 56f.

[33] Bzw. sollte, wenn die Säulentrommeln doch von einem vorpersischen

2. Neben den in der Nordmauer verbauten Säulentrommeln sind anscheinend auch Teile des unfertigen Tempels im perikleischen Parthenon wiederverwendet worden. Hieraus läßt sich ebenso wie aus der Konsequenz der Jocherweiterung des perikleischen Parthenons im Verhältnis zu dem Vorgängerbau folgendes ableiten: Dieser Tempel war schon bis zum Gebälk errichtet, als er abgetragen und etwa 14 oder 15 Jahre später wieder, mit Änderungen, aufgebaut wurde.[34]

Damit läge hier einer der größten Bauskandale der Antike vor, der möglicherweise auch in direkter Beziehung zu den politischen Umständen von Kimons Sturz gestanden haben könnte. Die Reformen des Ephialtes und das sich darin niederschlagende, veränderte Machtbewußtsein des Demos würden sehr gewichtige politische Gründe bieten, die eine derart einschneidende Abkehr von einem bereits weit fortgeschrittenen Bauprojekt erklären könnten. In dieser Zeitperiode sind offenbar mehrere attische Bauten begonnen und nicht zu Ende geführt worden. Hierzu zählen neben dem Parthenon-Vorgänger eine Phase der vormnesikleischen Propyläen sowie die erste nachpersische Mysterienhalle in Eleusis.[35] Auffällig ist, daß sich an eine zu rekonstruierende kimonische Phase jeweils ein stark veränderter Bau aus perikleischer Zeit anschließt. Neben den Planänderungen an den Bauten der perikleischen Zeit wie dem Parthenon und den Propyläen, die während der Errichtungszeit stattfanden, jedoch die Fertigstellung nicht verhinderten, zeigt sich hier ein Unterschied.[36] Nach den Untersuchungen Wesenbergs scheint gegen Ende der 40er Jahre eine gravierende Planänderung im Parthenongebälk belegt: Der Cella-Fries wäre demnach nicht gleich anfangs eingeplant gewesen, sondern erst nachträglich in den Plan aufgenommen worden. Triglyphen und Metopen der Südseite, die ursprünglich für die Cella-Fronten gedacht waren, sind dann später an das Südgebälk versetzt worden. Damit wäre dann die These Carpenters, daß diese Metopen an der Südseite, die Spuren einer nachträglichen Verkürzung tragen, von dem Vorgängerbau stammen müssen, hinfällig. Allerdings spricht sowohl gegen die Rekonstruktion Wesenbergs wie auch Carpenters, daß etwa Himmelmann die Südmet-

Vorgängerbau stammen, gleichermaßen die Hybris der Perser zum Ausdruck gebracht werden.

[34] Diskussion der Möglichkeiten und Konsequenzen dieser These vom kimonischen Parthenon bei Muss/Schubert (1988) 57f., 109f.

[35] Kalpaxis (1986) 126ff. Zu den Bauphasen der Propyläen: Muss/Schubert (1988) 71.

[36] Wesenberg, JdI 98 (1983) 57ff.

open aus stilistischen Gründen für die jüngste Gruppe der Metopen hält.[37]

An den Propyläen läßt sich für den nordöstlichen Teil durch erhaltene Fundamentansätze, Mauervorsprünge und Innengesimse belegen, daß wohl ursprünglich dort ein weiterer Raum geplant war. Jedoch ist die Änderung des ursprünglichen Plans nicht abrupt vollzogen worden, sondern bereits geraume Zeit vor dem Abschluß des Baus. Die Südosthalle, die an den Nike-Tempel angrenzt und deren – im Vergleich zur Nordosthalle – asymmetrische Anlage früher zu der Vermutung Anlaß gab, 432 seien die Arbeiten plötzlich abgebrochen worden, zeigt – gerade im Vergleich zu den Details der Nordosthalle –, daß dieser Teil des Baus wie geplant fertiggestellt wurde. Auch der an einigen Werkstücken des Mitteltraktes, der beiden Westflügel und der Außenseiten stehengebliebene Werkzoll ist keineswegs als ein Zeichen für Unfertigkeit, sondern vielmehr als spezifisches Gestaltungsmittel zu verstehen.[38] Auch in der antiken Überlieferung sind die Propyläen immer als fertige Bauten betrachtet worden,[39] so daß trotz der verschiedenen Planänderungen als sicher gelten kann, daß diese Bauten fertiggestellt wurden.

Den unvollendeten Bauten aus der kimonischen Zeit wäre demnach durch den Sturz Kimons und die damit verbundenen politischen Veränderungen die Legitimierung entzogen worden, so daß ein direktes architektonisches Anknüpfen gar nicht mehr möglich war und nur der völlige Neubau in Frage kam.

2. *Die Säulensaalbauten der perikleischen Zeit*

Das Odeion an der Südseite der Akropolis ist durch Anspielungen der Komödie in seiner planerischen Gestaltung enger mit der Person des Perikles verbunden als die Bauten auf der Akropolis.[40] Kratinos ließ in seiner Komödie ›Die Thrakerinnen‹ Perikles auftreten, als ob er eine dem Odeion ähnliche Kopfbedeckung getragen habe. Die Erwähnung des erfolgreich abgewendeten Ostrakismos stellt die Errichtung des Baus in einen zeitlichen Zusammenhang mit der Auseinanderset-

[37] In: Stele, Festschrift N. Kondoleon (1978) 161 ff.

[38] Kalpaxis (1986) 128 f.; vgl. Muss/Schubert (1988) 73 f.

[39] FGrH 328 F 36; FGrH 373 F 1.

[40] Plut. Per. 13, 10 (= Kratinos Frg. 71 K. = 73 K.-A.): vgl. dazu Stadter (1989) 174 f.; Knell (1979) 77 ff.

zung zwischen Perikles und Thukydides Melesiou. Da allerdings deren exakte Datierung umstritten ist, bleibt auch für die Bauzeit des Odeions nur der ungefähre Zeitraum zwischen der Mitte der 40er und der Mitte der 30er Jahre. Doch andererseits ist hier auf eine engere Beziehung zwischen dem Politiker und dem Bauwerk angespielt, deren Grund in der Form des Bauwerks zu sehen ist.

Der Vergleich des Bauwerks mit einer Kopfbedeckung spielt auf die Ähnlichkeit der Dachform mit dem Zelt des persischen Großkönigs an.[41] Nach der antiken Überlieferung ist das Odeion eine Nachbildung des Xerxes-Zeltes gewesen, das den Griechen nach der Schlacht bei Plataä in die Hände gefallen sei. Vitruv erwähnt, im Unterschied zu Plutarch und Pausanias, Perikles in diesem Zusammenhang nicht. Dagegen nennt er Themistokles als den Bauherrn und beschreibt das Dachwerk als aus den Schiffsmasten und Rahen errichtet, die in der Schlacht bei Salamis erbeutet worden seien. Möglicherweise hat Perikles einen themistokleischen Bau umarbeiten und erweitern lassen.

Grundriß und Funktion des Odeions zeigen eine erstaunliche Ähnlichkeit mit den persischen Saalbauten des 5. Jahrhunderts. Innenabmessungen und architektonische Struktur der persischen Audienzhallen und des perikleischen Odeions gleichen sich auffällig. Das unter Dareios I. begonnene und von Xerxes vollendete Apadana war ebenso wie der Hundertsäulensaal, den Xerxes noch in Auftrag gegeben hatte und der jedoch erst von Artaxerxes fertiggestellt wurde, ein Säulenssaal mit quadratischem Grundriß, dessen Dach von 36 bzw. 100 Säulen getragen wurde. Die gleiche Architektur wurde für das Odeion verwendet, das jedoch im Unterschied zu den persischen Saalbauten einen nicht ganz rechteckigen Grundriß besaß. Auch das eleusinische Telesterion bestätigt die Annahme enger architektonischer Beziehungen zwischen den griechischen und den persischen Saalbauten.[42] Das peisistratidische Telesterion war durch die Perser zerstört worden, und in diesem Fall ist schon in kimonischer Zeit der Wiederaufbau in Angriff genommen worden (s. o., 94). In perikleischer Zeit ist Iktinos als Architekt mit einem ganz neuen Entwurf beauftragt worden, der sich durch seine außergewöhnliche Monumentalität ausgezeichnet hätte, wenn er fertiggestellt worden wäre.[43] Die Architekten Koroibos und

[41] Neben Plutarch auch bei Paus. 1,20,4 und Vitruv 5,9,1 erwähnt. Ausf. dazu Meinel (1980) 140ff.; Gall (1979) 444ff.

[42] Meinel (1980) 141ff. mit Diskussion und Vergleich der genauen Abmessungen der Innenausmaße.

[43] Meinel (1980) 141: die Höhe der Säulen wird auf ca. 19–20 m geschätzt,

Metagenes setzten diesen Bau des Iktinos fort,[44] wobei der sog. Koroibosbau neben der quadratischen Grundfläche und der Anordnung der Säulen noch weitere Ähnlichkeiten mit dem Hundertsäulensaal des Xerxes aufweist: Die Gestaltung der Eingänge und der Vorhalle sowie die Konzeption der Überdachung verweisen auf die Modellbedeutung des Hundertsäulensaals in Persepolis.[45] Da die beiden großen Säulensäle in Persepolis bereits fertiggestellt waren, als die Bautätigkeit an den entsprechenden Projekten in Athen begonnen wurde, ist zu vermuten, daß Pläne und Gestaltung in Athen bekannt waren. Der Einfluß auf die Bauten in Eleusis und Athen ist an der auffallenden Konstruktion zu erkennen. Damit erweist sich auch die in der antiken Überlieferung betonte Ähnlichkeit der Dachkonstruktion des Odeions mit dem Zelt des Xerxes als Mißverständnis[46]: Das Zelt selbst diente nicht als direkte Vorlage für den Bau, jedoch können die eigentlichen Vorbilder in Persepolis als architektonische Umsetzung der persischen Fürstenzelte betrachtet werden.

In der Monumentalität sind die attischen Saalbauten den persischen durchaus gleichrangig. Neben den auch für das Akropolisbauprojekt grundlegenden Aspekten wie der Demonstration von Sieg und Herrschaft findet in dieser Monumentalität jedoch eine Vorstellung ihren Niederschlag, die den Gegensatz zu der persischen Tyrannis besonders scharf hervortreten läßt. Sowohl das Odeion als auch das eleusinische Telesterion weisen in ihrer Funktion auf die Einbindung der Demos-Herrschaft in die religiöse Tradition. Die sakrale Grundlage dieser Herrschaft kommt deutlich in der Verknüpfung von politischen Zielen mit religiösen Riten zum Ausdruck. Eine besondere Form hat diese Beziehung im Panathenäenfest gefunden, das sowohl zu Ehren Athenas gefeiert wurde, als auch der politischen Eingliederung der Bündnerstädte diente.[47]

3. Musik und Kunst im »Dienst« der Politik

Möglicherweise gleichzeitig mit dem Odeion ist auch für das Dionysostheater am Südhang der Akropolis eine dauerhafte Form gefunden

die Architravlänge auf über 10 m in einer Höhe von 20 m. Vgl. Mylonas (1961) 77–88.

[44] Plut. Per. 13,7.

[45] Meinel (1980) 143.

[46] Meinel (1980) 154.

[47] Muss/Schubert (1988) 112.

worden. Bis dahin hatte man sich mit hölzernen Tribünen begnügt.[48] Im Zusammenhang mit der Form des benachbarten Odeions ist die These von Broneer interessant, daß das erbeutete Zelt des Perserkönigs in den 70er Jahren an der Stelle des späteren Dionysostheaters aufgebaut und als Skene für das temporäre Dionysostheater benutzt wurde.[49] Es ist durchaus vorstellbar, daß Aischylos' ›Perser‹ vor diesem großartigen Symbol der besiegten Macht aufgeführt wurden.

Seit den 40er Jahren des 5. Jahrhunderts wurden an den Dionysien die Komödien aufgeführt. Mit diesem Fest war auch die feierliche Zurschaustellung des Tributes vor den attischen Bürgern und den anwesenden Bundesgenossen verbunden. Im benachbarten Odeion wurden etwa seit 442 die musischen Agone des Kithara- und Flötenspiels aufgeführt, um die Perikles das Panathenäenfest erweitert hatte.[50] Plutarch bezieht sich hierbei auf ein Psephisma, das er möglicherweise aus der Sammlung des Krateros entnommen hat.

Die Schilderung Plutarchs ist hier sehr ausführlich: Perikles wurde als Schiedsrichter gewählt und legte im einzelnen die Regeln für das Blasen des Aulos, das Singen und das Spielen der Kithara fest. Hier ist nicht nur die Detailkenntnis des Perikles zu registrieren, sondern vor allem sein Bemühen, auf die künstlerische und musikalische Gestaltung des Wettkampfes Einfluß zu nehmen. Die generelle Bedeutung musikalischer Darbietungen im öffentlichen Bewußtsein belegt sehr deutlich die Rolle, die Perikles' Beziehung zu Damon gegeben wurde.

Plutarch bezeichnet Damon als den Musik-Lehrer und politischen Berater des Perikles.[51] Nach seinen Quellen, denen auch die Verweise auf Damon in Platons Politeia entsprechen, war Damon ein Philosoph, der sich mit dem engen Zusammenhang von Musik und Politik beschäftigt hatte. Dem lag die in der Antike sehr intensiv erforschte Überlegung zugrunde, daß über verschiedene Ausdrucksformen der Musik eine psychologische Erziehung im Sinne einer Disziplinierung

48 Knell (1979) 77ff.

49 O. Broneer, Odeion and skene, AJA 56 (1952) 172. Vgl. ders., The tent of Xerxes and the Greek theatre, University of California Publications in Classical Archaeology 1 (1944) 305–11; dazu auch Gall (1979) 444ff.; Francis (1990) 4f.

50 Plut. Per. 13,11; dazu Stadter (1989) 175f.; ausf. Davison (1958) 36f.: πρῶτον ist hier sicher falsch, da schon im 6. Jahrhundert musikalische Agone bei den Panathenäen stattfanden. Perikles hat sie wahrscheinlich wiederbelebt.

51 Plut. Per. 4,1; vgl. dazu 9,2 und AP 27,4; Stadter (1989) 69f. Zu der Diskussion um die Identität von Damon und Damonides (AP 27,4): Rhodes (1985) 341f.; vgl. Schachermeyr (1969); Meister (1973) 29ff.

oder sogar Manipulation des einzelnen oder auch einer Menge möglich sei.[52]

Platon bezieht sich auf ein Werk Damons, nach dem bestimmten Genera der Musik auch bestimmte Charaktertypen bzw. psychische Dispositionen entsprechen.[53] An anderer Stelle heißt es, daß Damon der Ansicht gewesen sei, Wechsel im Bereich der musikalischen Ausdrucksformen zögen auch entsprechende Veränderungen im politischen Bereich nach sich.[54] Platon schließt sich dieser Meinung Damons an. Auch die Quellen Plutarchs scheinen auf diesen Zusammenhang hingewiesen zu haben, denn es wurde Damon unterstellt, daß er die Musik benutzt habe, um seine wirkliche Macht zu verbergen. Perikles sei sozusagen seine Marionette gewesen, die er mit seinen manipulativen Künsten gesteuert habe, um damit höhere politische Ziele zu verfolgen. Abgesehen davon, daß der Tyrannisvorwurf in Athen sehr schnell und aus oft nichtigen Gründen erhoben werden konnte, belegen diese Vorwürfe, daß es eben gerade seine besondere Kenntnis der Musik und ihrer Auswirkungen war, die ihm und damit auch seinem Schüler Perikles im politischen Bereich Dinge ermöglichten, die als Manipulation und Täuschung verdächtigt werden konnten.

Der gut belegte Einfluß des Perikles auf die Gestaltung eines größeren öffentlichen musikalischen Wettkampfes und seine enge Verbindung zu Damon legen den Schluß nahe, daß Perikles die bei Platon dem Damon zugeschriebenen Vorstellungen nicht nur kannte, sondern auch für sein politisches Wirken nutzbringend angewandt hat. Auch Thukydides und Plutarch beschreiben Perikles vor allem als einen herausragenden Redner, der es verstand, die Menge in jede beliebige Stimmung zu versetzen.[55] Das beachtliche psychologische Geschick, das dazu sicher notwendig war, kann im inneren Zusammenhang mit den Theorien Damons gesehen werden.

Auch die den Wettkämpfen im Odeon zugrunde liegende Konzeption läßt hier vor dem Hintergrund dieser Theorien ein festumrissenes Verhältnis von Politik und Musik erkennen. Aus Platons und Aristoteles' Schriften über die beste Politeia läßt sich ein genereller Zusammen-

[52] Neubecker (1977) 127ff.; Anderson (1966).

[53] Plat. rep. 400b; 424c.

[54] Plat. rep. 424c: Damon sah in einer μεταβολή im Bereich der τρόποι μουσικῆς die Gefahr gegeben, daß dies zu einer μεταβολὴ πολιτείων führen würde. Zur Bedeutung der μεταβολή in der geistigen Auseinandersetzung des 5. Jahrhunderts: Schubert (1993) 143ff.

[55] Zu Isokrates vgl. oben, 74 mit Anm. 73 zu 15,234; Thuk. 2,65. Vgl. zu Thukydides oben Kap. I.2.a, 11ff.

hang rekonstruieren, in dem diese Theorie stand. Allerdings bezieht sich nur Platon direkt auf Damon. Spätere Autoren sprechen Damon und seiner Schule jedoch große Bedeutung für die Entwicklung der Musiktheorie zu.[56] In der Erziehung zum politischen Bürger spielte die Musik hiernach eine wichtige Rolle, um die ethische Prägung des Charakters entsprechend zu steuern[57]: Musikalische Ausdrucksformen ahmen die Wirklichkeit nach, ihre ὁμοιώματα der Affekte wie Zorn, Tapferkeit etc. bewirken die gleiche Empfindung und Erregung wie die Affekte in der Realität. Diese Möglichkeit der seelischen Steuerung kann in der Erziehung und Ausbildung des einzelnen, aber auch bei der Lenkung des Volkes eingesetzt werden.

Nach Platon scheint Damon auch die Meinung vertreten zu haben, daß eine Veränderung, ein »Umschlag« (μεταβολή) in der Musik auch zu politischen Veränderungen führt.[58] Unter einem solchen »Umschlag« verstand Damon, so Platon, den Wechsel von Rhythmen und Versfüßen.[59] Nach dem Stand der erhaltenen Überlieferung scheint Damon der erste Denker des 5. Jahrhunderts gewesen zu sein, der sich in systematischer Weise mit der ψυχαγωγία, d. h. der Charakterisierung von seelischen Eigenschaften, Typen und ihrer Beeinflussung, auseinandergesetzt hat. Die musische Ausbildung galt ihm dabei wohl als der entscheidende Weg zur psychischen und moralischen Bildung. Wie er im einzelnen hierbei die Verbindung zur politischen Ordnung gesehen und begründet hat, ist nicht bekannt. Es ist jedoch durchaus möglich, daß er, wie später die Denker des 4. Jahrhunderts, schon über eine mögliche Systematisierung bzw. auch Steuerung des Wandels, d. h. der μεταβολή, der politischen Verfassungen nachgedacht hat.

Damon war offensichtlich kein Politiker und wurde doch durch ein ansonsten für die führenden Politiker reserviertes politisches Mittel aus Athen entfernt. Die Beschreibung des Verhältnisses zwischen Damon und Perikles, wie sie bei Plutarch erhalten ist, gibt auch einen Anhaltspunkt für die Frage, warum Damon ostrakisiert wurde. Sein

[56] Neubecker (1977) 130f.; Anderson (1966) 42; vgl. auch H. Koller, Die Mimesis in der Antike, Bern 1954, der den größten Teil des 3. Buches der platonischen Politeia auf die Lehre Damons zurückführen will.

[57] Dazu Plat. rep. 700a 7–701b 3; Aristoteles basiert im 8. Buch seiner Politik auf den platonischen Vorstellungen. Allerdings schränkt er die Wirkungsmöglichkeiten der Musik, auch in der Öffentlichkeit, nicht so sehr ein wie Platon. Vgl. dazu Neubecker (1977) 134f.

[58] Plat. rep. 424c 3–6.

[59] Plat. rep. 400b 1–6. Vgl. dazu ausf. Schubert (1993) 164f.

politischer Einfluß wurde für bedeutend gehalten, da er Berater des Perikles war. Die Konzeption, die der Erweiterung des Panathenäenfestes und der Funktion des neuen Odeions zugrunde lag, ist das einzige bekannte Element in der Biographie des Perikles, das auf die für Damon spezielle Verbindung von Musik und Politik hinweist. Es ist möglich, daß der Ostrakismos der Einführung dieser Erweiterungen folgte.

Perikles zeigt sich, sicher unter dem Einfluß des Damon, als ein Politiker, der die manipulativen Möglichkeiten, die öffentlichkeitswirksame Kunst in der Antike immer hatte, geschickt in die politischen Gegebenheiten Athens einband und für seine Ambitionen ausnutzte.

V. DIE PROZESSE VOR UND ZU BEGINN DES PELOPONNESISCHEN KRIEGES

1. Die Anklagen gegen Anaxagoras, Aspasia und Phidias

Mit dem Dekret des Diopeithes setzen in der Phase vor dem eigentlichen Ausbruch des Peloponnesischen Krieges die Asebie-Prozesse ein. Sie gehören der Überlieferung nach in das Umfeld des Kriegsausbruches [1] und sind von ihrem Charakter her als politische Anklagen zu verstehen.[2] Zahlreiche Naturphilosophen und Sophisten sind – allerdings stützt sich dies auf eine eher obskure Überlieferung – in dieser Epoche in Athen angegriffen worden. In der heute allgemein verbreiteten Ansicht über die »geistige Atmosphäre der Aufklärung« dieser Zeit sollen gerade sie das intellektuelle Klima Athens im letzten Drittel des 5. Jahrhunderts so entscheidend geprägt haben, daß ihre Anklage bzw. Verurteilung wegen Asebie dann nur als Ausbruch einer unkontrollierten Volksmentalität erscheinen kann.[3] Für Dover ist dieser Zusammenhang Anlaß genug, die Authentizität dieser Prozesse insgesamt zu bezweifeln.

Die Anklagen, die im Zusammenhang mit dem Ausbruch des Peloponnesischen Krieges stattfanden, sind relativ gut überliefert. Das gilt auch für diejenigen im Rahmen der Ereignisse um das Jahr 415 sowie für den Sokrates-Prozeß. Alle anderen Verfahren stehen dagegen in eher obskurer Tradition.[4] Auch ist die Frage nach ihrer politischen Be-

[1] Ausf. Übersicht der Asebie-Prozesse im 5. Jahrhundert: Ostwald (1986) App. B, 528ff.; Diskussion der bei Plutarch aufgelisteten Prozesse bei Baumann (1990) 37ff. Diese Anklagen mußten seit eben diesem Psephisma nach dem Verfahren der Eisangelia behandelt werden. Vgl. Schubert (1993) 46ff.; hierauf beruht die folgende Darstellung der Anaxagoras-Anklage.

[2] Dover (1976) 24–54, bes. 28ff.

[3] Dodds (1970) 101, 103ff., Sandvoss (1968) 312ff. und Dover (1976) 24–54, bes. 28ff. zu den Prozessen gegen Anaxagoras, Protagoras, Diagoras, Prodikos, Euripides; vgl. auch M. Winiarczyk, Der erste Atheistenkatalog des Kleitomachos, Philologus 20, 1976, 32–46: Seine Untersuchungen lassen die Überlieferung hinsichtlich der Prozesse gegen Aischylos und Euripides als äußerst fragwürdig erscheinen. Ganz anders urteilt darüber Baumann (1990) 45ff.

[4] Zu den Zusammenhängen des Hermen- und Mysterienfrevels: v. Wedel (1972) 107–88, bes. 143ff.; dazu Dover (1976) 28ff.

deutung abzulösen von derjenigen nach der Rolle der Intellektuellen in dieser Zeit. Ersteres läßt sich nach der Aussage der Quellen eingrenzen, letzteres ist für die Antike vom methodischen Standpunkt her sehr problematisch.

Die Versuche, den Einfluß darzustellen, der den bekannteren Sophisten wie Protagoras oder Gorgias auf die geistige Prägung vieler attischer Politiker zugeschrieben wird, kranken vor allem daran, daß die soziale und gesellschaftliche Relevanz eben dieser führenden und in Athen aufgetretenen Repräsentanten kaum nachzuweisen ist. Bestimmte Erscheinungen in der geistigen Auseinandersetzung des 5. Jahrhunderts wie etwa die rationalistischen Argumentationsweisen, die Thesen über die Beeinflußbarkeit und Manipulierbarkeit des Menschen und die konstruktivistische Erklärung gesellschaftlicher Phänomene werden auf den maßgeblichen Einfluß der Intellektuellen, vor allem der Sophisten unter ihnen, zurückgeführt.[5] Weiterhin wird versucht, beispielsweise von Dodds und Ostwald,[6] zwischen der Ebene eines mythisch-magischen »Volksglaubens« und der Ebene einer – durch sophistische Lehren – »aufgeklärten« Schicht der Intellektuellen zu unterscheiden. Philosophiehistorisch ist die Bedeutung der Sophisten groß.[7] Die Bewertung ihrer Rolle im gesellschaftlichen und politischen Leben muß so lange offenbleiben, bis eine solche Einflußnahme mit entsprechenden Wirkungsspuren für wenigstens einen Fall konkret zu belegen ist. Auch muß – was angesichts der Quellenlage kaum zu leisten ist – gerade hierbei der Beweis erbracht werden, daß die angesprochenen Erscheinungen sich nicht ebenso glaubwürdig aus einer anderen geistigen Entwicklung des 5. Jahrhunderts erklären lassen. Weiterhin muß ausgeschlossen werden können, daß es sich nicht um generelle Grundmuster im Denken und Verhalten des 5. Jahrhunderts handelt, die sich nicht auf bestimmte Ebenen begrenzen lassen. Die soziale Relevanz der sophistischen »Bewegung« ist immer wieder diskutiert worden.[8] Sie geht jedoch von widersprüchlichen Grundannahmen aus. Man kann sie nur dann den Sophisten der antiken Gesellschaft des 5. Jahrhunderts zuordnen, wenn man die Sophisten auch als Gruppe

[5] Ausf. dazu Dodds (1970) 92ff. und G. B. Kerferd, The sophistic movement, Cambridge (1981) 83ff.

[6] Dodds (1970) 102ff.; Ostwald (1986) 279.

[7] Vgl. dazu T. Buchheim, Die Sophistik als Avantgarde normalen Lebens, Hamburg (1986) 128ff., der als charakteristischen Grundzug eine bestimmte Haltung in theoretischen Fragen sieht, einen »durchgängigen Modus des Denkens«.

[8] Kerferd a. a. O.

betrachten könnte, der ein fest umrissenes Gruppenbewußtsein entspräche. Damit würde man die Sophisten auch als Interessengruppe beschreiben können. Da eher das Gegenteil zutrifft, müßte man – um die soziale Relevanz der Sophisten begründen zu können – unterstellen, daß im Athen des 5. Jahrhunderts genügend Toleranz vorhanden war, um verschiedene, untereinander konkurrierende Ideologien zu integrieren. Damit wäre jedoch eine pluralistische Situation beschrieben, die in dieser Art allerdings viel eher in eine neuzeitliche städtische Gesellschaft gehört.[9]

a) Die Anklage gegen Anaxagoras

Die Anklage gegen Anaxagoras wird von der antiken Überlieferung im Zusammenhang mit den Ereignissen vor und zu Beginn des Peloponnesischen Krieges berichtet.[10] Mansfeld dagegen, dessen Untersuchungen die ausführlichste Darstellung dieses Prozesses bieten, datiert ihn in das Jahr 437/6, wobei er sich jedoch einerseits hauptsächlich auf die Angaben späterer Chronographen wie Apollodor und Demetrios von Phaleron zu der Dauer des anaxagoreischen Aufenthaltes in Lampsakos stützt. Andererseits knüpft er dieses Datum an die Zeitangaben eines Exzerptes aus Philochoros, das Angaben zu dem Phidias-Prozeß macht.[11] Die Datierung dieses Verfahrens nach den Angaben des Scholions ist umstritten, da dessen Zeitangaben eher verwirrt erscheinen. Da sowohl Plutarch als auch Diodor, der sich hier im wesentlichen, wenn auch nicht ausschließlich, auf Ephoros gestützt hat,[12]

[9] Vgl. P. Berger/T. Luckmann, Die gesellschaftliche Konstruktion der Wirklichkeit, Frankfurt a. M. (1989) 134; dort auch ihre Definition des Intellektuellen als eines »unerwünschten Experten«: Seine gesellschaftliche Bedeutung – in Anlehnung an K. Mannheims Beschreibung des Intellektuellen als eines Außenseiters – sei somit marginal.

[10] Plut. Per. 32,2. Nik. 23,4; Diod. 12,39,2; Diog. Laert. 2,12–14; vgl. Ostwald (1986) 192ff., 528ff.; Triebel-Schubert (1983) 101ff.; Klein (1979) 510; Frost (1964) 69–72; ders. (1979) 279ff.; Donnay (1968) 19–36; Mansfeld (1979) 39ff., (1980) 80–4.

[11] Zu dem Philochoros-Scholion vgl. ausf. Triebel-Schubert (1983) 101ff. und unten V.1.c, 122ff.

[12] Diod. 12,40,6 zitiert Ar. Friede 603ff., wo Perikles, aus Angst, das Schicksal des Phidias zu erleiden, zur kriegstreibenden Kraft wird. 12,41,1 sagt er jedoch ausdrücklich, daß er die αἰτίαι des Peloponnesischen Krieges nach der Darstellung des Ephoros beschrieben habe.

Anklageerhebung und Prozeß mit der Situation des Perikles und dem Ausbruch des Krieges in Verbindung bringen, besteht kaum Anlaß, deren Datum wesentlich über die Vorphase des eigentlichen Kriegsbeginnes heraufzusetzen.[13]

Bedeutung und Zielrichtung dieser Anklage hängen im wesentlichen davon ab, wie man die Einschätzung des Anaxagoras und seines Einflusses auf Perikles durch die athenische Öffentlichkeit sieht. Plutarch beschreibt ausführlich, mit welchen Philosophen Perikles in Kontakt stand.[14] Von diesen soll Anaxagoras den größten Einfluß auf ihn gehabt haben, da er nicht nur Perikles' rhetorische Fähigkeiten, sondern auch dessen Selbstbeherrschung in hohem Maß geprägt habe.[15]

An der ausführlichen und empathischen Beschreibung des Plutarch fällt jedoch auf, daß die in dieser Schilderung verwendeten Begriffe auf die ironisch gefärbte Ambivalenz hinweisen, die auch Platon der Beziehung zwischen Perikles und Anaxagoras gegenüber empfindet.[16] Die von Platon benutzte Formulierung von der ἀδολεσχία καὶ μετεωρολογία φύσεως περί, d. h. von der Naturphilosophie als leerem und hochtrabendem Geschwätz, wird von Plutarch aufgegriffen: Perikles habe sich mit der sogenannten μετεωρολογία und der μεταρσιολεσχία »vollgefüllt«.[17] An anderer Stelle sagt Plutarch deutlich, daß sich Anaxagoras in Athen keineswegs eines besonderen Ansehens erfreute, daß sich nur wenige mit ihm auseinandersetzten und diese sehr vorsichtig, da die Naturphilosophen im allgemeinen kritisch betrachtet wurden.

[13] Ähnlich wie Mansfeld setzt auch Frost (1964) den Prozeß sehr früh an: 438/7; ebenso: Derenne (1930) 13–41; Schachermeyr (1971); Marasco (1976) 116ff.; Klein (1979) 510; Meiggs, AE 435f. nimmt sogar zwei Prozesse an, die in verschiedene Phasen des Aufenthaltes in Athen gefallen wären; Woodbury (1981) setzt den Prozeß in die frühen 40er Jahre. Zur Chronologie des Anaxagoras vgl. neben Mansfeld auch Meiggs, AE 435–6. Stadter 285 zu Plut. Per. 31, 2–32, 6 vertritt die Ansicht (gegen Frost [1964] 396f.), daß περὶ τοῦτον τὸν χρόνον in Plut. Per. 32, 1 zu ungenau ist, um daraus ein Indiz für die Datierung des Anaxagoras-Prozesses abzuleiten, obwohl in 32,6 Plutarch auch die direkte Verbindung zum Kriegsausbruch herstellt.

[14] Plut. Per. 3–6: Damon, Zenon von Elea (oder: von Kition, dazu Stadter 72 zu Per. 4,5); in 5,3 ist jedoch wohl mit einiger Sicherheit Zenon von Elea gemeint; anders: Meinhardt (1957) 28 mit Anm. 64 und Anaxagoras. Diod. 39,2 bezeichnet Anaxagoras als διδάσκαλον ὄντα Περικλέους. Zu dem Verhältnis von Perikles und Damon: Kap. IV.3.

[15] Vgl. dazu auch Plat. Phaidr. 269e 4ff. und oben, 10f.

[16] Vgl. dazu Guthrie II (1965) 306ff.; Stadter (1989) 76ff.

[17] Plat. Phaidr. 270a 1ff.; Plut. Per. 5,1; zu dem platonischen Sprachgebrauch vgl. Plat. rep. 489 a, c.

Als Grund für dieses Mißtrauen nennt Plutarch eine Ausgrenzung des Göttlichen (τὸ θεῖον) auf den Bereich der unverständlichen und nicht mehr nachvollziehbaren Willkür. Der Schwerpunkt der öffentlichen Ablehnung der Physis-Philosophie liegt hier weniger auf deren Definition des Göttlichen als vielmehr auf der darin liegenden Herabsetzung und Entwertung.[18]

Eine Anekdote, die Plutarch ebenfalls in dem Zusammenhang seiner Beschreibung der συνουσία des Perikles und Anaxagoras berichtet, beleuchtet einen anderen Aspekt dieser kritischen Sicht der Naturphilosophie. Als ein Widder mit nur einem Horn zu Perikles gebracht wurde, soll der Seher Lampon geweissagt haben, daß in der Auseinandersetzung zwischen Perikles und Thukydides Melesiou derjenige siegen werde, dem dieses Zeichen gegeben wurde. Anaxagoras habe dann den Schädel des Widders zerschlagen, wobei sich gezeigt habe, daß eine anatomische Anomalie die Ursache dieses Defektes gewesen war. Der Beifall für die überzeugende, rationale Erklärung des Anaxagoras scheint nur kurzlebig gewesen zu sein, da der Ostrakismos des Thukydides bald folgte. Damit war die Vorhersage des Lampon bestätigt und Anaxagoras diskreditiert, dessen Ziel es gewesen war, einen rational nachvollziehbaren Zusammenhang ohne Rekurs auf die Einwirkung und Verbindung zu höheren Kräften aufzudecken. Plutarch versucht zu zeigen, daß sowohl Anaxagoras als auch Lampon in ihrem jeweiligen Kontext eine angemessene These geäußert haben. Allerdings wird dieser Vermittlungsversuch des Plutarch erst dann sinnvoll, wenn nach der Überlieferung seiner Vorlage diese beiden Richtungen als einander diametral entgegengesetzt dargestellt worden sind.

Im Hinblick auf die Beziehung des Perikles zu Anaxagoras hat es offensichtlich schon längere Zeit vor der Anklage des Anaxagoras öffentlich geäußertes Mißfallen gegeben. Ion von Chios hat die τρυφή des Perikles kritisiert, während Zenon ihn gegen solche Vorwürfe in Schutz genommen hat.[19] In diesem Zusammenhang verweist Plutarch darauf, daß gerade die so abgelehnten bzw. verteidigten Merkmale an Perikles' Verhalten auf seine συνουσία mit Anaxagoras zurückzuführen seien (6,1). Mit dieser τρυφή ist dasselbe gemeint wie mit der von Platon im Phaidros erwähnten ἀδολεσχία καὶ μετεωρολογία φύσεως περί.[20] Die auch von Plutarch so gerühmte Selbstbeherrschung des

[18] Plut. Nik. 23,4. Vgl. dazu ausf. Schubert (1993) 111 ff.

[19] Plut. Per. 5,3; zu Ion von Chios: FGrH 392 F 15; zu Zenon: DK 29 A17.

[20] Plat. Phaidr. 269e 4; zu der Plut. Per. 35,2 erwähnten Anekdote, die in den Philosophenschulen über Perikles' Deutung der Sonnenfinsternis erzählt wurde:

Perikles wurde offensichtlich in der Öffentlichkeit durchaus nicht einhellig positiv beurteilt, ebensowenig seine Verbindung mit Anaxagoras, obwohl dessen Forschungen und Erkenntnisse jedoch nicht allgemein bekannt gewesen zu sein scheinen.

Vor diesem Hintergrund ist das von dem Seher Diopeithes formulierte Psephisma zu sehen: καὶ ψήφισμα Διοπείθης ἔγραψεν εἰσαγγέλλεσθαι τοὺς τὰ θεῖα μὴ νομίζοντας ἢ λόγους περὶ τῶν μεταρσίων διδάσκοντας, ἀπερειδόμενος εἰς Περικλέα δι' Ἀναξαγόρου τὴν ὑπόνοιαν.[21]

Dieses Psephisma des Orakeldeuters ist bisher über die rein innenpolitische Bedeutung hinaus auf dem Hintergrund einer Bewegung für den »altererbten Glauben« interpretiert worden.[22] Dagegen spricht jedoch die Formulierung dieses Psephismas. In der zeitgenössischen Literatur der Naturphilosophen und Historiker läßt sich ein Gottesverständnis beobachten, wie es der durch den Plural des Neutrums ausgedrückten Abstraktheit entspricht.[23] Der inhaltliche Zusammenhang von abstrakter Gottesvorstellung und Forschungen über die »Himmelserscheinungen« gehört zu den entscheidenden Konsequenzen aus dem Naturbegriff dieser Zeit. Gerade in dieser Hinsicht ist eigentlich kaum eine Trennung vorzunehmen zwischen Naturphilosophen, Intellektuellen einerseits und der breiten Schicht des Volkes sowie den Sehern und Orakeldeutern andererseits.

Stadter (1989) a. a. O 320f., der die Erwähnung an dieser Stelle mit der dramatischen Absicht des Plutarch erklärt. Allg. zu der wenig verbreiteten Akzeptanz dieser Erklärung im 5. Jahrhundert: Guthrie II (1965) 306ff.; Hershbell (1982) 142ff.

[21] Plut. Per. 32,1: »Und Diopeithes beantragte das Psephisma, daß angeklagt werden solle, wer nicht an das Göttliche glaube oder Meinungen (Reden) über die Dinge am Himmel verbreite; er wollte auf dem Umweg über Anaxagoras Mißtrauen gegen Perikles erwecken.« Diod. 12,39,2; weitere Diskussion bei Ostwald (1986) 196ff., 528ff.; Dover (1976) 40 bestreitet auch die Historizität der Anklage gegen Anaxagoras; vgl. dazu Diog. Laert. 2,12, der aus Sotion entnimmt, auf welche Lehren des Anaxagoras sich die Anklage stützte, und aus Satyros, daß noch der Vorwurf des Medismos hinzukam.

[22] Nilsson (1976) 793; vgl. Ostwald (1986) 197: »precisely the kind of person who would spearhead such a drive against an intellectual«.

[23] Nicht etwa, wer nicht an die Götter glaube, sondern wer nicht an »die göttlichen Dinge« glaube, sollte angeklagt werden. Derenne (1930) = ND New York 1976, 217–36, vertritt die Ansicht, daß Diopeithes sich auf ein älteres Dekret bezog, dem er nur die Bestimmung über die μεταρσία hinzufügte. Vgl. zu diesem Komplex bei Herodot: W. Pötscher, Götter und Gottheit bei Herodot, Wiener Studien 71, 1958, 5–29.

Das Psephisma weist auf ein Nebeneinander von zwei Dingen hin, die sich nach der modernen These von dem Gegensatz zwischen Volksreligion und »Aufklärung« eigentlich negieren müßten: Der Bezug auf die abstrakte Gottesvorstellung (neben dem Verbot von λόγοι über die Meteora) ist durch die Person eines Orakeldeuters mit dem Bereich des Magisch-Religiösen verbunden. Diese beiden Einstellungen haben sich, nach ihrem Verbreitungsgrad in der Literatur des letzten Drittels des 5. Jahrhunderts zu schließen, durchaus nicht ausgeschlossen. Abstrakte Gottesvorstellung und Orakel- und Traumgläubigkeit stehen sowohl bei Herodot wie auch in anderen Texten nebeneinander, ohne daß dies als Widerspruch empfunden worden wäre.[24]

So wie Plutarch das Psephisma des Diopeithes wiedergibt, hat er es möglicherweise aus der Sammlung des Krateros. Die Wahrscheinlichkeit, daß es den tatsächlichen Wortlaut wiedergibt, ist groß. Dies bedeutet, daß die Zunft der Seher und Orakeldeuter bereit war, sich in ihrer Gottesvorstellung für Veränderungen zu öffnen.[25] Gerade Diopeithes war zu seiner Zeit sehr bekannt und von außerordentlichem Einfluß.[26] Somit kann seine Aktion kaum als eine vereinzelte, für sich stehende Ausnahme erklärt werden. Solches Gedankengut in den Formulierungen von Volksbeschlüssen bedeutet, daß es weder unvertraut war, noch als Mißtrauen erweckend empfunden wurde.[27]

Nicht eine »Kritik an der Religionskritik« war die Zielsetzung der

[24] So beispielsweise in der auf der Basis einer naturphilosophischen Konzeption entwickelten Lehre in De victu 4, 86–93.

[25] Diod. 12, 39, 2 schreibt ὡς ἀσεβοῦντα εἰς τοὺς θεούς.

[26] Ar. Wespen 377–80; vgl. weitere Beispiele bei Nilsson (1976) 793 f.

[27] Aus der sokratischen Apologie läßt sich in indirekter Weise ein Argument dafür gewinnen, daß die Formulierung τὰ θεῖα wirklich aus dem Psephisma zitiert ist: 27e läßt Platon Sokrates auf den Unterschied von τὰ θεῖα und οἱ θεοί Bezug nehmen. Wichtig für seine Argumentation ist die Ableitung der »göttlichen Dinge« von den Göttern. Die göttlichen Dinge können nicht ohne die Götter gedacht werden. Diese terminologische Differenzierung war sicher auch Plutarch, einem sehr guten Platon-Kenner, bekannt. Die Definition des »Göttlichen« als eines abstrakten Prinzipes ist ein wesentliches Element in der Auseinandersetzung um Sokrates gewesen. Insofern war der Unterschied zwischen τὰ θεῖα und οἱ θεοί viel zu bedeutsam, als daß hier bei Plutarch eine Ungenauigkeit angenommen werden könnte. Vgl. dazu Stadter (1989) 300. Dover (1976) 40 f. hält τὰ μεταρσία für anachronistisch, da in attischer Prosa bis Theophrast nur τὰ μετέωρα gebräuchlich gewesen sei. Vgl. dagegen Herod. 7, 188, 3: ὅσας δὲ τῶν νεῶν μεταρσίας ἔλαβε ... (»Alle die Schiffe aber, die der Sturm erfaßte ...«). Bei Herodot hat μεταρσίας die Bedeutung von μετέωρος für Dinge, die über der Erde, hoch in der Luft, sind (vgl. auch 4, 94).

philosophischen und »wissenschaftlichen« Überlegungen dieser Zeit. Nicht die göttliche Existenz zu leugnen war das wesentliche Anliegen des Denkens im 5. Jahrhundert, sondern »die Vorstellung von den Göttern überhaupt zu retten«.[28] Nicht zwei einander bekämpfende Bewegungen sind hier zu sehen, wobei die eine von der Vorstellung einer Volksreligion und der Einfalt der Menge ausgeht, die andere dagegen von der Annahme einer intellektuellen Elite und einer Bewegung der »Aufklärung«.[29] Es zeigt sich hier vielmehr ein persönliches und ernsthaftes, nicht nur allgemeines Nebeneinander in dem einzelnen Werk bzw. der einzelnen Person.[30]

Welche Stimmung das Psephisma des Diopeithes damals tatsächlich aufgriff, zeigt der zweite Teil des Beschlusses. Er stellte die Verbreitung von Logoi über Himmelserscheinungen unter Anklage. Die Beziehung zur Lehre des Anaxagoras wird dabei ganz deutlich.[31] Weniger die Polarisierung von Volksmentalität und »Aufklärung« als eine sehr konkrete Konkurrenzsituation steht hier im Vordergrund. Daß damit auch politische Ziele verfolgt wurden, widerspricht dem nicht.[32]

[28] Vgl. Kerferd (1981) 163ff.; Veyne (1987) 55.

[29] Vgl. z. B. Ostwald (1986) 190; damit verbunden ist die Ansicht, daß aus dieser Elite, die als sophistisch beeinflußt gesehen wird, vor allem auch die Religionskritik gekommen sei, wie sie etwa in dem Fragment des Satyrspiels Sisyphos geäußert wird.

[30] Veyne (1987) 56f.: Veyne erklärt aus diesem Nebeneinander den ideologischen bzw. rhetorischen Gebrauch der Mythologie. Er sieht in dieser »friedlichen Koexistenz« die Möglichkeit, »auf mehreren Klaviaturen« zu spielen. Ein vergleichbares Nebeneinander wäre auch im Psephisma des Diopeithes festzustellen; ähnliches auch bei Nilsson (1976) 766 zu Herodot; vgl. De victu 4. Versnel (1990) 1–35 beschäftigt sich sowohl vom methodischen als auch vom wissenschaftskritischen Standpunkt aus mit der Problematik der Ambivalenzen und Widersprüche in Kognitionsprozessen. Er beschreibt die in diesen sozialpsychologisch gut untersuchten Prozessen auftretenden Spannungen und die darauf aufbauenden Strategien von Abwehr und Kontrolle. Versnel und Veyne weisen beide darauf hin, daß diese Mechanismen es ermöglichen, daß sich widersprechende bzw. auch ausschließende Wahrheiten in einem zusammenhängenden Kontext nebeneinanderstehen können. Da es sich sich um sehr unterschiedliche Ebenen der Kognition handelt, ist deren Koexistenz auch in einer Person nichts Ungewöhnliches.

[31] Xen. Mem. 4,7, 6–7; vgl. Plat. Apol. 26d; Diog. Laert. 2,12.

[32] Zur der in diesem Zusammenhang immer wieder verwendeten Vorstellung von »Aufklärung«: Ostwald (1986) 532; vgl. Nilsson (1976) 768ff. Baumann (1990) 48ff. geht im Zusammenhang der allgemeinen Rechtsentwicklung des 5. Jahrhunderts auch auf das Verhältnis zwischen Demos und Areopag ein, wo-

Der Asebie-Vorwurf war mit einem drastischen Eingriff in die Freiheit der Meinungsäußerung gekoppelt. Die Anklage gegen Anaxagoras war wahrscheinlich die erste, die mit dem Vorwurf der Asebie begründet wurde, doch deutet vieles darauf hin, daß sich gerade hier eine Praxis der attischen Volksversammlung zeigt, die nicht singulär war. Die Verträge Athens mit Städten des Seebunds, die nach einem Abfall wieder unterworfen worden waren, beinhalten in der Regel Eide mit bestimmten Verpflichtungen. Für diese wird einseitig eine Formel benutzt, die jenen auferlegt, weder λόγῳ noch ἔργῳ gegen die Athener zu rebellieren oder sich dazu überreden zu lassen. Diese Bestimmung findet sich im Eid der Chalkidier und der Eretrier[33] und bezieht sich auf die Herrschaft des attischen Demos. In demjenigen der Einwohner von Kolophon ist von den Herausgebern der ATL eine solche Verpflichtung zusätzlich ergänzt worden in Hinsicht auf die Bewahrung der Demokratie.[34] Das Dekret des Demophantos von 410/9 verpflichtete schließlich alle Athener selbst zu einem solchen Eid auf die Demokratie. Darin mußten sie schwören, jeden, der einen Umsturz versuchte, entweder λόγῳ oder ἔργῳ oder ψήφῳ oder χειρί zu töten.[35] Seit Mitte der 40er Jahre tritt aus diesen Inschriften und dem literarisch

bei er aus den unterschiedlichen Prozeduren der Asebie-Prozesse auf eine Konkurrenz zwischen Demos und Areopag schließt. Die – unsicher überlieferten – Prozesse gegen Aischylos und Euripides hätten demnach wegen der religiösen Aufsichtspflicht des Areopags vor diesem stattgefunden. Die Prozesse, die im chronologischen Zusammenhang mit den Angriffen auf Perikles vor dem Ausbruch des Peloponnesischen Krieges stehen, betrachtet er als »the first step towards democratization of religious crimes« (48). Er sieht darin vor allem das Wirken Kleons. Für eine Anklage des Perikles wegen monarchischer Tendenzen, für die der Areopag zuständig gewesen wäre, habe dieser keine Chancen gesehen. Denn, so die Vermutung Baumanns, der Areopag »would favour Pericles' more restrained enthusiasm for democracy« (49). Andererseits standen die unterschiedlichen Prozeduren von Anfang an nebeneinander, und es läßt sich nicht direkt erschließen, ob sie sich tatsächlich verändert haben. Aus diesen Prozessen und Anklagen vor Ausbruch des Peloponnesischen Krieges ist auch kaum etwas über die Abgrenzung zu dem Kompetenzverhältnis zwischen Demos und Areopag zu entnehmen. Wahrscheinlich war dies seit Ephialtes auch gar kein Thema der attischen Innenpolitik mehr. Vgl. dazu VI.2.

33 IG I³ 39, 7ff.; I³ 40, 20ff.

34 ML 123 mit einem andern Vorschlag für Z. 48.

35 Andok. 1,96–98; Lykurg, Leocr. 127; zu dem vergleichbaren Gesetz des Eukrates von 337/6 vgl. B. D. Meritt, Hesperia 21, 1952, 355ff. Vgl. Bleicken (1985) 388 mit Anm. 8.

überlieferten Schwur der Athener die Vorstellung entgegen, daß nicht nur aktive Handlungen, sondern auch Lehren bzw. verbale Aktionen jedweder Art, seien es Reden, seien es Anträge, also λόγοι im weitesten Sinn, zu einem Angriff auf die Herrschaft des attischen Volkes führen können. Daher verpflichtete man gerade die abgefallenen Bündner durch einen Eid, die höchste sakrale Bindung, solche verbalen Angriffe zu unterlassen bzw. sofort in Athen anzuzeigen. Verbale Angriffe gegen Athen sollten als Eisangelia verhandelt werden.[36] Sie stehen damit auf der gleichen Stufe wie die Asebie-Anklage gegen Anaxagoras, die ebenfalls gegen die Verbreitung einer mündlich geäußerten Lehre gerichtet war und somit an die Eidesverpflichtungen der unterworfenen Städte anknüpfte.

Auch wenn mit unterschiedlichen Phasen im allgemeinen Verständnis dessen, wie und gegen wen eine solche Maßnahme einzusetzen ist, gerechnet werden muß, so ist dies doch im einzelnen kaum zu rekonstruieren. Schließlich ist auch zu berücksichtigen, daß die Bestimmung in den Eiden der Eretrier, Chalkidier, auch der Kolophonier, aus der Sichtweise der Athener sich auf den Bereich außerhalb der eigenen Polis richtete, während der Beschluß des Diopeithes die Meinungsäußerung innerhalb der attischen Bürgerschaft einzuschränken suchte.

Wie es mit dem Recht der freien Meinungsäußerung in Athen stand, wird in der pseudo-xenophontischen Athenaion Politeia thematisiert.[37] Es wurde der Anspruch erhoben, daß jeder, wenn er dies wollte, seine Meinung uneingeschränkt äußern konnte.[38] Wie Raaflaub in seiner Untersuchung dargelegt hat, wurde das Verständnis von Isegoria, aber vor allem Parrhesia (aus *pan-rhesia*) seit dem letzten Drittel des 5. Jahrhunderts mit dem Bürgerrecht identifiziert. Isegoria bedeutete, daß der freie Bürger das Recht hatte, die volle Wahrheit sagen zu können.[39] Trotz der großen Ähnlichkeit lassen sich Unter-

[36] Vgl. neben dem Diopeithes-Dekret: Ar. Ritter 475ff.; Belege in den Inschriften: Schubert (1993) 60 mit Anm. 22 und Text; dazu ebenfalls noch das Dekret über die Errichtung der Kolonie Brea (IG I^3 46 = ML 49, Z. 20–25 = HGIÜ 82). Dort wird festgelegt, daß jeder, der etwas beantragt, das dem Inhalt des Psephismas zuwiderläuft, oder auch jeder Rhetor, der etwas Derartiges rät, der Atimie verfallen soll. In diesem Dekret wird die verbale Aktion genannt, die durch den Volksbeschluß praktisch verhindert werden sollte. Zur Datierung: ML, S. 133 für 445/4 eher als 439/8 oder 426/5.

[37] Ps. Xen. Ath. Pol. 1,2. 6–9.

[38] Ar. Thesm. 540f.; Eurip. Hipp. 421ff.; Herakl. 62,113,181f.; Hik. 438ff.; Ion 670ff.; Plat. Gorg. 461e 2.

[39] Eurip. El. 1049; 1056; Ba. 668; dazu Ehrenberg (1968) 356f.; Raaflaub

schiede in Bedeutung und Funktion beider Begriffe erkennen.[40] Die Aufführung von Euripides' Hippolytos 428 ist Terminus ante quem für eine neue Akzentuierung, die sich in der Prägung des Begriffes Parrhesia zeigt. Vor allem in dem positiven Wert der Meinungsfreiheit lag die zentrale Bedeutung der Parrhesia für die attische Demokratie.[41] Daß Parrhesia wie Isegoria nicht eine eigentliche politische Funktion bezeichnet, zeigt sich daran, daß ihre soziale Bedeutung, die Vorstellung von der Emanzipation der abhängigen und nichtbürgerlichen Schichten, im Vordergrund stand. Für die Gegner der Demokratie war dagegen die gesamte Erscheinung der Rede- und Meinungsfreiheit ein Zeichen für moralische und soziale Entartung.

In der Parrhesia wird die formale Redegleichheit (Isegoria) durch einen inhaltlich definierten Begriff ergänzt. In einer Zeit größter politischer Spannung brachte man das Bewußtsein zum Ausdruck, »daß nicht nur jeder in der Versammlung und im Rat reden durfte, der wollte, sondern daß er auch alles sagen durfte, was ihm richtig und wichtig erschien«.[42] In die gleiche Zeit gehört auch die Asebie-Anklage gegen Anaxagoras vor der Volksversammlung sowie das Psephisma des Diopeithes, das bestimmte λόγοι verbot. Hier zeigt sich Parrhesia nicht nur als ideologischer Begriff. Auch der Gegensatz zur praktizierten Realität ist zu erkennen.[43] Die Kritiker der Demokratie sprechen diesen Punkt vorsichtig an. Für Platon erweist sich in dieser Hinsicht die σμικρολογία der Demokratie. Demokrit meint, daß es schwierig sei, den rechten Moment zu bestimmen, von der Parrhesia Gebrauch zu machen, weil gerade darin eine Gefahr läge.[44]

Für den Autor der pseudo-xenophontischen Athenaion Politeia stellt sich die Frage, welchen Nutzen es für die attische Demokratie habe, wenn entweder nur die χρηστοί oder eben auch die πονηροί dieses

(1985) 277ff.; ders., Des freien Bürgers Recht der freien Rede, in: Festschrift Vittinghoff, Köln/Wien (1980), 50 mit Anm. 61. Auf den Widerspruch, den die Asebie-Prozesse und die gerühmte attische Meinungsfreiheit zutage treten lassen, hat bereits A. Momigliano hingewiesen (in: S. Humphreys, Anthropology and the Greeks, London [1978] 183ff.).

[40] Raaflaub (1985) 281ff.

[41] Raaflaub (1985) 280 zur Bedeutung von Parrhesia: »das Recht, alles sagen zu dürfen« und das Recht des »die volle Wahrheit aussprechen Könnens«.

[42] Raaflaub (1985) 282.

[43] Raaflaub (1985) 282 mit Anm. 104 weist darauf hin, daß es durchaus Grenzen der Meinungsfreiheit gegeben hat, die durch γραφὴ παρανόμων, Asebie-Gesetze oder auch durch Herkommen gesetzt wurden.

[44] Plat. rep. 558b 1; Demokrit, DK 68 B 226.

Recht der freien Meinungsäußerung hätten. Das Ziel der freien Rede lag nach Ansicht des Autors nicht in der Ausübung eines individuellen, bürgerlichen Freiheitsrechtes,[45] sondern in dem Nutzen für die Aufrechterhaltung der Volksherrschaft. Die Freiheit der Meinungsäußerung wurde demnach aus der Sicht der Demokraten als Basis der Demokratie betrachtet. Sie bot die Voraussetzung dafür, daß die breite Menge ihre Interessen äußern und somit auch eingebunden werden konnte. Der Autor der pseudo-xenophontischen Athenaion Politeia schließt daraus, daß nur diejenigen durch Atimie aus der Gemeinschaft der Bürger ausgegrenzt würden, die μὴ δικαίως ἄρχειν μηδὲ λέγειν τὰ δίκαια ‹μηδὲ› πράττειν (Ps.-Xen. Ath. Pol. 3,13). Der Gedanke der Meinungsfreiheit war somit eng mit dem Gedanken der Wahrung der Interessen, nämlich der Macht, verbunden.

Der Niederschlag dieser Vorstellung im Hinblick auf die λόγοι in Inschriften und Volksbeschlüssen zeigt, daß es sich nicht nur um Gedanken handelte, die im Kreise von intellektuellen Theoretikern erwogen wurden. Der Demos konnte in der attischen Volksversammlung bestimmte Lehren oder Reden über »Himmelserscheinungen« verbieten.[46] Denn sie mußten der Ekklesie bzw. Boule gemeldet werden. Reden bzw. Anträge gegen die Herrschaft des attischen Volkes im Seebund wurden unter Strafe gestellt. Der Demos versuchte, das Recht auf Wahrheit, d. h. die Kompetenz über wahr und falsch an sich zu ziehen, ja eigentlich auch zu monopolisieren. Jede Form der kritischen Äußerung in den verpflichteten Bündnerstädten von Reden bis hin zu Anträgen wurde so der potentiellen Kontrolle des attischen Volkes unterworfen.

Auch die freien Meinungsäußerungen über die »Meteora« hob das Psephisma des Diopeithes auf. Welche Logoi akzeptiert wurden, d. h. als wahr anerkannt bzw. für falsch und somit strafbar dekretiert wurden, lag von da ab in der Entscheidung der Ekklesie. Darin ist das Bestreben zu erkennen, die Beliebigkeit von Wahrheiten zu beseitigen und die Entscheidung zugunsten einer Wahrheit auf die bestehenden Machtverhältnisse zu beziehen, die Wahrheit also im Sinne einer Partei zu besetzen. Die Ekklesie bestimmt eine Meinung als wahr – davon abweichende, andere Ansichten werden liquidiert wie Konkurrenten, die die Interessen des Demos gefährden.

[45] Vgl. dazu Raaflaub (1985) 263ff., 277 mit Anm. 88, 280f. mit Anm. 95, 281 mit Anm. 100.

[46] Meteorologie als Etikett einer ganz bestimmten Denkrichtung der Naturphilosopie: Schubert (1993) 92ff.

b) Der Prozeß gegen Aspasia

Über Aspasia und ihre Beziehung zu Perikles berichtet vor allem Plutarch ausführlich.[47] Zwei Aspekte, die er offensichtlich in seiner Überlieferung vorliegen hatte, scheinen ihn daran fasziniert zu haben. Einerseits soll sie erheblichen Einfluß auf Perikles' politische Ansichten und Aktionen gehabt haben. Erläutert wird dies an Hand des Samos-Milet-Konfliktes, in dem die Athener zugunsten von Milet eingriffen, angeblich auf Betreiben der Aspasia, die dazu ihren Einfluß auf Perikles ausnutzte (Plut. Per. 25,1). Andererseits soll sie auch in intellektueller Hinsicht in Athen bedeutend gewesen sein: Plutarch nennt Sokrates, Aischines von Sphettos und eben auch Perikles unter denjenigen, denen sie in rhetorischer Hinsicht ein Vorbild gewesen sein soll. Auch Platon bezieht sich hierauf zu Beginn des Menexenos.[48] Von Aspasia will Sokrates eine Grabrede gehört haben, die teilweise mit dem berühmten Epitaphios des Perikles identisch gewesen sein soll und die er in der im Menexenos wiedergegebenen Rede nur wiederholen wollte (236a 8ff.). Die dabei von Platon eingestreuten Widersprüchlichkeiten scheinen jedoch eher als Signale der Ironisierung dieses Lehrerin-Schüler-Verhältnisses zu fungieren denn als Ungenauigkeiten.[49] Andererseits ist die Anklage wegen Asebie, die der Komödiendichter Hermippos gegen sie anstrengte, doch kaum anders zu verstehen, als daß auch in ihrem persönlichen Umfeld λόγοι verbreitet wurden, die von einer solchen Asebie-Anklage erfaßt werden konnten. Der Vorwurf war weder eine Kleinigkeit noch eine Fragwürdigkeit wie der ebenfalls erhobene Vorwurf der Kuppelei.[50]

[47] Plut. Per. 24; vgl. Schol. ad Plat. Menex. 235e; Harpocrat. s. v. 'Ασπασία; allg. dazu: Reinsberg (1989) 80ff.; vgl. Schaps (1979); Gould (1980); Pomeroy (1985); Schuller (1985); Peschel (1987); zur Frage, ob sie eine Hetäre war, und zu dem komplexen Phänomen des Hetärentums: Reinsberg (1989) 82ff.

[48] Plat. Menex. 234a 1–236d 3.

[49] In Plat. Menex. 236b 8ff. befürchtet Sokrates Schläge und Zorn von Aspasia; 236c 8f. bezeichnet er sich als πρεσβύτης, wodurch die Lebenszeit der Aspasia, wenn sie dann noch seine Ausbilderin gewesen wäre, reichlich hoch gerechnet wird.

[50] Plut. Per. 24,5; 30,4; Ar. Acharner 524–34; Duris v. Samos FGrHist 76 F 65; vgl. dazu Stadter (1989) 282; zu dem Vorwurf der Kuppelei ausf. Reinsberg (1989) 83. Zu der Frage der Authentizität des Prozesses bzw. der Diskussion darüber, ob es sich nicht vielmehr um eine Fiktion der Komödie gehandelt hat, die später zu einer realen Anklage umgedeutet wurde: Ostwald (1986) 528ff.; Baumann (1990) 38.

Nach Plutarch hat Perikles bei ihrer Verteidigung nur mit größter Mühe Aspasia vor einer Verurteilung bewahren können (Plut. Per. 32,5). Das Vergießen von Tränen mit dem Ziel, die Mitglieder eines Dikasterions zu beeindrucken, gehört zwar zu den üblichen Ritualen, die vor den Richtern aufgeführt wurden. Jedoch widerspricht es seiner sonstigen überlegenen Redetechnik und kann kaum anders als durch die persönliche Beziehung und die ernsthafte Gefährdung Aspasias erklärt werden.[51]

Hinzu kommt die für attische Verhältnisse ganz außergewöhnliche Lebensweise der Aspasia, die wohl – unausgesprochen oder vielleicht sogar auch ausgesprochen – ebenfalls als Basis der Anklage zu sehen ist. Ihre Verbindung mit Perikles war diejenige einer *Pallake*, einer nicht-legitimen Lebensgefährtin. Plutarch und Platon vermitteln das Bild einer in der Öffentlichkeit bekannten Frau, deren Klugheit und Bildung im Vergleich zu der gewohnten Darstellung der zurückhaltenden und vom öffentlichen Leben völlig ausgeschlossenen attischen Frau in der nicht intellektuell und philosophisch orientierten Menge eher anstößig als attraktiv gewirkt hat.

Das gemeinsame Element der Anklagen gegen Anaxagoras und Aspasia liegt in dem Vorwurf der Asebie. Beide sind dem Umfeld ionischer Intellektualität zuzurechnen, und beide waren offensichtlich in Athen für ihre Meinungen, λόγοι, über die Reichweite und den Erfolg rationaler Strategien bekannt. Für Anaxagoras ist dieser Zusammenhang bekannt, bei Aspasia gewinnt er seine Plausibilität erst vor dem Hintergrund des Verhältnisses zwischen dem ionischen Naturphilosophen und Perikles. Nur dann, wenn sie in weiteren Kreisen mit einem ähnlichen Anspruch wie Anaxagoras aufgetreten ist, konnte eine derartige Anklage als einigermaßen erfolgversprechend gelten, und nur so war auch ihre persönliche Beziehung zu Perikles zu politisieren.

c) Der Prozeß gegen Phidias

Der Prozeß gegen Phidias wird in allen Quellen mit einer Erschütterung der perikleischen Machtstellung in Verbindung gebracht.[52] Neben den widersprüchlichen Angaben zu den Einzelheiten des Ver-

[51] Vgl. Stadter (1989) 303 zu Plut. Per. 32,5.

[52] Diod. 39,1–2; Plut. Per. 32,3; Ar. Friede 603ff. mit Schol. FGrH 328 F 121 (aus Philochoros); Aristodemos FGrH 104 F 1. Zur Diskussion der Aristophanes-Stelle: vgl. Cassio (1982) 26–7.

fahrens und der Chronologie in den Quellen ist an diesem Prozeß vor allem die Verwicklung des Perikles von Bedeutung. Im Hinblick auf letzteren scheinen in der Überlieferung einerseits die Problematik des Kriegsausbruchs und die Rolle, die Perikles als Politiker hierbei gespielt hat, andererseits aber auch das etwas unrühmliche Ende seiner großen Laufbahn nach Ausbruch des Krieges ineinander verwoben zu sein.

Um auch nur den Versuch einer Klärung zu wagen, ist eine detaillierte Analyse der chronologischen Probleme dieses Verfahrens notwendig, wobei die Elemente, die der spezifischen Situation des Perikles zuzurechnen sind, durchaus gut erkennbar sind. Eine Datierung des Phidias-Prozesses in das Jahr 438/7 würde demnach die These, daß Perikles' innenpolitische Stellung vor dem Ausbruch des Peloponnesischen Krieges geschwächt war, hinfällig werden lassen. Auch die chronologische Einordnung der Anklagen gegen Anaxagoras und Aspasia wären hiervon betroffen, da sie in der antiken Überlieferung immer in einem inhaltlichen Zusammenhang mit dem Prozeß gegen Phidias und mit Perikles' innenpolitischer Stellung genannt werden. Die verschiedenen Möglichkeiten und ihre Konsequenzen verdeutlicht die tabellarische Darstellung auf Seite 118.

Die Chronologie des Phidias-Prozesses bei Plutarch

Plutarch berichtet über den Phidias-Prozeß im Zusammenhang der Erklärungen, die für den Kriegsausbruch zwischen Athen und Sparta gegeben werden. Vor allem die Rolle des megarischen Psephismas wird dabei ausführlich diskutiert. Nach Plutarch ist diejenige Version am besten bezeugt, die in einer Bedrohung des Perikles im Zusammenhang mit dem Phidias-Prozeß die eigentliche Ursache des Peloponnesischen Krieges sehe.

Demnach hat ein gewisser Menon, Mitarbeiter des Phidias, sich von Perikles' Feinden überreden lassen, auf der Agora als Schutzflehender Zuflucht zu suchen, um sich für eine Denunziation Straffreiheit sichern zu lassen. Der Demos akzeptierte die Forderung, und es wurde vor der Ekklesie Anklage erhoben. Es handelte sich also um ein Eisangelie-Verfahren,[53] in dem das Verfahren gegen Phidias eröffnet wurde. Plutarch beschreibt diesen Ablauf so, als ob Menon die Anklage direkt

[53] Plut. Per. 31,2–3; 31,3: προσδεξαμένου δὲ τοῦ δήμου τὸν ἄνθρωπον καὶ γενομένης ἐν ἐκκλεσίᾳ διώξεως ... (»Das Volk gewährte ihm [dem Ankläger Menon] Schutz, und in der Ekklesia wurde Anklage erhoben«); so auch Diod. 12,39,2.

		Quellen:
438/7	Archontat des Theodoros	
	Aufstellung der Parthenos (?)	
	Prozeß geg. Phidias (?)	Emendation des Archontennamens im Schol. zu Ar. Friede 605 ff.
	Diopeithes-Dekret u. Anklage geg. Anaxagoras (?), wahrsch. auch geg. Aspasia (?)	Plut. Per. 32 (ohne Zeitang.)
435/4	Leukimme	
	Fertigstellung der Parthenos (?)	
	Prozeß geg. Phidias (?)	Abrechnung der Parthenon-Baukommission IG I³ 449
	1. Kallias-Dekret (?)	IG I³ 369
434/3	Epimachie Athen – Korkyra	
	Megar. Psephisma?	
	Anklage geg. Anaxagoras u. Aspasia?	
	Kallias-Dekrete	IG I³ 369
433/2	Korkyra-Expedition Sybota	IG I³ 364
432/1	Archontat des Pythodoros	
	Poteideia	
	Prozeß geg. Phidias (?)	Philochoros FGrH 328 F 121
	Anklage geg. Anax./Aspasia etc.	Diod. 12,39,1–2
430	Prozeß und Absetzung des Perikles	

vor dem Volk, der Ekklesie vorgebracht habe.[54] Von Ameling ist hervorgehoben worden, daß gerade der Bericht des Plutarch keinen eindeutigen Hinweis auf die Chronologie bzw. Datierung des Prozesses gibt.[55] Denn nach Plutarch basiert die Anklage auf der Denunziation

[54] Zur Menysis und Adeia: MacDowell (1978) 181 ff.; ebd. 183 zur Austauschbarkeit von εἰσαγγέλλειν und μηνύειν.

[55] Ameling (1986) 64 f.

des Menon und nicht auf einer routinemäßigen Prüfung der Abrechnungen durch die Logisten (dazu s. u.). Eine Verkürzung des Verfahrens in der Darstellung Plutarchs ist allerdings nicht auszuschließen, so daß beispielsweise auch die Meldung bei der Boule, die dann an die Ekklesie weitergeleitet wurde, hier möglicherweise ausgefallen ist.[56]

Gleich wie man auch den Inhalt der Anklage beurteilt, sie scheint eine schwerwiegende gewesen zu sein, und es drohte eine Verurteilung mit Tod oder Atimie.[57] In der Rede des Euryptolemos zitiert Xenophon das Gesetz, das dem Prozeß zugrunde lag (Hell. 1,7,22), wenn die Anklage auf ἱεροσυλία lautete. So wurden also Hochverräter und Tempelschänder gleichermaßen unter die schärfste Strafe gestellt, da sie beide der Stadt auch den größten Schaden zufügten.[58] Die Verleihung der Atelia an den Informanten Menon, die Plutarch als Abschluß seines Abschnittes über den Phidias-Prozeß berichtet (Plut. Per. 31,5), wäre nicht zu verstehen, wenn sie nicht als Belohnung für die Abwendung eines erheblichen Schadens für das Gemeinwesen verstanden worden wäre.[59] Andererseits hat Phidias nach dem Bericht des Pausanias (5,10,2) die Zeusstatue in Olympia als Vollbürger signiert. Dies widerspricht einer Verurteilung des Phidias in Athen.[60] Da Plutarch jedoch sogar den Antragsteller dieses Atelie-Dekretes nennen kann, wird im allgemeinen eine sichere Vorlage wie beispielsweise die Sammlung des Krateros angenommen.[61]

Andererseits beschreibt Plutarch genau, durch welches Verfahren

[56] Vgl. Sealey (1981) 126ff. zur Diskussion, ob es verschiedene Verfahren der Eisangelia gab.

[57] Donnay (1968) 19–36, bes. 32f., nimmt eine Anklage wegen γραφὴ κλοπῆς ἱερῶν χρημάτων an; dazu Triebel-Schubert (1983) 102f.

[58] Gerade die Unterschlagung von heiligem Geld wurde als Hinweis auf einen besonderen Verfall gesehen: Solon, frg. 4,12 D.; Soph. OT 883–96; als Zeichen tyrannischen Verhaltens: Xen. Hieron 4,11; Diod. 14,67,4; als Ausdruck von Barbarei: Herod. 1,105; 8,33–39. 53,2. 109,3. 129,2–3. 143,2; Diod. 14,63,1–2. 70,4. 76,3–4. 77,4; dazu Parker (1983) 168,171.

[59] Dazu Stadter (1989) 296; M. B. Walbank (1978) 6; Henry (1983) 241–6; Rhodes (1985) 509, 652–4. Anders beurteilt Gomme, HCT II, 185 mit Anm. 1 diesen Aspekt: Er will ἀδείαν emendieren und die Bemerkung auf die Verleihung der Atelie beziehen.

[60] Vgl. dazu auch Himmelmann (1977) 86, der auf die ideellen und materiellen Verbindungen zwischen den beiden großen Werken des Phidias hinweist, die in der engen Verknüpfung von zentralen Themen der attischen Ideologie zu sehen sind.

[61] Ameling (1986) 63ff. Stadter a. a. O. 290. Zu den Angaben des Scholiasten zu Ar. Friede 605: unten V.1.c.

des Nachwiegens festgestellt werden konnte, daß der Vorwurf, Phidias habe etwas von dem Gold gestohlen, nichtig sei. Nun wurde nicht etwa Menon seinerseits wegen einer falschen Anklage zur Verantwortung gezogen, sondern er wurde ausdrücklich mit der Atelie belohnt. Daraus ist zu schließen, daß man Phidias verurteilt hatte. Der ursprünglich genannte Vorwurf kann demnach nicht der Grund für die Verurteilung gewesen sein. Plutarch nennt als Grund öffentliche Mißgunst, die durch die heimliche Einarbeitung porträthafter Züge sowohl des Phidias als auch des Perikles am Schild der Parthenos entstanden sei. Da für dieses Gerücht von den Kryptoporträts jedoch kein Niederschlag in der zeitgenössischen Überlieferung erhalten ist und auch die Vorstellung von Individualporträts dem 5. Jahrhundert nicht entspricht, scheint es sich um eine Konstruktion Plutarchs zu handeln.[62] So muß die Frage nach dem Verlauf des Prozesses, seinem Ausgang sowie dem weiteren Schicksal des Phidias offenbleiben.

Die Chronologie des Phidias-Prozesses bei Diodor

Diodor berichtet den Phidias-Prozeß unter den Ereignissen des Jahres 431 (12,39,1–2), stellt jedoch ganz klar einen inhaltlichen Zusammenhang her zu der Situation, in der Perikles, um einen Rechenschaftsprozeß wegen der Verwendung von Tributgeldern zu vermeiden, die Athener in eine kriegerische Auseinandersetzung mit den Spartanern treiben will. In dieser Situation ereignete sich wie ein αὐτόματον der Phidias-Prozeß. Diese Formulierung Diodors (12,38,4), die eine Eigendynamik suggeriert, läßt erkennen, daß der Prozeß und die ihn begleitenden Umstände als ein einschneidendes Ereignis in der vorliegenden Überlieferung aufgefaßt wurden.[63]

Die Denunziation sowie die ihr folgende Anklage, die Diodor als eine Anklage auf ἱεροσυλία schildert, sind im wesentlichen wie bei Plutarch beschrieben, teilweise sogar mit denselben Formulierungen.[64]

Die Diodor im Hinblick auf die Darstellung der Prozesse immer wieder unterstellten chronologischen Verwirrungen reduzieren sich darauf,[65] daß er die von der restlichen Überlieferung vor den eigentlichen Beginn des Krieges datierten Prozesse gegen Phidias und Anaxa-

[62] Vgl. dazu Preisshofen, JdI 89 (1974) 50ff. und Muss/Schubert (1988) 171.

[63] Zu dem Begriff des αὐτόματον Schubert (1993) 119ff.

[64] Vgl. v. a. Diod. 12,39,2 und Plut. Per. 31,3; nur daß Plutarch den Neid auf den Ruhm des Phidias bezieht, Diodor dagegen auf den des Perikles.

[65] Zu diesen chronologischen Verwirrungen: Bayer/Heideking (1975) 173 mit Anm. 52.

goras sowie die Anklage oder auch drohende Anklage des Perikles erst unter dem Jahr des Kriegsausbruches 431 berichtet. Ebenso wie Plutarch erwähnt er die Denunziation, das Verfahren und das Ende des Phidias im Gefängnis. Allerdings nennt er als Grund der Anklage auf ἱεροσυλία nicht den Diebstahl von Gold, sondern die κλοπὴ τῶν ἱερῶν χρημάτων. Damit war nicht das Entwenden des wertvollen Materials gemeint, sondern die entsprechende Größe des Geldwertes. Um die Höhe dieses Betrages angeben zu können, war es erforderlich, die vorliegenden Abrechnungen der zuständigen Baukommissionen zu überprüfen. Dieser Strang der Überlieferung weist, anders als Plutarch, darauf hin, daß für die Erhebung der Anklage eine Prüfung der Bauabrechnungen notwendig war. Anders wäre eine Feststellung der Summe, die dem unterschlagenen Gold entsprach, kaum möglich gewesen.

Die Schilderung der Situation des Perikles steht bei Diodor innerhalb eines kurzen Rückblicks über seinen Einfluß bei der Verwendung von Tributgeldern, so daß gerade die Verbindung zwischen dieser Situation und dem Phidias-Prozeß chronologisch nicht zu stark gepreßt werden darf.[66] Insgesamt ist aus der Darstellung 12,38,1–39,4 kein exakter Hinweis auf die chronologische Fixierung der Prozesse zu gewinnen. Es handelt sich vielmehr um eine teilweise rückblickende Erklärung dafür, warum Perikles sich den Athenern gegenüber so stark für eine unnachgiebige Haltung Sparta gegenüber engagierte, obwohl die Konsequenz des Krieges absehbar war. Die beschriebene Reihenfolge der Ereignisse entspricht derjenigen bei Plutarch: Der Prozeß fand vor dem eigentlichen Kriegsausbruch statt und brachte Perikles in solche Bedrängnis, daß er mit der Kriegstreiberei gegen Sparta und dessen Verbündete begann. Der somit beschriebene Zeitraum vor den eigentlichen Kriegshandlungen kann nicht zu weit ausgedehnt werden, da sonst das Verhältnis von Ursache und Wirkung nicht mehr stimmig erscheint.

Die Anklageerhebung gegen Phidias wird jedoch sowohl bei Plutarch als auch bei Diodor mit einer noch darüber hinausgehenden Zielsetzung verbunden. Durch seine Verurteilung sollten Perikles und die politische Konzeption, die mit seinem Namen verbunden war, diskreditiert werden. In dem Angriff auf den Schöpfer der Athena Parthenos, in der die Herrschaftsideologie Athens im Seebund symbolisch darge-

[66] Bei Diod. 12,38,4 heißt es: πρὸς δὲ ταύτην τὴν ἀφορμὴν συνέβαινεν αὐτῷ καὶ ταὐτόματον διὰ τοιαύτας αἰτίας. An diese Bemerkung erst schließt Diodor den Phidias-Prozeß an.

stellt war,[67] und denjenigen Politiker, der als der herausragende Repräsentant der ausgreifenden Politik Athens in den Jahren zwischen 450 und 430 galt, ist vor allem eine politische Motivation zu sehen.[68] Andererseits ist zu erkennen, daß hier Vorstellungen über die Bedeutung des Sakralen für das Wohl der Polis in der attischen Politik nicht nur von den traditionellen Ideen getragen wurden, sondern auch als wesentliche Elemente der Herrschaftsauffassung des Demos hervortreten und somit auch geschützt werden mußten.[69]

Die Chronologie des Phidias-Prozesses bei Philochoros (FGrH 328 F 121)

Aristophanes läßt in seiner Komödie ›Der Friede‹ Hermes erklären, wie es zu dem Krieg gekommen war: Alles begann mit Phidias, denn Perikles befürchtete, ein ähnliches Schicksal zu erleiden. Also steckte er, um sich vor dem Volk zu schützen, »die Stadt in Brand«, indem er den »Funken« des megarischen Psephismas an die Flamme des Krieges hielt.

Dieser von Aristophanes in der Rede des Hermes (Friede 603 ff.) beschriebene Zusammenhang zwischen Phidias' Schicksal, Perikles' Angst davor, ein ähnliches zu erleiden, dem megarischen Psephisma und dem Kriegsausbruch wird von einem Scholiasten ausführlich und unter Zuhilfenahme von Zitaten aus Philochoros kommentiert.[70] Der Scholiast zitiert verschiedene Stellen aus Philochoros, die sich in den einzelnen Angaben über das Schicksal des Phidias deutlich unterscheiden. Im ersten Zitat heißt es, daß unter dem Archon Pythodoros, also 432/1, das Goldelfenbeinbild der Athena im großen Tempel aufgestellt worden sei, wobei Perikles als Epistat und Phidias als Bildhauer genannt werden. Phidias sei wegen des Verdachts auf Unterschlagung von Elfenbein angeklagt worden und nach Elis geflohen, wo er die Zeusstatue geschaffen habe. Später sei er von den Eleiern getötet worden.

Das Folgende ist unklar, da der Archontenname sehr wahrscheinlich verschrieben ist: Unter einem Archonten, der im siebten Jahr nach Pythodoros amtierte – das Scholion nennt ihn Skythodoros –, haben sich die Megarer in Sparta über die Maßnahmen der Athener beschwert. Diese hielten sie (die Megarer) zu Unrecht vom Markt und den Häfen des Seebundes zurück. Dieses Verbot hätten die Athener auf Veranlas-

[67] Dazu ausf. Fehr (1979) 71 ff.
[68] Vgl. Triebel-Schubert (1983) 101 ff.
[69] Schubert (1993) 15 ff.
[70] Zu der Hermes-Rede vgl. Cassio (1981) 22–44.

sung des Perikles beschlossen. Dann erwähnt der Scholiast die Auffassung (λέγουσι δέ τινες), die die Anklage und Flucht des Phidias mit dem Verhalten des Perikles in der megarischen Frage und dem Kriegsausbruch kombiniert.[71] Es handelt sich dabei um den Vorwurf, Perikles habe in seiner Funktion als Epistat von der Unterschlagung des Phidias gewußt. Um seine Mitwisserschaft zu verbergen, habe er den Krieg herbeigeführt. Der Scholiast hält diese Ansicht für falsch (ἄλογος δὲ φαίνεται ἡ κατὰ Περικλέους ὑπόνοια), da die Ereignisse um Phidias sich sechs Jahre vor dem Beginn des Krieges abgespielt hätten. Dies schließt er augenscheinlich aus dem ihm vorliegenden zeitlichen Abstand zwischen den beiden Archonten. Anschließend fügt er ein weiteres Zitat aus Philochoros an. Diesmal zitiert er – wieder nach Philochoros – eine Anklage auf Unterschlagung von Gold (statt Elfenbein), eine Verurteilung statt nur einer Flucht sowie eine zweite Anklage mit anschließender Tötung in Elis. Vor allem Lendle hat durch eine detaillierte Analyse der einzelnen Teile des Scholions gezeigt, daß diese letzte Äußerung nicht als kurze und fehlerhafte Paraphrase des ersten Zitates aus Philochoros zu verstehen ist.[72] Vielmehr handelt es sich um ein Stück aus einem Aristophanes-Kommentar, das ursprünglich zusammen mit dem Scholion zu dem folgenden Vers Frieden 606 stand und im Lauf der Zeit durch Abschreibefehler in das Scholion zu 605 »hineingewachsen« ist. Lendle rekonstruiert die »Entwicklungsgeschichte« dieses Texts dahingehend, daß ein Schreiber, der schon das Scholion zu 605 mit dem ersten und zweiten Zitat aus Philochoros vor sich hatte, den dritten Teil, der eben ursprünglich zu 606 gehörte, hinzufügte. Dieser Abschreiber habe dann im ersten Zitat aus Philochoros, so die Vermutung Lendles, den dort stehenden Namen des Theodoros zu Pythodoros geändert.

Die Archontennamen stimmen allesamt nicht mit der geläufigen Chronologie überein und sind aus diesem Grund meistens emendiert worden.[73] Der erste Widerspruch liegt darin, daß das Archontat des Phythodoros, der 432/1 amtierte und in dessen Zeit die Parthenos aufgestellt wurde, nicht sechs Jahre, wie es in dem Text heißt, vor dem Archontat des »Skythodoros« gelegen haben kann, in dessen Zeit das megarische Psephisma verkündet wurde. Andererseits nennt auch das dritte Zitat aus Philochoros wieder das Archontat des Pythodoros als

[71] Jacoby a. a. O. bezieht λέγουσι δέ τινες auf Ephoros (F 196).

[72] Lendle (1955) 289ff.

[73] Phythodoros zu Theodoros, Skythodoros zu Pythodoros schon von Palmer emendiert und von Jacoby übernommen.

das Jahr, in dem Phidias der Prozeß gemacht wurde. Während der Name des Archons von 432/1, Pythodoros, gut überliefert ist, scheint der Name des zweiten erwähnten Archons, Skythodoros, tatsächlich falsch zu sein. In den attischen Archontenlisten dieser Zeit begegnet er nicht. Deshalb ersetzte schon Palmer im Scholion Pythodoros im ersten Zitat durch Theodoros, der 438/7 Archon in Athen war. Dadurch würde auch erst das Hauptargument des Scholiasten gegen die Schuld des Perikles, nämlich der sechsjährige Abstand zwischen Phidias-Prozeß und Kriegsausbruch, stichhaltig. Den Namen Skythodoros ersetzte Palmer entsprechend durch Pythodoros. Diese Emendationen sind auch von Jacoby übernommen worden.

Da der Scholiast an anderer Stelle, ebenfalls in einem Zitat aus Philochoros, jedoch den Archonten Pythodoros im richtigen Jahr und korrekt mit dem Beginn der kriegerischen Auseinandersetzungen erwähnt, kann der Fehler der vertauschten oder verschriebenen Archontennamen nicht aus dem Text des Philochoros selbst stammen. Daher hat Jacoby auch vermutet, daß der Scholiast hier eine korrupte Archontenliste zusätzlich zu seinen Vorlagen, hier also Philochoros und wahrscheinlich Ephoros, benutzt haben könnte.[74] Lendle dagegen schlägt eine andere Lösung dieses Problems vor: Aus dem Vergleich der verschiedenen Philochoros-Zitate in dem Scholion zu Vers 605 zeigt sich seiner Ansicht nach, daß Philochoros Phidias zweimal genannt haben muß. Die erste Erwähnung fiel unter das Jahr 438, da in diesem Jahr (Archontat des Theodoros) die Parthenos eingeweiht wurde. 432 behandelte er Phidias ein zweites Mal, da in diesem Jahr (Archontat des Pythodoros) der Prozeß gegen Phidias stattfand. Demnach stützte sich dann der Scholiast auf die erste Nennung des Phidias bei Philochoros, während der Kommentar, zu dem das dritte Philochoros-Zitat des Scholions ursprünglich gehörte, die Erwähnung bei Philochoros unter dem Jahr 432 zugrunde legte.[75] Diese Überlegung stützt sich auf die Emendationen Palmers, vor allem seine Ersetzung von Pythodoros im ersten Philochoros-Zitat durch den Namen des Theodoros. Der Hauptgrund liegt darin, dem Text des Scholion seine innere Logik zu erhalten bzw. erst eigentlich zu geben. Ebenso plausibel – und mit geringeren Eingriffen in den Text verbunden – wäre die Annahme, daß Philochoros, wie dies Diodor auch tat, unter dem Archontat des Pythodoros eine kurze Rückschau zur Rolle des Phidias-Prozesses im

[74] Bloße Schreibfehler in den Handschriften sind unwahrscheinlich: vgl. dazu Triebel-Schubert (1983) 105.

[75] Lendle (1955) 291 ff.

Zusammenhang des Kriegsausbruches eingeschoben hat. Die Aufstellung der Parthenos 432 wäre dann dafür der Anlaß gewesen. Es wäre nicht notwendig, den Namen des Pythodoros zu emendieren. Skythodoros ist ganz offensichtlich ein Schreibfehler, und das Hauptargument des Scholiasten, der sechsjährige Abstand zwischen Parthenos-Aufstellung bzw. Phidias-Prozeß und Kriegsausbruch, könnte tatsächlich mit einer korrupten Archontenliste erklärt werden.

Die Frage, woher der Sechsjahresabstand zwischen Phidias-Prozeß und megarischem Psephisma bzw. Kriegsausbruch stammt, der bisher als ausschlaggebendes Kriterium für die Datierung des Phidias-Verfahrens lange Zeit vor den Ausbruch des Peloponnesischen Krieges galt,[76] wäre so zu beantworten. Der Scholiast könnte sie aus einer Archontenliste abgeleitet haben, in der beispielsweise unter dem Jahr 438/7 fälschlich Pythodoros statt Theodoros und unter dem Jahr 432 statt Pythodoros Skythodoros eingetragen war. Diesen Befund hatte er nun mit dem Bericht des Philochoros zu vereinbaren. Damit ist die Argumentation des Scholiasten wohl auch gegen Philochoros gerichtet.

Auch wenn der von dem Scholiasten konstruierte Abstand von sechs Jahren zwischen dem Prozeß gegen Phidias und dem Kriegsausbruch hinfällig ist, bleibt doch die Frage immer noch offen, wie der Prozeß zu datieren ist und wie die Umstände der Anklage waren. Plutarch berichtet von der Denunziation des Menon, für die er offensichtlich auch Belege vorliegen hatte. In jedem Fall aber muß die Statue fertig oder zumindest fast fertig gewesen sein, andernfalls hätte sie ohne Phidias fertiggestellt werden müssen. Auch das Angebot des Perikles, das Gold abnehmen und nachwiegen zu lassen, setzt die Fertigstellung voraus, jedoch nicht die Aufstellung. Der Vergleich der verschiedenen Gründe, die als Gegenstand der Anklage genannt werden, deutet darauf hin, daß mehr als nur ein Straftatbestand in diesem Prozeß verhandelt wurde. Es kann nicht nur um das Gold oder das verwendete Elfenbein gegangen sein (s. o. zu Diodor 120ff.). Da Perikles wegen Mitwisserschaft oder Beteiligung in Mißkredit gebracht oder sogar angeklagt wurde, ist zu vermuten, daß auch die Rechnungslegung überprüft wurde. Denn gerade dies war der einzige Bereich, in dem er Angriffsflächen bot, da er als Epistat zur Kontrolle der Abrechnungen verpflichtet war. Welche Rolle diese Abrechnungen tatsächlich in diesem

[76] Donnay (1968) 33f., Mansfeld (1980) 17ff. und Ostwald (1986) 193, die von dem Prozeßdatum 438/7 ausgehen. Vgl. Frost (1964); Klein (1979); Stadter (1989) 284ff.; Ameling (1986) 66: 438/7 oder 433/2. Derenne (1930), Kienast (1953) 210ff. und Baumann (1990) 37ff. befürworten 433/2.

Zusammenhang spielten, zeigt das Psephisma des Drakontides.[77] Denn die Anklage gegen Perikles selbst, die im Zuge der Prozesse gegen Phidias, Anaxagoras und Aspasia initiiert wurde, sah vor, daß er seine λόγοι τῶν χρημάτῶν bei den Prytanen deponieren sollte.[78]

Die Fertigstellung der Athena Parthenos und das Datum des Phidias-Prozesses

Aus Plutarch, Diodor bzw. Ephoros und Philochoros ist allerdings darüber hinaus nicht zu entnehmen, wie lange nach der Fertigstellung der Parthenos die Denunziation des Menon erfolgte, so daß aufgrund der rein literarischen Überlieferung, wenn der Siebenjahresabstand (bzw. Sechsjahresabstand je nach Zählung) des Scholiasten entfällt, kein exakter Zeitpunkt für eine chronologische Einordnung des Prozesses und der Vollendung der Parthenos bleibt. Die inschriftlich erhaltenen Kostenabrechnungen der Parthenon-Baukommission bieten dagegen zumindest einige Anhaltspunkte dafür, wann die Arbeiten an der Parthenos abgeschlossen waren.[79] Es läßt sich anhand der erhaltenen Abrechnungen der Baukommissionen nachweisen, daß Restbestände an Material möglichst schnell zu Beginn oder am Ende eines Rechnungsjahres verkauft wurden. Größere Materialmengen, die nach Abschluß eines Projektes noch vorhanden waren, wurden an eine andere Kommission übergeben, die die Veräußerung übernahm.[80] Die Parthenon-Baukommission verkaufte 434/3 Reste von Gold und Elfenbein.[81] Daß dies Material aus deren eigenen Beständen betraf, ist unwahrscheinlich, da beispielsweise die Giebel, wo solches Material wohl verwandt worden sein konnte, zu dieser Zeit noch in Arbeit waren. Ebenso ist auszuschließen, daß die Kommission in diesem Jahr Materialien verkauft haben könnte, die sie schon einige Zeit – etwa seit 438 oder 437 – in ihrem Besitz mitführte. Ein derartiges Weitergeben von Restbeständen an Gold und Elfenbein läßt sich in den Abrech-

[77] Plut. Per. 32,2.

[78] Anscheinend war dies eine außergewöhnliche Bestimmung, da sie durch ein eigenes Dekret beschlossen wurde. Wenn es sich um das übliche Verfahren gehandelt hätte, wäre dies nicht notwendig gewesen. Vielleicht war es aber auch nur deshalb nötig, weil in diesem Jahr noch keine endgültige Abrechnung durch die Logisten für die entsprechenden Bereiche vorgenommen worden war.

[79] Dieser Zeitpunkt muß nicht identisch sein mit dem Datum der Aufstellung: vgl. dazu ausf. Triebel-Schubert (1983) 107ff.

[80] Wittenburg (1978); Triebel-Schubert (1983) a. a. O.

[81] IG I^3 449 = ML 59 = HGIÜ 94.

nungen der entsprechenden Jahre nicht nachweisen.[82] Demnach können die Erlöse von Gold und Elfenbein, die die Baukommission der Parthenos 434/3 verzeichnete, kaum anders erklärt werden als durch die Fertigstellung der Parthenos im vorhergehenden Rechnungsjahr 435/4.

Damit engt sich die Zeitspanne, in der der Prozeß gegen Phidias stattgefunden hat, immerhin auf die Jahre zwischen 435 und 432/1 ein. Ein weiterer Hinweis, der eine Verknüpfung zwischen der Denunziation durch Menon und der Fertigstellung der Parthenos erlaubt, ergibt sich aus der Rolle des Perikles. Perikles ist literarisch als Epistat der Parthenos-Baukommission überliefert.[83] Auch der von den Quellen geknüpfte Zusammenhang zwischen seiner Verbindung zu Phidias und der ihm unterstellten Kriegstreiberei ist nur dann sinnvoll zu erklären, wenn er auch wirklich eine Funktion innehatte, in der er für die Unterschlagung des Phidias zur Verantwortung gezogen werden konnte.

Diodor nennt die Anklage wegen ἱεροσυλία bzw. nennt sie sogar in Verbindung mit den Asebie-Prozessen, während Plutarch sie als eine Anklage wegen Veruntreuung von Geldern beschreibt. Allerdings macht er keine direkten Angaben darüber, um welche Mittel es sich handelte. Aus dem Psephisma des Drakontides ließe sich schließen, daß sie aus dem Akropolis-Bauprogramm stammten, da die Steine der Richter vom Altar auf der Akropolis genommen werden sollten. Diese Anordnung läßt sich eigentlich sinnvoll nur im Zusammenhang der Unterschlagung von Geldern aus dem Athena-Schatz erklären. Diese waren für die Parthenos verwendet worden, und hier trug Perikles als Epistat der Parthenos-Kommission auch die finanzielle Verantwortung.[84] Damit wäre auch die »materielle« Verbindung zum Phidias-Prozeß gegeben, auf die alle, zeitgenössische wie spätere Quellen hinweisen.[85] Denn wie sich beispielsweise aus der Bestimmung über die

[82] IG I^3 436–451; dazu: Wittenburg (1978); Triebel-Schubert (1983) 101ff. mit einer Begründung dafür, daß die Übernahme von Restposten im laufenden Jahr nach einem festen Schema am Ende oder zu Beginn des neuen Rechnungsjahres verzeichnet wurde. Auch wurden nie über einen längeren Zeitraum größere Bestände dieserart mitgeführt.

[83] Philochoros FGrH 328 F 121; vgl. Diod. 12,39,1; Aristodemos 16,1.

[84] FGrH 328 F 121: Angabe des Philochoros, zitiert von dem Scholiasten zu Ar. Frieden 605; vgl. auch Donnay, a. a. O. 33f. und Ostwald (1986) 193, die aber beide noch von dem Prozeßdatum 438/7 ausgehen.

[85] Triebel-Schubert (1983) 104f. Auch der Versuch des Hagnon, die Anklage abzumildern (auf eine γραφὴ κλοπῆς bzw. δώρων oder auch ἀδικίου), ent-

Epistaten in Eleusis erkennen läßt,[86] trugen nur die Epistaten die Verantwortung für die Finanzen dieser Projekte, keinesfalls jedoch die Bildhauer und Architekten. Das bedeutet, daß eine Denunziation des Phidias wegen Unterschlagung in jedem Fall auch die finanzielle Verantwortung des Perikles betraf.

Der nur von Plutarch erwähnte Zusatz des Hagnon mindert die Gefahr für Perikles und zeigt, daß auch in diesem Fall die Verletzung der sarealen Identität der Polis, die eigentlich zu ahnden war, aus politischen Gründen auf eine andere Ebene verlagert wird.[87]

Perikles' Vorschlag, durch ein Nachwiegen des Goldes die Stichhaltigkeit der Anklage zu überprüfen, scheint nur in der Zeitspanne sinnvoll gewesen zu sein, die zwischen der Fertigstellung der Statue und ihrer endgültigen Aufstellung lag. Eine nach der endgültigen Plazierung der Parthenos im Parthenon durchgeführte Abnahme der entsprechenden Teile ist vor allem in Hinsicht auf den sakralen Charakter der Statue kaum vorstellbar.[88] Dagegen war eine solche Nachprüfung vor der endgültigen Zusammenfügung und Aufstellung sicher kein Problem. Die von Plutarch berichteten Umstände der Denunziation weisen darauf hin, daß diese Prüfung nicht im Zusammenhang der großen Schlußabrechnung der Logisten zu Beginn eines neuen Amtsjahres erfolgte, sondern eher durch eine Einzelprüfung nachgewiesen wurde. Wenn jedoch Perikles sich in diesem Verfahren zu rechtfertigen hatte, dann war dies nur so lange aktuell, wie er überhaupt Epistat in der Kommission war. Wenn nun also die Parthenos 435/4 fertiggestellt wurde – darauf lassen die Gold- und Elfenbeinverkäufe der Parthenon-Kommission schließen –, dann war auch Perikles nur bis 435/4 Epistat der Parthenos-Kommission. Demnach müßte auch die Denunziation des Menon, die die Anklage des Phidias zur Folge hatte und die Perikles direkt mit in das Verfahren hineingezogen hat, auch noch im Amtsjahr 435/4 erfolgt sein, eventuell im Sommer 434.

Während der Befund der Inschriften eher auf 434 als das Datum des Phidias-Prozesses hindeutet, wäre nach der literarischen Überlieferung, vor allem derjenigen des Philochoros, das Jahr 432, das Archon-

spricht dem, denn dadurch wurde auch das Strafmaß erheblich heruntergesetzt.

86 SEG X 24 = IG I^3 32; vgl. dazu ausf. Wittenburg (1978).

87 Vgl. dazu im einzelnen: unten Kap. V. 3.

88 Von daher ist auch keinerlei Nachricht erhalten, daß die Athener etwa in Notzeiten sich dieses Goldes als einer Reserve bedient hätten. Ausf. zu den Finanzen: Kap. III.

tat des Pythodoros, anzunehmen.[89] Allerdings wäre dann die Zeitspanne, in der die Prozesse gegen Phidias und Aspasia, die Anklagen gegen Anaxagoras und Perikles selbst und die Kriegshetze des Perikles im Zusammenhang mit dem megarischen Psephisma stattfanden, äußerst kurz bemessen. Die Datierung des Phidias-Prozesses auf 438 beruht dagegen auf einer sehr kompliziert begründeten Emendation und findet in der antiken Überlieferung keinen Rückhalt.

2. *Perikles, der Phidias-Prozeß und das megarische Psephisma*

a) Die Anklage gegen Perikles wegen ἱεροσυλία vor Ausbruch des Krieges

Diodor und Plutarch erwähnen in der Darstellung des Phidias-Prozesses auch die erste Anklage gegen Perikles.[90] Der Beschluß des Drakontides, den Plutarch hier zitiert, wird meistens in Verbindung mit seinem Rechenschaftsprozeß 430 (vgl. Thuk. 2,58,3) gesehen. Andererseits schreibt Plutarch nichts davon, daß es während des Phidias-Prozesses und der Anklage gegen Perikles auch zu einem Prozeß gegen ihn gekommen sei. Diodor berichtet ebenfalls im gleichen Kontext und vor dem Kriegsausbruch von einer solchen Anklage. Plutarchs Darstellung basiert gerade darauf, daß es nicht zum Prozeß kam, da Perikles durch seine Manipulationen und militärischen Aktionen das Volk abgelenkt habe. Möglich ist auch ein Freispruch, in dessen Zusammenhang Perikles' Vorschlag zum Nachwiegen des Goldes realisiert wurde. Erst nachdem die Belastungen des Krieges in Athen empfunden wurden, wendete sich die Stimmung wieder gegen ihn und es kam tatsächlich zu einem Prozeß.[91] Der Bericht Plutarchs ist unter diesem Aspekt in sich einleuchtend. Dies gilt ebenso für die Darstellung bei Diodor.[92]

Die inschriftliche Überlieferung gibt Hinweise darauf, daß der Phidias-Prozeß im Amtsjahr 435/4 stattgefunden hat,[93] während die lite-

[89] Für eine Datierung des Phidias-Prozesses in das Jahr 432 haben sich vor allem Derenne (1930), Kienast (1953) 210ff. und Lendle (1955) 299 ausgesprochen.

[90] Diod. 12,39,2; Plut. Per. 32,1–2.

[91] Plut. Per. 34,4. 35,3–4.

[92] 12,45,4 entspricht genau Plut. Per. 35,3–4; dazu paßt dann auch Plat. Gorg. 516a 1–3.

[93] Triebel-Schubert (1983); anders: Ameling (1986) 63ff. und Wesenberg (1985) 55ff.

rarische Überlieferung eher auf das Jahr 432 schließen läßt. Auch die Aussage, die das – durch die Verwirrung bei den Archontennamen – schwierige Philochoros-Scholion zu Ar. Frieden 605 erkennen läßt, ist mit dieser Zeitspanne von 434 bis 432, in der der Prozeß gegen Phidias demnach stattgefunden haben müßte, in etwa zu vereinbaren. Es ist daher unnötig, so wie es beispielsweise Frost vorschlägt,[94] das Drakontides-Dekret auf das Jahr 438/7 zu verschieben. Gegen Perikles hat es zumindest zwei Anklagen gegeben, wenn auch nicht unbedingt zwei Prozesse. Die erste gehört, entsprechend Plutarch und Diodor, in den Zusammenhang des Phidias-Prozesses und lautete wahrscheinlich ebenfalls auf ἱεροσυλία, die zweite fand dann 430, nach Ausbruch des Peloponnesischen Krieges, statt und war wahrscheinlich ein Rechenschaftsprozeß.[95]

b) Chronologie und Inhalt des megarischen Psephismas

Die Unterscheidung, die Thukydides zwischen Anlaß und Ursache des Peloponnesischen Krieges trifft, ist vor allem für die moderne Forschung richtungsweisend geworden. Thukydides hat diesem Leitmotiv in vieler Hinsicht die Auswahl und Interpretation seines Materials untergeordnet. Gerade am Beispiel des megarischen Psephismas zeigt sich sowohl bei den nach ihm schreibenden antiken Historikern und Schriftstellern wie auch bei der Entwicklung moderner Interpretationen und Thesen, daß zwar die leitmotivische Gewichtung der thukydideischen Darstellung nicht immer schlichtweg übernommen wird, jedoch seine spezifische Auswahl tiefe Spuren hinterlassen hat, die nicht ohne Auswirkung auf das Verständnis der Rolle des Perikles geblieben sind.

Allein die Gegenüberstellung zwischen Thukydides und Plutarch in der jeweiligen Bewertung des megarischen Psephismas weist schon auf diese Problematik. Thukydides ordnet seinem zentralen Gesichtspunkt, nämlich der sich zwangsläufig aufbauenden Spannung zwischen Athen und Sparta, die Bewertung der Anlässe so zielgerichtet unter, daß dem megarischen Psephisma nur eine ganz nebensächliche

[94] JHS 84 (1964) 69–72.

[95] Allerdings berichten beispielsweise Plut. Per. 34,4 und Diod. 12,45,4 nichts davon, daß dieser Prozeß im Zusammenhang mit Perikles' Euthyna gestanden habe. Letzteres ist eine Vermutung, die, so Hansen (1974) 72, sich aus der Definition der Euthyna der AP 54,2 ableitet. Im einzelnen dazu: unten 3.

Stellung zukommt. Demnach ist zu fragen, welche Zusammenhänge es waren, die das megarische Psephisma so charakterisierten, daß Thukydides sie entweder nicht wahrnahm oder sie als seiner Interpretation des sich langfristig steigernden Machtkonfliktes zwischen Athen und Sparta zuwiderlaufend ausblendete.[96]

Plutarch dagegen folgt im wesentlichen der antiken Tradition, die Perikles eine zentrale Verantwortung für den Ausbruch des Krieges zuschreibt, ohne dies mit einer grundsätzlichen und strukturellen Erklärung zu verbinden. Daher ergänzt Plutarch die von Thukydides beschriebenen Anlässe durch die ausführliche Schilderung des megarischen Psephismas und erläutert die persönliche Beteiligung des Perikles.[97]

Diese sehr unterschiedlichen antiken Tendenzen haben zu weit auseinanderliegenden Thesen in der modernen Forschung geführt.[98] Überlegungen bezüglich rivalisierender kommerzieller Interessen zwischen Athen einerseits und Korinth bzw. Megara andererseits oder hinsichtlich ausgreifender strategischer Pläne Athens in Richtung Westen entsprechen durchaus der Tendenz, tieferliegende und strukturelle Ursachen für den Ausbruch des Peloponnesischen Krieges aufzudekken.[99] Andererseits weist die antike Tradition mit der Ausnahme des Thukydides Perikles' persönlicher Verantwortung für den Ausbruch, die sich aus dem Zusammenhang von megarischem Psephisma und den Prozessen vor Kriegsausbruch ergibt, einen wesentlich höheren Stellenwert zu.

Das von Thukydides 432 als geltend erwähnte megarische Psephisma schloß die Megarer von den Häfen im attischen Machtbereich und der athenischen Agora aus.[100] In einem Vergleich mit der Schilderung Plutarchs hat vor allem Ste.-Croix ausführlich dargelegt, daß es sich in der Auseinandersetzung der Athener mit den Megarern vor und

[96] Gomme, HCT I, 25f.; ähnlich hat auch schon Cornford (1907) 25ff., 244ff. argumentiert.

[97] Stadter (1984) 351ff. zu Plut. Per. 30,2–3.

[98] Bayer/Heideking (1975) 166ff.; allg. zu Kriegsursachen: Ste.-Croix (1972) 218ff..

[99] Lit. bei Ste.-Croix (1972) 214ff.; 220ff.; Handelsinteressen als Ursache nehmen auch Cornford (1907) und Brandhofer (1971) an; zu den strategischen Gesichtspunkten in der Auseinandersetzung mit Megara: MacDonald (1983), der die Position von Ste.-Croix verteidigt; vgl. dagegen Sealey (1975) 103–5; generell zu der Rolle von strategischen Gesichtspunkten in den kriegerischen Auseinandersetzungen des archidamischen Krieges: Kagan (1969) 343ff.

[100] Thuk. 1,67,4. 139,1. 144,2.

während des Kriegsausbruchs nicht nur um einen einzigen Beschluß gehandelt haben kann.[101] Ste.-Croix hält es nicht für ausgeschlossen, wenn auch für eher unwahrscheinlich, daß ein Verbot bzw. eine gesetzlich festgelegte Einschränkung des Handels schon längere Zeit vor der Ausbruchsphase des Krieges in Kraft war. Die eigentliche Auseinandersetzung, die dann für die Verhandlungen zwischen Athen und Sparta relevant war, beginnt mit einem von Perikles formulierten Dekret, von dem Plutarch sagt, es zeige eine wohlwollende und gütige Rechtfertigung der Angelegenheit. Veranlaßt wurde es durch eine megarische Usurpation von heiligem Land, das den beiden eleusinischen Göttinnen gehörte. In dem Dekret war die Aussendung eines Herolds vorgesehen, der in Sparta und Megara gegen dieses Vorgehen protestieren sollte.

Davon unterscheidet Ste.-Croix jedoch den Beschluß, der als das eigentliche megarische Psephisma gilt und der als ebensolcher auch bei Thukydides eine wenn auch untergeordnete Rolle spielt. Durch ihn sind die Megarer von der attischen Agora und den Häfen im Einflußbereich der Athener ausgeschlossen worden.

Nachdem in Athen bekannt wurde, daß der ausgesandte Herold Anthemokritos von den Megarern getötet worden war, ist in Athen auf Veranlassung des Charinos erneut ein Beschluß in der megarischen Angelegenheit gefaßt worden.[102] Dieses sogenannte Charinos-Dekret (Plut. Per. 30,3) legte, neben Einzelheiten der Bestattung des Anthemokritos, fest, daß zwischen Athenern und Megarern ein Zustand der Feindschaft ohne den Austausch von Herolden und ohne Verträge herrschen, daß jeder Megarer, der attisches Gebiet betrat, getötet werden sollte und daß schließlich die Strategen gleichzeitig mit dem Eid zu Beginn ihrer Amtszeit schwören mußten, zweimal im Jahr in die Megaris einzufallen.[103]

Gegen die Abtrennung des von Plutarch als wohlwollend und gütig bezeichneten Dekretes als eines weiteren Psephismas in der megari-

[101] Plut. Per. 29,4; 30,2–3. Vgl. Ar. Acharner 524ff.; Frieden 605ff.; ausführliche Diskussion der Aristophanes-Zitate bei Ste.-Croix (1972) 231–44; Diod. 12,39,4; zu den späteren Erwähnungen des megarischen Psephismas Ste.-Croix (1972) 244–6 und App. XL.

[102] Plut. Per. 30,3–4: Plutarch schränkt die Feststellung der megarischen Verantwortlichkeit für den Mord an Anthemokritus durch ein ἔδοξε ein.

[103] Connor (1962 a) 225ff. hat vorgeschlagen, das Charinos-Dekret und den Streit um das heilige Land der beiden Göttinnen auf die späten 350er zu datieren; anders: Dover (1966) 203ff., Cawkwell (1969) 327ff. (dazu Ste.-Croix [1972] App. XXXVII, 386ff.).

schen Angelegenheit sind berechtigte Einwände erhoben worden. Die von Stadter im Anschluß an die chronologischen Untersuchungen von Fornara aufgestellte Reihenfolge der Beschlüsse geht von dem Streit um das heilige Land aus. Plutarchs Abriß der Ereignisse in 30,2–3 ist nach Fornara nur ein *flashback*[104] und erklärt die Vorgeschichte, nämlich Perikles' »wohlwollend und gütig« formuliertes Psephisma, das Plutarch möglicherweise in Krateros' Sammlung gelesen hat.[105] Auf dieses Psephisma hin wurde Anthemokritos ausgesandt. Nachdem in Athen die Nachricht von seinem Tode bekannt bzw. geglaubt wurde, ist das Charinos-Dekret beschlossen worden, das nach der Ansicht von Stadter mit *dem* megarischen Psephisma bzw. dem bei Thukydides und in anderen Zusammenhängen erwähnten Beschluß identisch ist, der die Megarer von der attischen Agora bzw. den Häfen ihres Einflußbereiches ausschloß.[106] Das bedeutet, daß der Inhalt des Charinos-Dekretes nicht nur die bei Plutarch genannten Bestimmungen umfaßte, sondern auch diejenige, die nach Thukydides in den Auseinandersetzungen zwischen Athen und Sparta während der Ausbruchsphase eine Rolle spielte und die dem megarischen Psephisma seine eigentliche Tragweite verlieh: die Bestimmung, die Megarer von der attischen Agora und den genannten Häfen auszuschließen. Ein wesentlicher Punkt in der Argumentation Stadters ist der Zusammenhang, in den Plutarch das Dargestellte einordnet.[107] Plutarch will an dieser Stelle die Erklärung und den Hintergrund des Dekretes erläutern, das den Krieg zwischen Athen und Sparta ausbrechen ließ. Schließlich hätte Plutarch hierbei, wenn das Charinos-Dekret nicht *das* megarische Psephisma gewesen wäre, das auch die Ausschlußbestimmungen enthielt, einigermaßen zusammenhanglose Dinge berichtet.

Die persönliche Verantwortung, die Perikles in der antiken Tradition – mit der Ausnahme des Thukydides – für den Ausbruch des Krieges zugeschrieben wird, knüpft sich jedoch weniger an den Inhalt des megarischen Psephismas als an Perikles' Weigerung, diesen Beschluß

[104] Darauf weist nach Fornara (1975) 213 ff. das ὑπῆν hin.

[105] Stadter (1984) 264.

[106] Stadter (1984) 264, 274 ff.; anders Fornara (1975) a. a. O., der das Charinos-Dekret nur als Nachspiel wertet. Plutarch erwähnt das megarische Psephisma 812d; dort meint er denselben Beschluß, den auch Thuk. 1,139,4 erwähnt (vgl. dazu HCT a. a. O.). Auch Ar. Acharner 528 ff. scheint sich auf mehrere Dekrete zu beziehen, die Perikles in diesem Zusammenhang veranlaßte, vielleicht sogar alle selbst formulierte.

[107] Stadter (1984) 358.

rückgängig machen zu lassen.[108] Plutarch kommentiert dieses gut überlieferte Verhalten des Perikles, indem er aus der Tradition drei verschiedene Versionen erwähnt, die die Weigerung des Perikles begründen. Einerseits wird die Ursache in seinem Hochmut gesehen, der jedes Zurückweichen oder Nachgeben als ein Zeichen der Schwäche verstanden hätte. Andererseits sind Perikles αὐθάδεια und φιλονεικία vorgeworfen worden, die ihn zu einer solch unnachgiebigen Haltung den Spartanern gegenüber veranlaßt hätten. Die dritte Version stellt eine Verbindung zu dem Phidias-Prozeß her. Demnach habe dieser Prozeß, ebenso wie der Anaxagoras-Prozeß, ein latentes Mißtrauen gegen Perikles im Volk geweckt. Aus diesem Grund habe Perikles es sich dann nicht leisten können, das megarische Psephisma aufheben zu lassen.

c) Das Verhältnis von Religion und Politik

Als gemeinsamer Hintergrund der Prozesse und Anklagen dieser Jahre und des megarischen Psephismas ergibt sich die Verbindung von politischer Macht und sakraler Legitimation, wie sie sich vor allem im Kult niederschlägt. Die Verknüpfung der politischen Ordnung der Polis-Gesellschaft mit der transzendenten Ordnung erfolgt über die rituellen Strukturen des Kultes.

Besonders aufschlußreich ist hierbei, wie die Konzeption der rituellen Reinheit in die politische Ordnung einwirkt.[109] Vor jeder Sitzung der Boule und der Ekklesie wurde ein junges Schwein getötet, das anschließend von den περιστίαρχοι um den Versammlungsplatz herumgetragen wurde.[110] Durch diesen symbolischen Akt wurde die Versammlung des Volkes bzw. seines Rates mit der Vorstellung einer als richtig und gerecht von den Göttern sanktionierten Reinheit verbunden. So kann Aristophanes auch das Betreten der Pnyx als das Eintreten in einen geweihten Kreis bezeichnen.[111]

Im Zusammenhang mit dem Geschehen vor dem Kriegsausbruch sind Anklagen wegen Asebie und ἱεροσυλία sowie Sühnung der Verunreinigung von heiligem Land daher auch so zu verstehen, daß damit eine Befleckung der sakralen Integrität der Polis-Gemeinschaft bereinigt werden sollte. Der Ausschluß eines einzelnen ist ebenso wie der

[108] Plut. Per. 30,1; 31,1.

[109] Allg. dazu Parker (1983) 18ff.

[110] Parker a. a. O. 21; vgl. Jacoby zu Istros: FGrH 334 F 16.

[111] Ar. Acharner 44: Der Herold zitiert hierbei die übliche formelhafte Wendung. Vgl. Parker (1983) 21.

Ausschluß der Megarer von der attischen Agora als Versuch zu sehen, die erforderliche kultische Reinheit wiederherzustellen.[112]

Ein weiterer Bereich, in dem sich die Verschränkung von politischer und sakraler Ordnung niedergeschlagen hat, ist in der Legitimationsfunktion zu beobachten, die die Göttin Athena für die attische Demos-Herrschaft übernimmt.[113] Neben den politischen Elementen, die in ihr Bild aufgenommen werden, zeigt sich dies vor allem darin, daß Athena zur Repräsentantin nicht nur der Athener, sondern speziell der attischen Demokratie wird. Auf Urkundenreliefs und in den thematischen Bezügen des großen Akropolis-Bauprogrammes tritt sie als Garantin der Demos-Herrschaft auf.[114]

Anhand dieser Zusammenhänge läßt sich belegen, daß auch die politische Organisation der Demos-Herrschaft in die ritualisierte Sakralstruktur des Kultes einbezogen war. Allerdings bleibt hierbei zu fragen, inwieweit diese Vorstellungen von der Einbindung des attischen Demos über diejenigen von der Rolle eines Personenverbandes hinaus sich auf die konkrete Verfassungform der Demokratie bezogen haben. Einen Hinweis zur Beantwortung dieser Frage geben die Aufforderungen zur Denunziation von Aktionen, die gegen die Herrschaft des Demos gerichtet sind. Sie finden sich an herausgehobener Stelle in den Eiden, die abgefallene und wieder unterworfene Bündner den Athenern zu schwören hatten.[115] Durch diese Absicherung der Volksherrschaft im religiösen Ritus erhält auch die äußere Form der Demokratie eine sakrale Verankerung. Insofern ist hier in der Verknüpfung von rituellen Strukturen und Autoritätsstrukturen der Volksherrschaft gegenüber den Bündnerstädten ein Zusammenhang zwischen politischer und sakraler Ordnung gegeben.

[112] Ste.-Croix (1972) App. XLIII, 397f. mit Beispielen für den Ausschluß von der Agora.

[113] Vgl. dazu Kasper-Butz (1990) 65ff.; 74ff.; 97ff.; 114ff.

[114] Beispiele bei Kasper-Butz a. a. O.; vor allem in den Proxenie- und Ehrenurkunden tritt Athena in einem Zusammenhang auf, der ihr im Grunde wesensfremd ist und in dem ihr Auftreten nur als das einer Repräsentantin des Demos zu erklären ist: vgl. Kasper-Butz 97; 114f. Übersicht der Athena-Darstellungen auf Urkundenreliefs: Kasper-Butz 39–59.

[115] Eid der Kolophonier IG I³ 37 = ML 47 = HGIÜ 76 = StV II 145; Eid der Chalkidier IG I³ 40 = ML 52 = HGIÜ 79 = StV II 155; Eid der Eretrier IG I³ 39 = HGIÜ 78 = StV II 154; Eid der Samier IG I³ 48 = ML 56 = HGIÜ 90 = StV II 159; die Eidesbestimmungen im Eretria-Dekret und demjenigen zu Samos sind nach dem gut erhaltenen Chalkis-Eid ergänzt. Vgl. dazu im einzelnen Schubert (1993) 58ff.

Das Verbot bestimmter λόγοι, d. h. der erklärte Wille der Volksversammlung, sich die Entscheidung über die Definition von wahr und falsch, gut und schlecht vorzubehalten, stellte einerseits eine erhebliche Einschränkung der Meinungsfreiheit in Athen dar.[116] Andererseits zeigt jedoch gerade das Verbot von λόγοι über Meteora, das in seiner inhaltlichen Spezifizierung speziell gegen Anaxagoras gerichtet war,[117] einen noch tiefergehenden Zusammenhang. Der Vergleich von Anaxagoras mit Lampon bei Plutarch (s. o.), die öfter wiederholte Ansicht, daß Perikles' rhetorischer Erfolg, das Fundament seiner Machtposition, mit der Schulung durch die meteorologisch orientierte Naturphilosophie des Anaxagoras zu erklären sei,[118] weist auf den Verdacht, daß Perikles seinen politischen Erfolg rationalen Strategien, also λόγοι, verdankte. Derartige λόγοι, die auf einem kausal begründeten Verhältnis von Ursache und Wirkung basierten, das aus grundsätzlichen Erkenntnissen von Naturabläufen gewonnen war, konnten offensichtlich von der Seite des Demos aus als Manipulation aufgefaßt werden. Darauf deutet auch die in den genannten Eiden verwandte Formulierung, daß sich die Schwörenden derart verpflichteten, sich nicht »überreden« zu lassen. Da dieser gesamte Komplex durch den Anaxagoras-Prozeß mit dem Asebie-Vorwurf verknüpft ist, scheint der Schluß berechtigt zu sein, daß eine »Überredung« des Volkes als eine Manipulation mit Hilfe von λόγοι aufgefaßt wurde. Da dies einerseits als Asebie bezeichnet werden konnte, andererseits durch das Schwören von Eiden verhindert werden sollte, ist eine »Überredung« des Volkes im Sinne einer Manipulation anscheinend auch als Infragestellen der sakralen Legitimation der Demos-Herrschaft empfunden worden.

Auch das megarische Psephisma weist in diesen Bereich. Nicht so sehr die Tatsache, daß es wegen einer Auseinandersetzung um heiliges Land zu kriegerischen Handlungen kommt, wird in der antiken Überlieferung als der eigentlich wesentliche Punkt daran hervorgehoben, sondern die Weigerung des Perikles, sich für eine Aufhebung des Psephismas einzusetzen. Gerade dies steht im Zusammenhang mit den Asebie-Prozessen und den Anklagen wegen ἱεροσυλία. In jeder Hinsicht waren in diesen, untereinander allerdings sehr unterschiedlichen Situationen Vorstellungen von sakraler und ritueller Ordnung bzw. Unordnung betroffen. Demnach wäre Perikles' Weigerung, sich für

[116] Schubert (1993) 63ff.

[117] Schubert ebd.

[118] Plat. Phaidr. 269e 4ff.; Plut. Per. 7,8; 8,2; 13,7; 15,2; 24,7.

eine Aufhebung des megarischen Psephismas einzusetzen, vor dem Hintergrund dieser Stimmung zu verstehen, die Verletzungen dieser Regeln als Angriff auf die Herrschaft des attischen Demos sah.

Schließlich drängt sich der Vergleich mit der weiteren Entwicklung dieser Tendenz im Verlauf des Peloponnesischen Krieges auf. Kulminationspunkt ist das Dekret des Demophantos, in dem jeder, der versuchen sollte, die attische Demokratie zu stürzen, zum Feind der Athener erklärt wurde, der ungerächt getötet werden konnte.[119] Gleichzeitig wurden alle, die entsprechend diesem Dekret und dem damit verbundenen Eid jemanden töten würden, pauschal durch Volksbeschluß aus der sich durch eine solche Aktion ergebenden rituellen Blutschuld abgelöst.[120] Dieses Gesetz des Demophantos ist Ausdruck einer krisenhaften Gefährdung der attischen Demokratie nach innen ebenso wie nach außen. Die Verknüpfung mit einem Eid und der entsprechenden gleichzeitigen pauschalen Loslösung aus der rituellen Blutschuld zeigt, wie innerhalb des religiösen Bereiches politische Kämpfe ihren Ausdruck finden.

Ob sich in den Prozessen und Volksbeschlüssen vor und während der Ausbruchsphase des Peloponnesischen Krieges, wo sich ebenfalls politische Kämpfe in Auseinandersetzungen um kultische und sakrale Angelegenheiten niederschlagen, eine Krisensituation spiegelt, ist schwer auszumachen. Allenfalls ist hinter einem Psephisma wie demjenigen des Diopeithes der Eindruck einer Bedrohung zu vermuten, von der man glaubte, sie sei gegen die sakrale Legitimation der Volksherrschaft gerichtet. Ob auch umgekehrt Perikles' Position erschüttert war oder man seinen langjährigen Einfluß als Bedrohung empfand,[121] läßt sich kaum eindeutig entscheiden. Möglicherweise hat Perikles im Falle des megarischen Psephismas sich veranlaßt gefühlt, dem allgemeinen Empfinden keinen Anstoß zu geben, um seine eigene Situation nicht zu verschlechtern.

[119] Andok. Myst. 96–8; Lykurg, Leocr. 125–7.

[120] Jeder, der unter diesen Umständen tötete, sollte ὅσιος καὶ εὐαγής sein und somit rein πρὸς θεῶν καὶ δαιμόνων. Vgl. Parker (1983) 6ff. zu der Bedeutung von ἐναγής: An einem solchen Mörder sollte nichts Beflecktes sein.

[121] HCT II, 184ff. Perikles' Position war zu Beginn des Krieges alles andere als erschüttert.

3. *Der Prozeß gegen Perikles zu Beginn des Peloponnesischen Krieges*

Nach dem Bericht des Thukydides wurde Perikles in der Anfangsphase des Peloponnesischen Krieges, wahrscheinlich im Sommer 430,[122] angeklagt und zu einer hohen Geldbuße verurteilt, womit gleichzeitig auch eine Amtsenthebung verbunden war.[123] Übereinstimmend berichten die Quellen von einem Stimmungsumschwung im Volk, bewirkt durch die Umstände des Krieges und das wenig tragfähige Konzept seines Kriegsplans, der zu keinem erfolgreichen Ausgang dieses Prozesses führte. Thukydides gibt ein klares Bild der Strategie, die Perikles für den Krieg geplant hatte.[124] Die defensiv angelegte Strategie sah eine Evakuierung von Attika vor, um der Invasion zu Land durch die Peloponnesier auszuweichen.[125] Die Flotte dagegen sollte das eigentliche Instrument des Krieges sein, da die Aufrechterhaltung des Nahrungsnachschubs, die Sicherung der finanziellen Ressourcen und die Kontrolle der Verbündeten ausschlaggebend für Athens Position war. Für diesen Plan war es wichtig, nebensächliche Operationen zu vermeiden, vor allem den Kampf um neue Territorien. Offensive Aktionen sollten nur als Gegenschlag durchgeführt werden. Das Ziel dieses perikleischen Plans scheint es gewesen zu sein, die Peloponnesier zu der Einsicht zu bewegen, daß sie Athens Position nicht wesentlich schwächen könnten und keine andere Möglichkeit hätten, als sich mit Athen zu arrangieren.[126] Allerdings zeigt schon der Verlauf der ersten Invasion, deren Wirkung vom Ausbruch der Seuche verstärkt wurde, wie wenig tragfähig dieses Konzept in der breiten Masse der Bevölkerung war.[127] Auf die so veränderte Stimmungslage verweisen Thukydides, Diodor und Plutarch übereinstimmend.

Über den Anlaß der Anklage wird weniger ausführlich berichtet, möglicherweise, weil sie nur ein Vorwand war.[128] Thukydides und nach ihm, vielleicht durchaus auch in Abhängigkeit von ihm, Diodor und Plutarch sehen den Grund der Anklage in der ὀργή des Demos.

[122] HCT II, 193: jedenfalls nicht später als die Ereignisse, die bei Thuk. 2, 66, und früher als diejenigen, die 2, 67 berichtet werden.

[123] Thuk. 2, 65, 3; Diod. 12, 45, 4–5; Plut. Per. 35, 3–4.

[124] Thuk. 1, 142, 2–144, 1; 2, 13, 2. 65, 7.

[125] Allerdings hatte Perikles wohl auch den Einsatz von Reiterei geplant, um das Land nicht gänzlich schutzlos zu lassen: Thuk. 2, 19, 2. 22, 2; 3, 1, 2. Vgl. Ober (1985) zu der Funktion der Grenzforts.

[126] Vgl. Lewis, CAH (1992) 381.

[127] Zu der Seuche vgl. oben, 12.

[128] Diod. 12, 45, 4.

Einzig Platon nennt κλοπή als den Anlaß für den Prozeß.[129] Dagegen spricht nun nicht nur das Zeugnis des Thukydides (2,65,8), daß Perikles in Gelddingen integer war,[130] sondern auch die von Platon selbst genannte, mit der Anklage offensichtlich verbundene Lebensgefahr. Eine Verurteilung mit Todesfolge erscheint viel eher in einer Anklage wegen Täuschung des Volkes plausibel. Das würde auch dem im gleichen Zusammenhang beschriebenen Schicksal des Miltiades entsprechen, der ebenfalls nur knapp dem Todesurteil entkam.

Die Höhe der Geldbuße wurde laut Plutarch in der antiken Tradition schon sehr unterschiedlich angegeben und bewegte sich zwischen Beträgen von 15 und 50 Talenten. Diodor schreibt sogar von 80 Talenten. Ebenso unterschiedlich sind die Namen der Ankläger überliefert worden.[131] Die vermutlich sehr hohe Geldbuße und die Parallelität zu der Verurteilung des Miltitades, auf der ein Teil der platonischen Argumentation an dieser Stelle beruht, deuten eher auf eine Aburteilung wegen Täuschung des Volkes hin. In beiden Fällen geht es um die Diskreditierung der Demos-Mentalität, gegen die auch die angeblich hervorragendsten Politiker des 5. Jahrhunderts hilflos wie die Wagenführer von durchgegangenen Pferden waren.[132]

Im Hinblick auf die Zusammenhänge der anderen Prozesse ist der Vergleich mit dem Miltiades-Prozeß noch in einer anderen Weise aufschlußreich. Herodots Darstellung des Prozesses beruht auf dem Gedanken, daß die Verurteilung des Miltiades deshalb erfolgte, weil die Täuschung des Volkes ein Miasma, einen Frevel, bedeutete. Die hier geknüpfte Verbindung zwischen der Volksherrschaft und der sakralen Integrität der Polis ist die gleiche, die hinter den Anklagen und dem megarischen Psephisma steht.

[129] Plat. Gorg. 516a 1ff. Ob die von dem Scholiasten zu Ar. Wolken 859 berichtete Erklärung von der Deklarierung nichtbelegbarer Ausgaben als εἰς τὰ δέοντα hierhin gehört, bleibt fraglich.

[130] Dies ist ein weiterer Hinweis darauf, daß Perikles von der Anklage wegen ἱεροσυλία freigesprochen worden sein muß. Wenn Perikles 430 wegen einer Unterschlagung verurteilt und abgesetzt worden wäre, so läge in der Äußerung des Thukydides 2,65,8 ein eklatanter Widerspruch dazu, der kaum plausibel wäre. Auch Plutarch, Per. 15,4, bestätigt diesen einwandfreien Ruf des Perikles.

[131] Plut. Per. 35,4: Idomeneus nannte Kleon, Theophrast einen gewissen Simmias, Herakleides einen Lakratides.

[132] Vgl. dazu ausf. Schubert (1993) 177ff. und oben, Kap. I.1.b, 10.

VI. DIE ENTWICKLUNG DER ATTISCHEN DEMOKRATIE: THESEN UND FRAGEN

1. Von der Isonomie zur Demokratie

Die kleisthenische Phylenreform wurde und wird als der eigentliche Beginn der attischen Entwicklung zur Demokratie als einer Volksherrschaft hin angesehen.[1] Das Verständnis der einzelnen Phasen dieser Entwicklung sowie ihrer Vorgeschichte kreist im wesentlichen um die Frage, wie das Verhältnis zu dem älteren Ausdruck Isonomie einzuschätzen ist.[2] Die Differenzierung dieser beiden Begriffe, die während der 2. Hälfte des 5. Jahrhunderts nebeneinander benutzt wurden, läßt die Veränderung des politischen Bewußtseins erkennen, die erst die Herrschaft des Volkes im eigentlichen Sinn ermöglichte.

Als ein Begriff, der seinerseits wiederum Ergebnis einer ihn prägenden Entwicklung ist, weist Isonomie auch auf Vorausgegangenes bzw. »einen voraufliegenden Prozeß«.[3] In diesem Sinn verfolgt Christian Meier dies für die archaische Zeit in einer ›Sozialgeschichte politischen Denkens‹.[4] Neben den bekannten Elementen des Prozesses, die zu der Herausbildung des griechischen »Sonderwegs« zur Demokratie führten, wie etwa der Funktion des Delphischen Orakels, der Hoplitenphalanx, der »Virulenz des Gerechtigkeitsglaubens«, weist Meier besonders auf die Konsequenzen hin, die das Fehlen einer starken Zentralgewalt hatte. Erst hierdurch entstand die »breite Machtlagerung«, die auch eine gesamtgriechische Öffentlichkeit bedingte, entstanden Handlungsmöglichkeiten, die wiederum zu neuen Erwartungen und Ansprüchen führten. Zusammen mit der wirtschaftlichen Krise der

[1] Herod. 5,78; 6,131,1; Isokr. 15,232; AP 29,3; Bleicken (1985) 28; Meier (1980) 91ff., 106ff. Zu den Einzelheiten der Reform und den verschiedenen Überlegungen, welche Tendenz beabsichtigt und welche Zielrichtung verwirklicht worden sei: Ostwald (1986) 15ff. (Lit. u. Übers.); dazu auch Martin (1974).

[2] Zur Isonomie vgl. Vlastos (1953) 337ff.; ders. (1964) 1ff.; Borecky (1971) 5ff.; Frei (1981) 205ff.; Bleicken (1985) 47f., 327f.; Meier (1970) 7ff.; ders. (1980) 275ff., 326ff.; Triebel-Schubert (1984) 40ff.; Lengauer (1987) 53ff.

[3] Meier (1970) 52.

[4] Meier (1970) 52ff.

archaischen Zeit, die sich in Verschuldung, Ausbeutung und Schuldknechtschft niederschlug, und der Machtverlagerung innerhalb des Adels, die sich in der Tyrannis äußerte, führte dies dazu, daß dem politischen Denken ein Entfaltungsraum entstand, daß das politische Denken sich in der gesellschaftlichen Wirklichkeit breiter Schichten »einlagerte«.[5]

Dieses politische Denken war nicht die alleinige Leistung einer sogenannten intellektuellen Elite, sondern ebenso gebunden und geprägt von den Ansprüchen und Erwartungen der Vielen. Diese Erwartungen, hervorgerufen durch politische Auseinandersetzungen, wirtschaftliche Not und Bürgerkriege, verbanden sich mit Hoffnungen, die man auf Schlichter und »Wieder-ins-Lot-Bringer« richtete und denen man das Richten und Ordnen der Interessen und Institutionen, die Wiederherstellung der Rechtssicherheit zutraute.

Die Tätigkeit der Schlichter, die in Verbindung mit der Funktion des Delphischen Orakels zu sehen ist, verfestigte sich in der archaischen Zeit zu einer Rollenfunktion, die Meier als eine »dritte Position« beschreibt.[6] Die soziale Verankerung dieses Phänomens sieht Meier vor allem in der Dynamik, die durch die gegenseitige Bewegung von Erwartung und Erwartungserwartung zwischen den Interessen der breiten Menge und dem Denken und Handeln derjenigen sich bildete, die als »Anwälte für das Ganze der Polis« auftraten. Die Tyrannis scheint diese Entwicklung langfristig nur verstärkt zu haben, indem die durch sie bewirkte Konsolidierung im wirtschaftlichen Bereich ebenso wie die zunehmende Rechtssicherheit einerseits die Dynamik von Ansprüchen und Erwartungen noch steigerten, andererseits zu einer Verhärtung des Tyrannenregiments führten. Aus dieser Situation ergab es sich, daß die Möglichkeiten politischen Denkens und Handelns, wie sie in dem Phänomen der »dritten Position« angelegt, auch recht erfolgreich und für die Öffentlichkeit wahrnehmbar praktiziert worden waren, auch für breitere Kreise der Bürgerschaft von Interesse wurden. Das Engagement und die Solidarität, die sich in der Vorstellung von Isonomie und den kleisthenischen Reformen am Ende des 6. Jahrhunderts niedergeschlagen haben, weisen auf einen grundlegenden Wandel in der Interessenstruktur: von vornehmlicher Orientierung an Fragen der Sicherung in wirtschaftlicher und rechtlicher Hinsicht zu politischer Gleichberechtigung und politisch gleicher Teilhabe am Gemeinwesen. Diese Umorientierung auf eine gemeinsame politische

[5] Meier (1970) 70ff.

[6] Meier (1970) 75ff.

Vorstellung beschreibt Meier als die Herausbildung der politischen Identität.[7]

Ein entscheidendes Element der »Bürger-Identität« ist ihre Ausrichtung auf die mentale Ebene.[8] Denn nicht die institutionellen Einrichtungen bedingen speziell die attische Demokratie, sondern vielmehr die im mentalen Bereich entstehenden Bedingungen. Am Beispiel der attischen Tragödie erläutert Christian Meier, »wie das Politische in den Vorstellungen, im Glauben, in jenem tieferen Wissen, auf das wir unsere Erfahrungen beziehen, wenn wir ihrer sicher sein wollen, unterfangen wird«, »daß sich die Arbeit eines Gemeinwesens an seiner mentalen Infrastruktur in aller Öffentlichkeit« abspielen kann.[9] Die erstaunliche Parallelität zwischen Entstehen und Höhepunkt von Tragödie und Demokratie führt zu der Frage, in welchem Verhältnis die in den Tragödien problematisierte Wirklichkeit zu den politischen Entwicklungen stand.

Die einschneidenden Veränderungen, die aufbrechenden Gegensätze zwischen alter und neuer Ordnung werden in den mythischen Dramen der Tragödien immer wieder durchgespielt. Für Meier schlägt sich darin die spezifische Funktion der attischen Tragödie nieder: Auffrischung des »Sinnkredits«, Arbeit am nomologischen Wissen der ganzen Gesellschaft, insgesamt die Arbeit am mentalen Unterfangen der Politik. Damit hätten sich Politik und Tragödie gegenseitig bedingt und wäre gerade der Tragödie auch die Funktion zugekommen, eine Ablösung oder Isolierung des Politischen aus dem gesamten Zusammenhang der Gesellschaft, ihrer Vorstellungen, Prägungen, Traditionen und Verhaltensweisen, zu verhindern. Dieses öffentliche »Durchspielen« von Problemen der Moral, der Weltdeutung ist daher als eine Voraussetzung der Politik einzuordnen. Es zeigt darüber hinaus auch, wie dieses Modell von der attischen Demokratie als einer *Lebensweise*, die auch eine neue Art des Denkens hervorbrachte, bestimmend für die damalige Öffentlichkeit wurde.[10]

Die in dem Begriff der politischen Identität liegende Abstraktheit und die damit verbundene Ansicht, daß gerade die wirtschaftlichen und rechtlichen Bedürfnisse und Interessen weder Vorstellungswelt noch Handlungen des einzelnen Bürgers dominierten, haben zu erheblicher Kritik an dem Modell Christian Meiers geführt.

[7] Meier (1970) 86ff.

[8] Zu diesem Aspekt des »mentalen Unterfangens des Politischen« ausf. Meier (1988) 43–53.

[9] Meier (1988) 10.

[10] Meier (1988) 233; vgl. 236f. und 52f.

Finley schätzt die Bedeutung dieser Interessenlagerung in einem ganz anderen Sinn als Meier ein.[11] Politik als Seins- oder Lebensweise war seiner Ansicht nach in der Antike nur für professionelle Politiker, d. h. einen kleinen elitären Kreis, möglich. Für alle anderen, d. h. die breite Menge der Bevölkerung, ist Politik immer nur instrumentell gewesen. Daher nimmt er durchaus auch ein breitgelagertes Interesse an der Politik an; jedoch habe dies immer speziellen Funktionen gedient, wie etwa Fragen der Rechtssicherheit, des Rechtsschutzes, der Selbstverteidigung vor Gericht, der Landnahme oder auch der Aufhebung von Schulden. Allerdings räumt er selbst ein, daß etwa in Athen der Niederschlag von derart speziell an einzelne Themen gebundenen Interessen in der Politik äußerst gering war.[12] Wenn er nun trotzdem das Interesse der Bürgerschaft an »Verfassungsformen, Wahlen und politischen Konflikten« (a. a. O. 141) auf diese materielle Ebene reduziert, so ist dies Ausdruck seiner eigenen Überzeugung, daß tiefgreifende gesellschaftliche Veränderungen durch das Eigengewicht der wirtschaftlichen Faktoren bedingt sind.[13]

Andererseits bietet gerade der von Meier für diese Phase der griechischen Geschichte entwickelte Begriff der Isonomie den Zugang zu einer anderen Ebene, durch die gesellschaftliches Verhalten bedingt wird. Die von Finley genannten Interessenlagen bestimmen eben nur eine Realitätsebene, sie sagen wenig oder nichts darüber aus, welche Vorstellungen die rationale Dynamik des Sozialisationsprozesses oder andere Plausibilitätsstrukturen der Wirklichkeitswahrnehmung bestimmen. Wirtschaftliche, juristische und allgemein ökonomische Faktoren sind ein wesentlicher Teil der Wirklichkeit, jedoch wäre es eine Reduktion auf vordergründige Faktizität, auch Vorstellungen, die Begriffen wie Isonomie oder später Demokratie zugrunde liegen, allein darauf zurückzuführen. Die wirklichkeitsstiftende Macht von Sprache und Begriffen, die die Phänomene nicht nur beschreiben, sondern sie gleichzeitig auch erzeugen, wird dabei ebensowenig berücksichtigt wie die Notwendigkeit, die subjektive Wirklichkeit durch Einbindung in allgemeine gesellschaftliche Prozesse ständig neu zu bestätigen. Jedoch gerade diese allgemeinen gesellschaftlichen Prozesse sind ohne eine Plausibilitätsstruktur, die dem einzelnen die Selbstidentifikation erhält, nicht möglich.[14]

[11] Talanta 7 (1976) 8; ders. (1986) 125ff. Ebd. bezieht er sich auf Meiers Überlegungen und begründet seine eigene Position ausführlich.

[12] Finley (1986) 141.

[13] Finley (1986) 11ff.

[14] Berger/Luckmann (wie Anm. 9 Kap. V) 157ff.

Die breite und engagierte Verinnerlichung eines relativ abstrakten Interesses an der Politik, die Zentrierung des allgemeinen Interesses auf die Politik scheint der wesentliche Zug in der griechischen Entwicklung zu sein, der den eigentümlichen und besonderen Weg zur Demokratie erklärt. Die Ausrichtung des allgemeinen Interesses an dem politischen Geschehen innerhalb der Polis ist das Charakteristikum des Isonomie-Begriffes.

a) Die Entstehung der Isonomie-Vorstellung

Der Begriff selbst ist in seinem sprachlichen Kontext den ordnungspolitischen Vorstellungen zuzurechnen, die – wie auch die Eunomie – die Frage nach der Qualität der Ordnung beantworten.[15] Dagegen orientieren sich spätere Begriffe wie etwa Demokratie an der Frage, welche Gruppe über die politische Herrschaft in einer Polis verfügt. In allgemein politischer Sicht ist in Isonomie zuerst ein »Programm gegen willkürliche Herrschaft« zu sehen.[16] Das Gegenbild verkörpert die Tyrannis als Inbegriff der ungerechten Willkürherrschaft, aller nicht-isonomen Ordnungen. Aus dem Kampf gegen die Tyrannis ist die Vorstellung von Gleichheit vor und Gleichheit durch den Nomos, d. h. die gerechte Ordnung, entstanden.

Deutlicher Hinweis auf diese Entwicklung sind die ersten Belege für Isonomie. Im Harmodios-Lied, das Teil einer Sammlung von Trinkliedern aus peisistratidischer Zeit ist, die bei den Gelagen der Adligen gesungen wurden, begegnet der Begriff der Isonomie zum ersten Mal.[17] Das gesamte Lied steht inhaltlich im Kontext der aristokratischen Opposition gegen die peisistratidischen Tyrannen und der verschiedenen, von der Seite des Adels unternommenen Umsturzversuche.[18] Harmo-

[15] Grundsätzlich zu der Entwicklung, die von den nomistischen zu den kratistischen Begriffen übergeht: Meier (1970) 35f., 44f.

[16] Meier (1970) 41.

[17] Schol. Anon. 893. 896 Page, PMG; vgl. dazu V. Ehrenberg (1940) 293f.; ders. (1950) 515ff. Zu Inhalt und Chronologie des Harmodios-Liedes: C. P. Bowra, Greek Lyric Poetry, Oxford ^{2}1967, 373f.

[18] In den Strophen 23 und 24 wird auf den Umsturzversuch des Kedon, der der Ermordung des Hipparchos durch Harmodios und Aristogeiton vorausging, angespielt sowie auf die Schlacht bei Leipsydrion, die in die Phase zwischen dem Tod des Hipparchos (514) und der Vertreibung des Hippias (510) fällt. Das Harmodioslied bildet mit diesen Strophen eine inhaltliche Einheit und ist wohl kaum vor 510 entstanden. Jedoch läßt sich im einzelnen nicht fest-

dios und Aristogeiton, die den Tyrannen getötet haben, sollen nach der Version des Liedes dadurch den Athenern auch die Isonomie gebracht haben.[19] Die Diskussion darüber, ob dieser Gebrauch von »isonom« im Zusammenhang mit den kleisthenischen Reformen und damit zu verbindenden Vorstellungen von Demokratie zu verstehen sei oder ob es sich um eine Gleichheitsvorstellung bzw. -forderung handelt, die aus der aristokratischen Opposition gegen die Tyrannis entwickelt wurde, ist nur in Verbindung mit dem einzigen anderen Beleg für Isonomie aus der Zeit vor 500 zu lösen.[20]

Bei dem Naturphilosophen und Mediziner Alkmaion von Kroton steht Isonomie für die nach einem gleichen Maß ausgerichtete Mischung, die Gesundheit bedeutet und dementsprechend als Gegensatz zu einer ὑπερβολή der Monarchie (= Tyrannis), die mit Krankheit gleichgesetzt wird.[21] Κρᾶσις bedeutet hierbei nicht Mischung im Sinne einer Durchmischung, die aus den ursprünglichen Bestandteilen eine neue Einheit herstellt, sondern entsprechend der zugrundeliegenden Vorstellung von Symmetrie, die aufgrund eines gemeinsamen Maßes verschiedene Elemente in ein Verhältnis setzt, die Ausgewogenheit

legen, ob bestimmte Teile des Liedes vor oder nach 507/6, d. h. vor oder nach dem Beginn der Reformen des Kleisthenes, zu datieren sind. Vgl. dazu ausf. Triebel-Schubert (1984) 47ff.

[19] Im Lied ist dies adjektivisch formuliert: ἰσονόμους τ' Ἀθήνας.

[20] Vgl. zu dieser Diskussion: Vlastos (1953) 363; ders. (1964) 1f., der vor allem die Auffassung vertreten hat, daß Isonomie von Anfang an ein mit demokratischen Vorstellungen verbundener Begriff gewesen sei und sich als solcher auch im Harmodios-Lied niedergeschlagen habe; Ehrenberg, der ursprünglich (s. o. Anm. 10) die Meinung vertreten hatte, daß Isonomie anfangs von aristokratischen Gleichheitsvorstellungen geprägt gewesen sei, schloß sich später (1956, 57ff.) der Meinung von Vlastos an; vgl. zu Wortfelduntersuchungen: Frei (1981) 205ff. und Debrunner (1947) 11ff.; neuere Übersicht des Diskussionsstandes um die Bedeutung von Isonomie und Demokratie bei: Bleicken (1985) 327ff.; dort vor allem eine kritische Darstellung der Thesen von Sealey (1973) 253ff. und Kinzl (1978) 117ff.; vgl. auch Lengauer (1987) 53f.; zur Wortgeschichte: Der Begriff setzt sich aus den Bestandteilen ἴσος und νόμος zusammen, etwa in dem Sinn »Gleichverteiltheit«. Zu der Kontroverse, ob νόμος (von νέμειν) ursprünglich in passiver Bedeutung – als das »Zugeteilte« – oder als *nomen actionis* – als Verteiler – auftritt: G. Baudy, Hierarchie oder die Verteilung des Fleisches, in: B. Gladigow/H. Kippenberg, Neue Ansätze in der Religionswissenschaft, München 1983, 131–74, hier 157f.; anders: F. Heinimann, Nomos und Physis, Darmstadt ^{2}1980, 59ff.

[21] DK 24 Alkmaion B4: ausf. zur Interpretation und zu der Vorstellung von Krankheit und Gesundheit Triebel-Schubert (1984).

gleichberechtigter und einzelner Elemente in einer Gruppe.[22] In einem Vergleich mit der Mischungsvorstellung, die aus der kleisthenischen Phylenreform ersichtlich wird, läßt sich der Unterschied erkennen: Die Mischung verschiedenster Gruppen der attischen Bevölkerung in einem System von Phylen und Trittyen hatte gerade das Ziel, ursprünglich vorhandene Gruppierungen, Teile und Verhältnisse nicht mehr auf politischer Ebene in Erscheinung treten zu lassen.[23] Dagegen setzt die Krasis des Alkmaion voraus, daß die beteiligten Elemente und Faktoren in ihrer Eigenart weiterhin sicht- und erkennbar sind, dies jedoch ausgewogen und gleichberechtigt. Hier ist der Unterschied zwischen einer Isonomie-Vorstellung, die an ein aristokratisches Gleichheitsideal anknüpft, und einer demokratisch ausgerichteten Isonomie zu erkennen, die sich vor allem in den entsprechenden Mischungskonzepten niedergeschlagen hat. Beide gehören in das politische Geschehen der Zeit des Tyrannensturzes und der kleisthenischen Reformen in Athen.[24]

b) Isonomie und das Verhältnis zwischen Demos und Adel

Wie oben schon betont wurde, ist Isonomie einer der nomistischen Begriffe, die jeweils die Struktur des Ganzen eines Gemeinwesens beschreiben. Wenn Isonomia die Ordnung des kleisthenischen und nachkleisthenischen Athen benennt, so ist damit jedoch noch nichts über das Verhältnis zu den der Demokratie zugrundeliegenden Herrschaftsvorstellungen oder das Verhältnis zwischen Adel und Volk gesagt. Gerade dem Verhältnis zwischen Adelsgruppen, aristokratischen Führern und dem Volk kommt für die Einschätzung der Entwicklung zur Demokratie hin eine entscheidende Bedeutung zu. In der Regel wird heute, von wenigen Ausnahmen abgesehen,[25] dies als ein noch im

[22] Zu dem Symmetrie-Begriff dieser Zeit vgl. Triebel-Schubert (1989 a) 190ff.

[23] AP 21,3: ἀναμίσγεσθαι τὸ πλῆθος; Arist. Pol. 1319b 25: ὅπως ἂν ὅτι μάλιστα ἀναμιχθῶσι πάντες ἀλλήλοις. Vgl. dazu Martin (1974) 14f.; Meier (1980) 106ff.; Bleicken (1985) 31ff.

[24] Vgl. zu der Überlegung, daß Isonomie eine ursprünglich aristokratische Vorstellung ist, Raaflaub (1980) 23ff., der betont, daß der Name des Isagoras, Kleisthenes' Gegenspieler, als politisch-programmatischer Name auf die offensichtlich schon damals hohe Bedeutung der Isegoria hinweist. Isegoria und Isonomia gehören in denselben Kontext, denn die Forderung nach Isegoria kann kaum älter sein als diejenige nach Isonomia.

[25] Vgl. etwa Ehrenberg, Origins of democracy, Historia 1, 1950/51, 515ff.;

5. Jahrhundert lange Zeit von der Aristokratie her dominierter Prozeß interpretiert. Grundsätzlich wird die Tatsache, daß mehr oder weniger ausschließlich nur Aristokraten als Inhaber der höchsten und einflußreichsten Ämter überliefert sind, als Strukturprinzip gesehen. J. Martin etwa schließt sich der Ansicht von A. Heuss an, daß eine »unmittelbare Demokratie ... nur beim Vorhandensein latenter Führungssysteme praktikabel sei«.[26] Demnach sei die attische Demokratie »von

grundsätzlich dazu: Meier (1980) 119ff.; vgl. Lotze (1983) 9ff.; Gehrke (1989) 103ff.

[26] Martin (1974) 6 mit Anm. 5; er zitiert hier den Beitrag von A. Heuss, Zum Problem einer geschichtlichen Anthropologie, in: Gadamer/Vogler (Hrsg.), Neue Anthropologie, Bd. 4: Kulturanthropologie, Stuttgart/München 1973, 173. Hier ist auf das Problem zu verweisen, wie die anthropologische Grundstruktur des Menschen einzuschätzen ist. Der Ansicht von Heuss etwa liegt im wesentlichen die auf Gehlen zurückgehende Vorstellung vom Menschen zugrunde. Gehlen geht von dem Kompensationsbedürfnis des Menschen aus, das sich aus dessen »Instinkt-Mangel« im Vergleich zu den Tieren ergebe. Daher bedürfe der Mensch einer gewohnheitsmäßigen Stabilisierung und Regulation seines Handelns, die nicht aus der subjektiven Vernunft zu leisten sei. Diese Stabilisierung geschehe nicht aufgrund der rationalen Herleitung von Gründen aus einer prinzipiellen Motivierung und Regulation des Handelns. Eine gewohnheitsbedingte Regulation entspricht einer konventionellen Handlungssteuerung. Diese bedarf keiner Legitimation und Begründung durch subjektive Einsicht. Der normative Außenhalt entsprechender menschlicher Handlungen und Entscheidungen ist hiernach durch »Institutionen« und traditionell sowie konventionell gestützte Handlungsgewohnheiten gegeben. Derartige »Institutionen« sind etwa die Ordnungen des sozialen Zusammenlebens wie Familie, Sitte, Recht, Staat etc. (Zu Gehlens These vom »Instinktmangel«: A. Gehlen, Der Mensch. Seine Natur und seine Stellung in der Welt, Wiesbaden ^{12}1978, Einführung; zu der Funktion der Handlungsgewohnheiten: ders., a. a. O. IV. Teil und ders., Urmensch und Spätkultur, Wiesbaden ^{4}1977.) Der Mangel regulierender Instinkte setzt nach diesem anthropologischen Ansatz Gehlens einen »ungeformten Antriebsüberschuß« frei, der die menschliche Selbstkontrolle erheblich belastet. Gerade diese Selbstkontrolle soll durch die »Institutionen« gebunden werden. Die bei Heuss und in Anlehnung an ihn auch bei Martin zu erkennenden Vorstellungen (»Vorhandensein latenter Führungssysteme«) lehnen sich an solche Überlegungen zur Regulation und Stabilisierung menschlichen Handelns an. Diese Einschätzung der menschlichen Grundstruktur ist nicht unproblematisch. Hier ist besonders auf die Kritik hinzuweisen, die Plessner der Kompensationsthese gegenüber geäußert hat (H. Plessner, Die Frage nach der Conditio Humana, Einleitung zur Propyläen Weltgeschichte, Berlin 1961, 35–81; ders., Trieb und Leidenschaft, in: Die Frage nach der Conditio Humana. Aufsätze zur philosophischen Anthropolo-

bestehenden Führungssystemen her konzipiert« worden und »diese dann überrollt worden« (in der späteren, der im allgemeinen als »radikal« bezeichneten Phase der Demokratie).

Inhaltlich liegt hier ein Widerspruch darin, daß einerseits eine aristokratische Vorstellung von Isonomie im allgemeinen zugunsten eines demokratischen Ursprunges von Isonomie abgelehnt wird, andererseits dann diese demokratische Isonomie aber als von Aristokraten instrumentalisiert gedacht wird, womit Adelsinteressen wie Macht und Ehre gefestigt worden sein sollen.[27] Das Aufkommen eines neuen Begriffes, der als politisches »Schlagwort« in so verschiedenen Bereichen wie Politik, Poesie und Medizin aufgenommen wird, ist doch eher vor dem Hintergrund einer Veränderung des allgemeinen politischen Bewußtseins zu erklären. Darin spiegeln sich auch sozialgeschichtliche Entwicklungen und langfristige prozessuale Vorgänge, die nicht auf die Ebene von machtpolitischen Manipulationen und politischer Taktik reduziert werden können.[28] Ohne diese Voraussetzungen wären weder die Konzeption der Phylenreform, die »die alten sozialen Bindungen« an die Adelsgeschlechter zerschnitt,[29] noch die erstaunlich schnelle Funktionsfähigkeit von Volksversammlung und vor allem Boule auf der Basis der neuen Prinzipien möglich gewesen. Zur Erklärung dieser Entwicklung beruft sich auch Martin auf eine längere vorausgegangene Phase während der peisistratidischen Zeit, durch die schon die Beseitigung der starken sozialen Abhängigkeiten des Demos vom Adel eingeleitet worden seien. An die hierdurch veränderten Bedingungen habe auch Kleisthenes angeknüpft.[30] Martins Überlegungen beruhen auf der Trennung der Beseitigung sozialer Abhängigkeiten von der Veränderung der sozialen und politischen Institutionen. So ist es ihm möglich, zwar die Veränderung und Richtung des Prozesses in seine Interpretation einzubeziehen, jedoch die politische Ausrichtung der neuen Interessenlagerung davon abzutrennen: Die eigentliche politische Struktur Athens sei trotz der Phylenreform nicht verändert worden, so »daß die politische Organisation Athens auch nach Kleisthenes zu-

gie, Frankfurt a. M. 1976, 159–79, bes. 166ff.). Plessner weist besonders darauf hin, daß gerade politisches und moralisches Verhalten auf der Basis der Kompensationsthese kaum erklärt werden könne.

[27] Bleicken (1985) 47.

[28] Dazu ausführlich Meier (1980) 106ff. und ders. (1978) 221ff. Allgemein dazu: Berger/Luckmann (wie Anm. 9 Kap. V) 49ff.

[29] Martin (1974) 18.

[30] Martin a. a. O. 21

nächst eine oligarchische blieb«.[31] Im Kern handelt es sich hier um die Abtrennung der sozialhistorischen Veränderungen von entsprechenden Verläufen des politischen Bewußtseins und damit verbundenen politischen Interessen.

Diese Entwicklung, von der nur Bruchstücke in der Überlieferung erhalten sind – diese schlechte Überlieferungslage hat sich in den weit auseinanderliegenden Thesen der modernen Diskussion um ein aristokratisches und demokratisches Isonomie-Verständnis niedergeschlagen –, läßt sich weder monokausal erklären, noch in einem gradlinigen Verlauf beschreiben. Dagegen ist, wie das Harmodios-Lied und das Fragment des Alkmaion, aber auch der programmatische Name des Isagoras zeigen, mit einer Konkurrenz bzw. einer möglicherweise anzunehmenden Umwertung der Isonomie-Vorstellung nach dem Sturz der Tyrannis und im Zusammenhang der kleisthenischen Phylenreform zu rechnen.[32] Obwohl Begriffe wie Isegoria, Isokratia und *isopsephos* erst aus wesentlich späterer Zeit überliefert sind, ist es sehr wahrscheinlich, daß auch sie in derselben Zeit geprägt worden sind wie Isonomia.[33]

Die Einschätzung der kleisthenischen Phylenreform und vor allem ihrer Folgen für die weitere Entwicklung hängt neben diesen grundsätzlichen Erwägungen im wesentlichen daran, wie die Rolle von Ekklesie und Boule zu bewerten ist. Wenn beide Institutionen nur als Forum gesehen werden, vor dem und durch das die Aristokraten ihre Auseinandersetzungen um Macht und Ansehen weiterführten und das erst langfristig auf diese Weise selbst zu politischer Bedeutung kam, dann bedeutet dies, daß dem Demos in den Jahrzehnten nach der kleisthenischen Reform nur eine unbedeutende Rolle zukam. In der Kon-

[31] Martin a. a. O. 22. Zu einem vergleichbaren Ergebnis kommt Bleicken (1985) 47: »Diese Distanzierung bedeutete aber keinen Umbruch des politischen Bewußtseins. Denn da sich der politische Gegner, die Adligen, mit den gegebenen Verhältnissen abfand, ferner auch in vielen anderen griechischen Städten sich die Hopliten als Bürgerschaft der Stadt etablierten und damit die innenpolitische Spannung – teils auch als Folge des von den Persern kommenden Druckes – in Athen und anderswo nachließ, verlor das Wort Isonomie viel von seiner Stoßkraft. Es bezeichnete das erreichte Ziel; der damit verbundene Wandel der Ordnung als einer neuen ›Verfaßtheit‹ dürfte jedenfalls nicht sehr stark gewesen sein.«

[32] Vergleichbar ist dies später in Athen auch mit dem Begriff der Demokratie geschehen: So nahmen auch die Oligarchen von 411 für ihre Verfassung den Namen der Demokratie in Anspruch: Thuk. 3,62,3.

[33] Vgl. Bleicken (1985) 47; eine überzeugende Argumentation bei Raaflaub, der von dem Namen des Isagoras ausgeht (s. o. Anm. 24).

sequenz läge dann allerdings auch die Vorstellung, daß der Demos über lange Phasen der attischen Politik nur eine Rolle als taktische »Verfügungsmasse« für die Interessen adliger Politiker gespielt habe.[34] Damit wäre das grundlegende Prinzip der Repräsentation in der kleisthenischen Reform nur als Fiktion zu begreifen, dem kein wirklicher politischer Gehalt entsprochen hätte. Ekklesie und Boule nur als Instrumente aristokratischer Machtinteressen einzuschätzen bedeutet, daß auch das gesamte, nicht unkomplizierte System von Wahl und Auslosung über mehrere Ebenen (Demen, Trittyen, Phylen) im Grunde Fiktion gewesen wäre.[35] Gehrke hat diese Problematik mit der Gegenüberstellung von der Demokratie als einem »Manipulationsrevier« machthungriger Einzelkämpfer einerseits und einem politischen System, in dem den handelnden Gruppen auch ein politisches »Eigengewicht« zukommt, andererseits verdeutlicht.[36]

Eder hat darauf hingewiesen, daß das Verhalten des attischen Demos während der spartanischen Invasion unter der Führung des Kleomenes bereits auf ein erhebliches Maß an Selbstbewußtsein und Fähigkeit zur effizienten Selbstorganisation deutet: Der Demos war durch die Vertreibung der Alkmeoniden und von 700 anderen Adelsfamilien, aus denen sich die politische Führerschaft rekrutierte, seiner gesamten Elite beraubt. Trotzdem gelang die Belagerung der Akropolis und die Vertreibung der Spartaner.[37]

Diese grundsätzliche Differenz in der Einschätzung von Entwicklung und Bedeutung des sich verändernden politischen Bewußtseins kennzeichnet auch die Darstellung der Phase bis zum Peloponnesischen Krieg. Die entscheidenden Einschnitte und Reformen der »zentralen politischen Institutionen« wie die Einführung des Ostrakismos, die Veränderungen in den Zugangsbestimmungen für das Archontat, die Richterbesoldung und vor allem die Reformen des Ephialtes werden eher als taktisch-strategische Instrumente in den Auseinandersetzungen zwischen aristokratischen Politikern, sei es in innenpolitischer, sei es in außenpolitischer Orientierung, gesehen denn als Äußerungen eines sich zunehmend bildenden Selbstbewußtseins des attischen De-

[34] Vgl. in diesem Sinn etwa Frost, CSCA 1 (1968) 121f.; Connor (1971) 64.

[35] Schubert (1993) 27f.

[36] Gehrke (1984) 532.

[37] Herod. 5, 72f.; W. Eder, Political self-confidence and resistance: The role of demos and plebs after the expulsion of the tyrant in Athens and the king in Rome, in: T. Yuge/M. Doi (Hrsg.), Forms of control and subordination in antiquity, Tokio (1988) 465ff.; Raaflaub (1985) 119f.; Schubert (1993) 40.

mos.[38] Im Hintergrund steht dabei immer die genannte Vorstellung vom Demos als einer »Verfügungsmasse« für einzelne, elitäre Politiker.[39]

Die zeitgenössische Literatur des 5. Jahrhunderts hat diesen Zusammenhang im wesentlichen anders eingeschätzt: Das Verhältnis zwischen Veränderungen im Bereich der politischen Institutionen und dem politischen Bewußtsein wird als ein wesentlich engeres gesehen. Vor allem Herodot und die kulturphilosophische Schrift ›De aeribus‹ äußern sich hierzu deutlich mit dem Blick auf die Verhältnisse in Athen. Für Herodot steht die Isegoria, die er hier synonym mit Isonomia verwendet und die durch die kleisthenische Phylenreform in Athen verwirklicht wurde, in einem ursächlichen Zusammenhang mit dem gewachsenen Selbstbewußtsein der breiten Masse der Athener.[40] Ein hierbei nach Herodot ausschlaggebendes Element ist die Überlegenheit nach außen: Sie basiert auf dem durch die Isegorie bzw. Isonomie zu verwirklichenden Selbstwertgefühl des einzelnen – und hierin liegt auch das klare Gegenkonzept zu aristokratischen Vorstellungen von Ehre, Einfluß und Macht. Ermöglicht wurde dies erst durch den Sturz der Tyrannis.

Den gleichen Gedankengang beschreibt der Autor von ›De aeribus‹.[41] Die Nomoi eines Volkes, womit er die Verfaßtheit als Königsherrschaft bzw. Tyrannis und als Gegensatz die Autonomie bzw. die Fähigkeit zur Selbstbestimmung eines Volkes im Hinblick auf seine Nomoi meint, geben den Ausschlag dafür, ob ein Volk mutig, tapfer, wagemutig ist (εὐψυχία) oder feige, heuchlerisch und verweichlicht.[42]

[38] Die Betonung der außenpolitischen Orientierung findet sich besondes bei Ruschenbusch (1979).

[39] Martin (1974) 25 ff.; Bleicken (1985) 47 ff.; Ruschenbusch (1979) 3 ff.; Larsen (1948) 1 ff.; Schaefer (1948) 479 ff.; anders: Ehrenberg (1950/1) 515 ff.; zu Finley vgl. oben; vgl. Meier (1980) 113 ff., 129 ff., vor allem zu seinem Begriff der bürgerlichen Gegenwärtigkeit.

[40] Herod. 5,78; 6,43. 131,1; vgl. Raaflaub (1985) 269 ff., 272: Die Verbindung von äußerer und gleichzeitig auch innerer Freiheit, die der Vorstellung von Isonomie, die hier bei Herodot wohl auch gleichbedeutend mit Demokratie zu nehmen ist, zugrunde liegt, gehört nach Raaflaubs Untersuchung wohl frühestens in die 40er Jahre des 5. Jahrhunderts; ders. (1980) 7 ff.; Meier (1980) 146 ff. zu der Rolle des Demos als Opposition, die sich von Fall zu Fall geltend machen konnte; Schubert (1993) 17 ff. mit Argumenten für einen früheren Ansatz für diese Entwicklung.

[41] Aer. 16,3–8 = 62,10–64,8 Diller.

[42] Der Autor geht grundsätzlich von einer Physis-Konzeption aus, die diese

Nur ein selbstbewußtes Volk, das sich selbst regiert, wird auch mit vollem Einsatz für das eigene Interesse eintreten (Aer. 16,4 und 23,6–8). Der Autor sieht eine enge Verbindung zwischen Selbstbewußtsein, Interesse und politischer Verfaßtheit eines Volkes. Ebenso wie Herodot verknüpft er diesen Zusammenhang mit dem Gegensatz von Isonomie und Tyrannis und verbindet ihn außerdem mit der Gegenüberstellung von Griechen und Asiaten. Schließlich soll gerade dies den Erfolg des griechischen Modells belegen. Hierin ist ein deutlicher Hinweis auf den Sieg der Griechen in den Perserkriegen zu sehen und damit insbesondere auf die Rolle und Entwicklung Athens.

Der Autor konzentriert sich fast ausschließlich auf die Wirkung, die ein so bedingtes Verhalten nach außen im Zusammentreffen mit anderen Völkern zeigt. Hierbei sind ihm Zusammenhänge im Inneren durchaus schon geläufig (23,3ff.). Diese Hervorhebung des äußeren Aspektes hat er mit Herodot gemeinsam. Er beschreibt und charakterisiert damit die Phase der Isonomie-Konzeption, die auch schon Demokratie im Sinne einer Herrschaft des Volkes meint, doch noch unter dem Begriff der Isonomie begriffen wurde. Jedoch steht hierbei noch der Gegensatz zur Tyrannis im Vordergrund sowie die Vorstellung von der Freiheit nach außen als dem entscheidenden Kriterium. Somit beschreiben beide Autoren eine demokratische Isonomie, die eng mit dem Perserkrieg zusammenhängt und deutlich in innerer Beziehung zu politischem Bewußtsein und politischen Institutionen steht. Raaflaub knüpft hier die Überlegung an, daß der Zusammenhang von Demokratie und Freiheit im Inneren darauf hinausläuft, daß diese Verbindung erst dann entstand, als dem Demos sich ein oligarchisches Gegenüber formiert hatte, das als Bedrohung empfunden wurde. Man glaubte den Demos in der Gefahr, in die δουλοσύνη der Oligoi zu geraten. Daraus entstand die Vorstellung, daß Freiheit im Inneren eine Voraussetzung für die Herrschaft des Demos, d. h. damit auch eine Voraussetzung für die Demokratie sein müsse.[43]

Auch die innere Entwicklung der politischen Institutionen in Athen nach den kleisthenischen Reformen ist nicht ganz ohne jeden Hinweis hierauf. Die zunehmende Bedeutung des Ostrakismos erhellt für

Eigenschaften und Konstitutionen durch Bedingungen der natürlichen Umwelt vorgibt und prägt. Allerdings fügt er in den zentralen Passagen ausdrücklich hinzu (16,3; 23,6; 24,3), daß die politischen Bedingungen, die Nomoi, sich in gleicher Weise auf die Völker auswirken können. Vgl. dazu Triebel-Schubert (1989b).

[43] Raaflaub a. a. O. (wie Anm. 24).

Athen die Wechselwirkung zwischen politischem Bewußtsein und politischer Auseinandersetzung.[44] Die Anwendung des Ostrakismos wird vom Verfasser der Athenaion Politeia in Verbindung mit dem sich entwickelnden bzw. mangelnden Mut des Demos erwähnt (22,3). Auch hier ist wieder der Gedanke zu erkennen, daß der Einsatz politischer Mittel durch die Menge nur durch ein wachsendes politisches Bewußtsein bzw. Selbstbewußtsein im Sinne von Mut zu erklären ist. Unabhängig davon, ob das Verfahren der Ostrakophorie schon von Kleisthenes eingeführt und ursprünglich von der Boule oder ob es zum ersten Mal und in seiner bekannten Form nach Marathon praktiziert wurde, ist der Ostrakismos als Rechtsprozedur, die weder Verteidigung noch Berufung zuließ, doch sowohl von seiner Darstellung in der antiken Literatur wie auch von seinen Auswirkungen her deutlich als ein Instrument zu erkennen, dessen sich vor allem der Demos bediente, um seine Interessen einzelnen adligen Politikern gegenüber abzugrenzen.[45]

[44] Ausf. dazu Schubert (1993) 20ff.

[45] Zu der spätbyzantinischen Sammelhandschrift, in der das genannte Verfahren in der Boule beschrieben wird: Lehmann (1981) 85ff.; weitere Literatur bei Schubert (1993) 20ff.; zu der Bedeutung eines Ostrakismos als einer Machtdemonstration des Demos: Arist. Pol. 1284a 14–b 25; Ostrakismos in rechtshistorischer Sicht als Distanzierungsmittel: Schubert (1993) 26f.; zu den Ostrakophorien nach Marathon als Ausdruck eines wachsenden Gruppenbewußtseins des attischen Demos vor allem dem Adel gegenüber: Schubert (1993) 26ff. Anders: Martin (1974) 25 vertritt die Ansicht, daß der Ostrakismos nicht von den Möglichkeiten einer Demokratie her interpretiert werden könne. Nur als Mittel der Auseinandersetzung zwischen Adligen sei er sinnvoll zu erklären. Selbst die dabei von ihm angenommene Schiedsrichterfunktion der Volksversammlung hält er nicht für den Hinweis auf ein zunehmend stärkeres Selbstbewußtsein der Volksversammlung. Ähnlich schätzt Bleicken (1985) 32, 42, 323f., mit Diskussion des Forschungstandes, den Ostrakismos ein. Die von der spätbyzantinischen Sammelhandschrift (Vatic. Graec. 1144f. 222 Nr. 213 Sternbach) bestätigte Angabe des Philochoros (FGrH 328 F 30), daß mindestens 6000 Stimmen für den Verbannungsbeschluß abgegeben werden mußten, damit also im Prinzip die gesamte männliche Vollbürgerschaft den Beschluß tragen mußte, ist für Bleicken »nicht recht einleuchtend« (a. a. O. 324). Doch spricht gerade dies eher dagegen, daß der Ostrakismos im Interesse der Auseinandersetzung zwischen einzelnen Politikern manipuliert wurde, wobei im Demos dann nur noch eine »Verfügungsmasse« zu sehen wäre (dazu Schubert [1993] 27). Vielmehr zeigt diese Bestimmung, daß durch einen Ostrakismos, d. h. die Ausgrenzung eines einzelnen, symbolisch das Interesse der Gesamtheit der Polis durch diese Ausgrenzung gewahrt werden sollte. Zur Schiedsrichterfunktion des Demos bei einer Ostrakophorie: Ostwald (1986) 27.

2. *Demokratie als Fortsetzung aristokratischer Traditionen oder als Aufstieg des Demos?*

a) Die Maßnahmen des Ephialtes

Die durch die Reform des Ephialtes ebenso wie durch die seit den 40er Jahren in Athen sich einbürgernde Vorstellung von Demokratie als einer nach außen und innen freien Herrschaft des Volkes offensichtlich gewordenen Veränderung ist aufgrund der Tatsache, daß nach wie vor praktisch ausschließlich Aristokraten als politische Führer auftraten, doch immer noch als »Fortsetzung adliger Politik« begriffen worden.[46] Andererseits wird die in ihren Einzelheiten, Motivationen und programmatischen Bezügen kaum wirklich zu rekonstruierende Politik des Ephialtes als ein so tiefer Einschnitt betrachtet, daß von 462/1 an erst von einer Demokratie im Sinne einer Herrschaft des Volkes gesprochen wird.[47] Unter dem Aspekt einer Entwicklung der zentralen politischen Einrichtungen betrachtet, etwa nach den Vorgaben der Athenaion Politeia, ist durch Ephialtes die Macht des Areopags geschwächt, diejenige von Ekklesie, Boule und Dikasterien gestärkt worden. Welche Funktionen auf die Veranlassung des Ephialtes wirklich vom Areopag an die drei genannten Institutionen übertragen wurden, läßt sich im einzelnen nicht feststellen. Die Athenaion Politeia spricht von τὰ ἐπίθετα im Zusammenhang der Funktionen, durch die der Areopag als Wächter der Verfassung fungieren konnte und von denen Ephialtes *einige* auf Boule, Volk und Gerichte übertrug.[48]

Ob es sich bei diesen Funktionen nur um die Überprüfung der Beamten mittels der Euthyna handelte[49] oder ob Ephialtes die Verfahren der Eisangelia und bestimmter Dokimasiai ebenfalls dem Areopag entzog und gleichzeitig Boule, Ekklesie und Dikasterien zuwies, ist kaum eindeutig zu klären.[50] Die Entwicklung in der zweiten Hälfte des 5. Jahrhunderts zeigt jedoch, daß Boule und Dikasterien eine zuneh-

[46] Martin (1974) 39; zu Bedeutung und Geschichte des Begriffes Demokratie: vgl. Literatur in Anm. 20; dazu Ostwald (1986) 15f.; anders: Bleicken (1985) 37, 327f.

[47] Bleicken (1985) 37 zu den Gesetzen des Ephialtes: »Die politische Dynamik der Massen war geweckt.« Im einzelnen: Chambers (1990) 257ff.; Rhodes (1985) 311ff.

[48] AP 25,2; ausführlich dazu Chambers (1990) 257ff. mit Literatur. Vgl. Wallace (1974) 259ff.; Rhodes (1972) 201ff.; ders. (1985) 309ff.

[49] Sealey (1964) 12–4.

[50] Vgl. dazu ausf. Rhodes (1972) 198–207.

mend gewichtigere Rolle spielen. Gerade die Dikasterien werden mit dem Demos identifiziert und ihre Befugnisse als Charakteristikum der Demos-Herrschaft gesehen.[51] Gegen diese Ansicht, d. h., die Dikasterien seien als – im symbolischen, nicht quantitativen Sinn – repräsentative Organe des gesamten Demos empfunden worden, hat sich vor allem M. H. Hansen gewandt.[52] Seiner Ansicht nach sei nur die Ekklesia als Repräsentant des Demos angesehen worden, während Boule und Dikasterien als nachgeordnete Unterabteilungen betrachtet worden seien.

Der Verfasser der Athenaion Politeia sieht im Gefolge der Maßnahmen des Ephialtes eine allgemeine »Lockerung« in Athen einziehen, unter der er eine »Radikalisierung« der Demokratie versteht.[53] In diesem Zusammenhang beurteilt er auch die Rolle des Perikles. Ob man dem Verfasser in dieser grundsätzlichen Einschätzung folgt, hängt im wesentlichen davon ab, wie die Rolle des Volkes als Machtfaktor vor Ephialtes eingeordnet wird. Der Ostrakismos und auch die Prozesse, die gegen prominente Politiker vor 462/1 schon vor Dikasterien geführt wurden und in denen etwa auch ein Miltiades zur Höchststrafe, möglicherweise auch Todesstrafe, verurteilt werden konnte, weisen eher darauf hin, daß die Maßnahmen des Ephialtes eine schon längerfristig andauernde Entwicklung entweder beschleunigten oder verstärkten.[54]

b) Die Rolle des Demos

Entscheidend für diese Überlegungen ist, wie das Verhalten des Demos als Gruppe einzuschätzen ist. Wenn die attische Entwicklung zur Demokratie nicht als das Ergebnis eines bewußten Prozesses oder eines auf Herrschaft der Menge gerichteten Willens erklärt werden kann, bleibt zur Beschreibung der in der zweiten Hälfte des 5. Jahr-

[51] Rhodes (1972) 198; vgl. ausf. dazu Schubert (1993) 32ff., 69ff.

[52] Hansen (1978) 127ff.; vgl. dazu Rhodes, CAH (1992) 78.

[53] Chambers (1990) 261f.; vgl. a. a. O. 99–102 zu dem speziellen Aspekt von συμβαίνω.

[54] Zu den Prozessen vgl. Schubert (1993) 32ff.; Chambers (1990) 259; Wade-Gery (1958) 195 hat die These vertreten, daß durch Ephialtes die Dikasterien zum obersten Gericht – außer für die Blutgerichtsbarkeit – gemacht worden seien. Nach dem Miltiades-Prozeß scheint es so, als hätten sie dieses Recht vielleicht schon früher gehabt oder – je nach Machtlage – beansprucht. Dann hätte Ephialtes möglicherweise durch ein Gesetz diesen Anspruch fest verankert.

hunderts zu beobachtenden Phänomene nur, eine deutliche Phasenverschiebung für diese Entwicklung anzunehmen. Die durch Ephialtes initiierten Veränderungen müssen so als der entscheidende Umbruch interpretiert werden. Dessen Voraussetzungen können dann allerdings kaum oder gar nicht erklärt werden, weil eben ein entsprechendes Streben zur Macht für den Demos als Gruppe ausgeschlossen wird.[55] Damit wird auch das Geschehen um Ephialtes auf die Ebene aristokratischer Taktik und Machtpolitik reduziert. Andererseits bleibt nach wie vor das grundsätzliche Problem, die Existenz und die Entstehung eines breitgelagerten demokratisch-politischen Bewußtseins zu erklären, wie es in der konstanten und stabilen Verfassungssituation in Athen sichtbar wird. Im Gegensatz zu Christian Meier, der das in politischem Verhalten sich niederschlagende Bewußsein als Seins- und Lebensweise in Athen begreift, das nicht als Mittel zum Zweck für andere Lebensbereiche diente, wird etwa bei Bleicken oder Finley der Stellenwert bestimmter politischer Entscheidungen durch die Volksversammlung wesentlich geringer eingestuft.[56] Die eigentliche Schwierigkeit dieser Überlegungen liegt jedoch darin, den Übergang von der Isonomie-Vorstellung, die in ihrem Ursprung auf integrative und gruppenübergreifende Prinzipien verweist,[57] zu der Vorstellung einer Herrschaft des Volkes, einer Demokratie, zu erklären, die deutlich schon den Aspekt einer Parteiherrschaft der Menge in sich trägt.[58]

Für Bleicken ist die Tatsache, daß in der ersten Hälfte des 5. Jahrhunderts jede auf Demokratie gerichtete Theorie fehle, Ausdruck einer Entwicklung, die nicht das Produkt politischer Ideen und Vorstellungen, damit etwa auch eines politischen Bewußtseins wäre, die aus den besonderen Umständen der attischen Geschichte im 6. und 5. Jahrhundert zur Demokratie führte.[59] Die Vorstellung von Demokratie sieht er dagegen entstanden aus einem spezifischen »verfassungspolitischen Denken«, das seine Ursache in dem Gegensatz und dem daraus fol-

[55] Bleicken (1985) 43: »Die athenische Demokratie ist nicht das Produkt eines auf Herrschaft der Masse gerichteten Willens ...«

[56] Zu Finley vgl. oben; Bleicken (1985) 43.

[57] Dazu im einzelnen oben; vgl. Raaflaub (1985) 276.

[58] Raaflaub a. a. O. (wie Anm. 24); Meier (1970) 35f. zum Übergang von der nomistischen zur kratisitischen Basis: »Und der Grund ihrer tiefen Verschiedenheit war eben die verschiedene herrschende Kraft, das *Kratos*, der Sieger, der nach seinem Sinn – in einem neuen Formungsspielraum – die Verfassung bestimmte, auf den alles konstitutiv zugeschnitten war« (ebd. 36).

[59] Bleicken (1985) 42ff.

genden Konflikt mit Sparta hatte.[60] Aus diesem Gegensatz habe sich ein »Verfassungsdualismus« entwickelt, der erst ein verfassungspolitisches Denken in den Möglichkeiten verschiedener Verfassungen (Demokratie, Oligarchie, Tyrannis) ermöglicht habe. Demokratie als Form politischer Verfaßtheit sieht er also aus dem politischen Umfeld entstanden, das hauptsächlich erst durch die Politik des Ephialtes in dem Gegensatz zu Sparta geprägt wurde. Als Folge hiervon nimmt er auch die Entwicklung gedanklicher Möglichkeiten an, durch die einzelne Verfassungen als »Abstraktionen verschiedener Möglichkeiten politischer Organisation« einander gegenübergestellt werden konnten.[61]

Eine Überlegung, welche die Demokratie mehr in die Entwicklung des Gruppen- und Konkurrenzdenkens zwischen Volk und Aristokratie einbindet, führt auf die von Raaflaub in diesem Zusammenhang geäußerte Frage, seit wann die attische Demokratie ihren Anspruch eingebüßt hatte, die Gesamtheit zu vertreten, und zu einer Parteiherrschaft eines Teils der Bürgerschaft geworden war.[62] Raaflaub geht davon aus, daß sich in der bei Herodot erhaltenen Verfassungsdiskussion und in der zeitlich nicht weit davon entfernt liegenden pseudo-xenophontischen Athenaion Politeia der ideologische Gegensatz zwischen Volk und Adel klar und deutlich niedergeschlagen habe, so daß man davon ausgehen könne, daß um 430 eine radikale Ablehnung der Demokratie auch in Athen Gegenstand der Diskussion war. Damit stellt sich die Frage, ob und seit wann diese Vorstellung von der Demokratie als einer parteilichen Herrschaft in der attischen Innenpolitik ein Thema war. Eine derartige Thematisierung wäre auch ein Beleg für den Bedeutungswandel im politischen Bewußtsein, der in der unterschiedlichen Akzentuierung der Begriffe Isonomie mit seinem Anspruch auf gerechte Integration und Demokratie mit dem Aspekt des Herrschaftsbewußtseins deutlich wird.[63]

Die in die Mitte der 40er Jahre zu datierende Auseinandersetzung zwischen Perikles und Thukydides Melesiou, die in der Schilderung des Plutarch als ein Konflikt zwischen Volk und Aristokratie dargestellt wird, ist nach Auffassung von Raaflaub der entscheidende Hinweis.[64] Thukydides Melesiou hat demnach die Aristokraten als erster

[60] Bleicken (1985) 45 ff.; ders. (1979) 148 ff.
[61] Bleicken (1979) 151.
[62] Raaflaub (1985) 273.
[63] Ausf. dazu Meier (1970) a. a. O. (wie Anm. 3 und 10).
[64] Plut. Per. 11,3; vgl. Raaflaub a. a. O. (wie Anm. 24).

zu einer »Partei« der Oligoi formiert und ein entsprechendes Gruppenverhalten in der politischen Öffentlichkeit verlangt. Diese Gegenüberstellung, in der sich die politische Ablehnung des Demos als herrschender Partei niedergeschlagen hat, wäre demnach auch der Hinweis auf die Verengung des Isonomie-Begriffes auf die Demokratie.

Diese aus der Sicht der Aristokratie sich ergebende Entwicklung beschreibt allerdings nicht, wie der Demos als Gruppe sich gegenüber den Aristokraten abzugrenzen begann. Diese Sichtweise ist nach der Lage der Quellen auch wesentlich schwerer zu erschließen. Nur punktuelle Handlungen und Entscheidungen, wie sie sich etwa in spektakulären Prozessen unter Beteiligung der Menge oder den Ostrakophorien, die von mehr oder weniger der gesamten Bürgerschaft getragen waren, niedergeschlagen haben, können hier Anhaltspunkte geben.[65] Aber gerade sie weisen darauf hin, daß die Entwicklung in Athen langfristig ablief und keineswegs in kurzen Phasen wie etwa derjenigen von 462/1 bis zum Ostrakismos des Thukydides Melesiou oder derjenigen von 462/1 bis 450/49. Das sich in der Demokratie-Vorstellung widerspiegelnde Bewußtsein von der Herrschaft des Volkes ist eher als ein sich langsam und allmählich in der Zeitspanne von Marathon bis zum Peloponnesischen Krieg herausbildender Prozeß vorzustellen.

3. Bürgerrechtsgesetz, Richterbesoldung und Siedlungspolitik: Perikles' Politik als Ausdruck einer demokratischen Konzeption?

Perikles' Name wird im Zusammenhang der Ereignisse um Ephialtes genannt, jedoch ist darüber hinaus kaum etwas über seinen Beitrag oder seine Aktivität in Verbindung mit dem sog. »Sturz des Areopags« bekannt.[66] Die beiden Gesetze, die nach antiker Tradition auf ihn zurückgehen und die in diese Phase gehören, sind in ihrer Tendenz und Zielrichtung nicht eindeutig überliefert.

a) Bürgerrechtsgesetz und Richterbesoldung

Das Bürgerrechtsgesetz, das nach der Athenaion Politeia auf Antrag des Perikles 451/0 beschlossen wurde, ist sowohl in der antiken Über-

[65] Ausf. Schubert (1993) 20ff., 32ff.

[66] Plut. Per. 9,5; dazu Stadter (1989) 119ff.; vgl. AP 27,1 und dazu Rhodes (1985) 335f. und Chambers (1990) 266ff.

lieferung als auch der modernen Diskussion mit verschiedenen Intentionen in Zusammenhang gebracht worden.[67] Nach der Athenaion Politeia hat Perikles dieses Gesetz beantragt διὰ τὸ πλῆθος τῶν πολιτῶν, also wegen der großen Anzahl bzw. der Mehrheit der Bürger. Allerdings heißt es kurz vorher (26, 1), daß die zahlreichen Feldzüge dieser Zeit äußerst verlustreich gewesen seien. Die Strategen seien wegen ihres Ansehens und nicht wegen ihrer militärischen Erfahrung gewählt worden. Deshalb seien bei jedem Feldzug 2000 bis 3000 Bürger sowohl vom Demos als auch aus der Aristokratie gefallen. Diese hohen Verluste führten, so die Beurteilung des Verfassers der Athenaion Politeia, zu einer Veränderung im Verhalten der Athener: Sie beachteten ihre Gesetze nicht mehr in dem Maße wie früher, sondern sie begannen, einiges zu ändern. Hierbei zählt die Athenaion Politeia den veränderten Zugangsmodus für das Archontat auf, die Wiedereinführung der Demenrichter und das Bürgerrechtsgesetz des Perikles.

Das Gesetz besagte, daß nur diejenigen am Bürgerrecht teilhaben sollten, deren Eltern beide schon das Bürgerrecht besaßen.[68] Wenn dies tatsächlich dem Ziel dienen sollte, die attischen Bürger vor einer »Überfremdung« zu bewahren,[69] dann läge darin ein bemerkenswerter Widerspruch zu 26, 1 und den dort erwähnten großen Verlusten aus den Expeditionen der vorangegangenen Jahre. Darüber hinaus würde dies auch eine rückwirkende Geltung des Gesetzes voraussetzen. Dabei wäre Kimon mit seinen Söhnen das erste und vielleicht auch prominenteste Opfer geworden. Da nichts dergleichen überliefert ist – im Gegenteil führte Kimon die zyprische Expedition und bereitete den Waffenstillstand mit Sparta vor –, ist dieser Aspekt, ebenso wie eine vermutete Stoßrichtung gegen Kimon, zu vernachlässigen.[70]

Dasjenige Ereignis, mit dem sich das Bürgerrechtsgesetz des Perikles in einer gewissen Aktualität berührt, ist die Kornspende eines libyschen Königs 445/4, die Philochoros erwähnt und die möglicherweise

[67] AP 26,4; dazu Rhodes (1985) 331–5; Chambers (1990) 263 ff.; Plut. Per. 37,3; Ael. V. H. 6. 10,13. 24, fr. 68 = Suda s. v. δημοποίητος; dazu Stadter (1989) 333 ff.; Meinhardt (1957) 64; allg. zu dem Bürgerrechtsgesetz des Perikles: Patterson (1981); Hignett (1952) 343 ff.; Walters (1983) 314 ff.; Jacoby, FGrH 3 B Suppl. 1,471–82; Harrison (1968) 1,61 ff.; dazu: Manville (1990); Schreiner (1968) 85 ff. und 104 ff.

[68] Zur weiteren Entwicklung: Übersicht bei Rhodes (1985) 331 f. Zu der Frage, ob das Gesetz rückwirkend gelten sollte: Schreiner (1968) 108 ff.; Chambers (1990) 265.

[69] So Chambers ebd.; Patterson (1981) 104 ff.; vgl. Schreiner (1968) 108.

[70] Vgl. dazu Rhodes, CAH (1992) 74.

zu einer διαψήφισις, d. h. einer Kontrolle aller Bürgerlisten, Anlaß gab.[71] Es sollen 30000 Medimnoi Korn nach Athen gesandt worden sein. Durch die Überpüfung seien 4760 als Nicht-Berechtigte παρέγγραφοι ausgeschieden worden, so daß noch 14240 Berechtigte in den Listen blieben. Da durch den Abfall von Euböa und die dortigen Kämpfe in Athen wenn nicht eine Hungersnot, so doch sicher eine beträchtliche Knappheit herrschte (Euböa war eine der wichtigsten Quellen für den Getreidenachschub), war die Frage des Bürgerrechtsstatus durchaus auch in praktischer Hinsicht aktuell.[72]

Die sich hieran anknüpfende Frage ist, ob sich mit dem Bürgerrechtsgesetz zu dieser Zeit neben ideellen auch materielle Aspekte verknüpften bzw. welche Vorstellungen der seit 451/0 geübten Praxis zugrunde lagen. Vorstellungen wie »Rassenreinheit« oder bestimmte Grundqualifizierungen für den Bürgerrechtsstatus sind viel eher an modernen Ideen orientiert.[73] Neben dem grundlegenden Gegensatz zwischen Griechen und Barbaren, d. h. Asiaten, wird in der Literatur des 5. Jahrhunderts nicht innerhalb der griechischen Poleis zwischen verschiedenen »Rassen« unterschieden.[74] Auch die abstrakte Idee einer Qualifikation ist eher ein Gedanke, wie er in den verschiedenen theoretischen Schriften seit dem letzten Drittel des 5. Jahrhunderts erwogen wird. In der Praxis der Handhabung zeigt sich vielmehr, daß Bestimmungen über das Bürgerrecht aus aktuellen und pragmatischen Erwägungen getroffen wurden.[75]

Auch Aristoteles, der den Punkt in seiner Politik diskutiert, sieht diesen Aspekt sehr pragmatisch. Für ihn steht der Komplex des Bürgerrechtsstatus in engem Zusammenhang zu der Bevölkerungszahl.[76] Bürgerrechtsstatus aufgrund der Abstammung von nur einem vollbürtigen Elternteil hält er für ein typisches Kennzeichen der Demokratien, dies jedoch auch nur so lange, bis die Größe der Volksmenge überwiegt. Diese Überzahl darf nicht zu groß werden, da dann die Unord-

[71] Plut. Per. 37,3; FGrH 328 F119 = Schol. Ar. Wespen 718.

[72] Dazu Rhodes (1985) 333; Stadter (1989) 336f.; Ste.-Croix (1972) 46ff. IG I[3] 30 erwähnt σίτου ἐνδεί[α und würde hierzu passen.

[73] »Rassereinheit«: diskutiert bei Chambers a. a. O.; Bürgerrecht als abhängig von bestimmten Qualifizierungen: bei Patterson (1981) 104ff.

[74] Dies belegen in aller Deutlichkeit die Schrift ›De aeribus‹ für das 5. Jahrhundert und Arist. Pol. 1287a 26ff. für das 4. Jahrhundert.

[75] Beispiele bei Schreiner (1968) 109: And. 1,149; Arist. F 575; Oikon. 1346b 28. Nach Androtion (Schreiner [1968] 85f.) bedeutete das perikleische Gesetz nur die Rückkehr zu einer wesentlich älteren Praxis.

[76] Allg. dazu: Pol. 1278a 26–34; 1319b 1ff.

nung und die Ablehnung durch die anderen Gruppen, etwa die Aristokraten oder die von Aristoteles so genannten »Mittleren«, zu stark wird. Die die Demokratie bestimmende Partei muß also eine bestimmte Größe erreichen. Die Finanzierung dieser Partei ist nach Aristoteles ein überaus wichtiger Aspekt, der für die Konsolidierung und Stabilität einer Polis ausschlaggebend sein kann (1320a 16ff.). Je mehr Volksversammlungen und Gerichte tagten, um so höher mußten die Einkünfte sein, damit der Lebensunterhalt der Menge in etwa gesichert werden konnte.

In den gleichen Zusammenhang stellt die Athenaion Politeia auch die von Perikles eingeführte Besoldung der Richter.[77] Die Funktion der Dikasterien ist im Verlauf des 5. Jahrhunderts für die Praxis der Demokratie so entscheidend geworden, daß Aristophanes die Volksgerichte schließlich als den entscheidenden Machtfaktor in der attischen Demokratie darstellen konnte: Die Funktion als Richter ist diejenige charakteristische Rolle geworden, in der das attische Volk sich und seine demokratische Verfaßtheit am deutlichsten wiedererkennen konnte.[78] Die Besoldung dieser Tätigkeit zeigt, daß der Machtfaktor, den die Gerichte darstellten, schon deutlich erkannt gewesen sein mußte, wenn er auch in der Praxis erst durch die Gesetze des Ephialtes zu seiner vollen Tragweite kommen konnte. Die innere Beziehung zwischen Perikles' Richterbesoldungsgesetz und Ephialtes' Reform ist deutlich erkennbar und weist auch darauf hin, daß Perikles' Rolle in dem Geschehen um Ephialtes, so wenig im einzelnen darüber bekannt ist, kaum die eines Statisten gewesen sein kann.[79]

[77] AP 27,3; Plut. Per. 9,2–3; Kimon 10,1–3; vgl. Stadter (1989) 112ff.; Chambers (1990) 267f.; Rhodes (1985) 338f. Die bei Plutarch und der Athenaion Politeia (27,4) berichtete Version, Perikles habe dies eingeführt, um mit Kimon, der über wesentlich größeren Reichtum und damit mehr Möglichkeiten zur Freigebigkeit verfügte, konkurrieren zu können, wird von Chambers 267 auf eine kritische Quelle zurückgeführt. Nach Plutarch gehört das Besoldungsgesetz in die Jahre vor 462 und somit noch vor die Reform des Ephialtes.

[78] U. a.: Ar. Wespen 548ff., 560ff., 571, 587, 620ff.; Vögel 27ff.; vgl. dazu Schubert (1993) 77ff.

[79] Vgl. auch Plut. Per. 7,8 und 9,5, wo Plutarch das Verhältnis zwischen Ephialtes und Perikles so schildert, als sei Perikles der eigentliche Initiator und Ephialtes nur der Ausführende gewesen. Dies wird im allgemeinen als Versuch Plutarchs interpretiert, den Rahmen seiner Biographie durch eine Rückprojektion von Perikles' später erst bedeutender Rolle aufzufüllen: Stadter (1989) 120f.

b) Siedlungspolitik

Ein weiterer Aspekt, der sich hier einordnen läßt, ist Perikles' Beteiligung an den Siedlungsaktionen im Ägäisraum. Für Plutarch gehen praktisch alle Kolonie- und Kleruchiegründungen der 50er und 40er Jahre auf Perikles' Initiative zurück.[80] Er stellt sie in den Zusammenhang der Auseinandersetzung zwischen Thukydides Melesiou und Perikles. Perikles habe um die Gunst und das Wohlwollen des Demos geworben, um seine χάρις, indem er ständig Feste, Prozessionen und Schiffsexpeditionen zur Unterhaltung und zum Unterhalt des Volkes organisiert habe. Diesem Zweck soll auch die Aussendung von Siedlern gedient haben. So seien 1000 Siedler nach der Chersones, 500 nach Naxos, 250 nach Andros, 1000 nach Thrakien und weitere nach Unteritalien gesandt worden.

Die Aussendung von Kleruchen ist auch in späterer Zeit noch Anlaß von heftigen Angriffen gegen Athen gewesen.[81] Aus dieser starken Ablehnung ist zu ersehen, daß gerade die Kleruchien als Ausdruck der attischen Herrschaft im Seebund betrachtet wurden.[82] Es ist aus der Lage und den jeweiligen Umständen, die zur Einrichtung der Kolonien und Kleruchien führten, zu schließen, daß sich strategisch-militärische und wirtschaftlich-soziale Aspekte die Waage hielten. Als entscheidendes Kriterium der Rekonstruktion gilt neben den literarischen Nachrichten das Zeugnis der Tributlisten.[83] Tributreduktionen sind in der Regel als Folge oder im Zusammenhang der Errichtung einer Kleru-

[80] Plut. Per. 11,5; bei diesen Zuschreibungen scheint Plutarch hier alles auf Perikles zu konzentrieren, obwohl anzunehmen ist, daß nicht nur Perikles hier agierte; ausf. dazu Stadter (1989) 138ff. Zu der Unterscheidung der Kleruchien des 5. Jahrhunderts von den Apoikien: Beister (1981); prinzipiell ist die Apoikie durch ihre »Selbständigkeit und Unabhängigkeit als eigenes Gemeinwesen« von der Kleruchie abzugrenzen, deren Mitglieder weiterhin attische Bürger blieben (a. a. O. 407). Allerdings sind die attischen Apoikien des 5. Jahrhunderts gerade dadurch charakterisiert, daß diese Apoikoi nicht automatisch ihr Bürgerrecht verloren, sondern nach wie vor von den Beschlüssen der attischen Volksversammlung abhängig waren. Eine exakte und eindeutige Trennung ist für das 5. Jahrhundert nicht immer möglich, da auch im literarischen Bereich eher der allgemeinere Begriff ἄποικος in Gebrauch war (a. a. O. 408).

[81] Isokr. 4,107; Diod. 15,23,4. 29,7.

[82] Vgl. Beister (1989) 411, der darauf hinweist, daß sich die Athener 377 mit dem Aufruf zum zweiten attischen Seebund verpflichtet hatten, auf privates und öffentliches Eigentum im Bundesgenossengebiet zu verzichten.

[83] Meiggs, AE 121f., 160, 260, 424f., 538ff. Vgl. ATL 3,298; 3,45f.

chie zu beobachten. Neben den strategisch-militärischen Kontrollmöglichkeiten war es so möglich, den Tribut durch den Einsatz von Landzuweisungen teilweise in einen direkten Unterhalt für attische Bürger umzuwandeln.[84]

Unter Beachtung dieses Zusammenhanges lassen sich die Gründungsdaten dieser Siedlungen relativ genau bestimmen: Die Kleruchie auf Naxos wird von Diodor und Pausanias im Zusammenhang mit einer entsprechenden Gründung auf Euböa genannt.[85] Beide führen sie in Verbindung mit der Expedition des Tolmides rund um die Peloponnes in der Mitte der 50er Jahre auf, wobei Diodor sie für das Jahr 452/3 nennt. Da Tolmides 447/6 bei Koroneia gefallen ist und nach Ausweis der Tributlisten Naxos vor 447 keinen Tribut gezahlt hat, danach jedoch die bescheidene Summe von 6⅔ Talenten, deutet alles auf eine Gründung durch Tolmides um oder vor 447 hin. Die Ansiedlung in Karystos, die Plutarch nicht nennt, ist ebenfalls in dieser Zeit anzunehmen. Für Andros ist eine Tributreduktion um 450 festzustellen, so daß in diesem Jahr mit der Einrichtung der Kleruchie zu rechnen ist.[86] Die Kleruchien auf Lemnos und Imbros, die Plutarch nicht erwähnt, gehören ebenfalls in diese Zeit.[87] Zur Chersones und nach Thrakien wurden, vermutlich ebenfalls vor 447/6, jeweils 1000 Siedler gesandt.[88] Die Einrichtung der Kleruchien in Chalkis und Eretria, auch sie werden von Plutarch nicht aufgeführt, läßt sich aufgrund der Tributreduzierungen mit großer Wahrscheinlichkeit auf 446 datieren.[89] Die Ansiedlung von 1000 Athenern auf dem Gebiet von Hestiaia 446/5 wiederum ist literarisch gut belegt.[90] Auch die Koloniegründung in Thurioi ist hier zu nennen.[91] Jedoch nur Plutarch stellt sie ausdrücklich als Initia-

[84] Beister a. a. O. 409; vgl. Meiggs, AE 121.

[85] Diod. 11,88,3; Paus. 1,27,5; Meiggs, AE 121 f.

[86] HCT I,380; ATL 3,298; Meiggs, AE 121.

[87] ATL 5,4,39–41 haben Lemnos und Imbros für 449 rekonstruiert. Zu weiteren Indizien für die Einrichtung von Kleruchien auf den beiden Inseln: Meiggs, AE 424 ff.

[88] Plut. Per. 11,5; 19,1; dazu Stadter (1989) 140 f.; Diod. 11,88,3; Meiggs, AE 158 ff., 160, 424. Die von Plutarch mit »Bisaltae« bezeichneten Gebiete sind möglicherweise mit der Koloniegründung von Brea oder Amphipolis in Verbindung zu bringen. Vgl. Lewis, CAH (1992) 128 f.

[89] Beister (1981) 417 f. mit Anm. 40; vgl. Thuk. 8,95.

[90] Thuk. 1,114,3; Plut. Per. 23,4; Diod. 12,22,2; Meiggs, AE 178 f.; dazu Stadter (1989) 231 ff.

[91] Ausf. bei Diod. 12,10 ff. beschrieben. Vgl. Stadter (1989) 231 f.

tive des Perikles dar.[92] Ob sie wegen der Beteiligung von Herodot, Lampon, Protagoras und Hippodamos von den üblichen Koloniegründungen abwich, läßt sich nur schwer beurteilen.[93]

Insgesamt läßt sich die Zahl der Athener, die in den Jahren seit etwa 450 im Rahmen von Kleruchie- und Koloniegründungen ausgesandt wurden, auf über 10000 schätzen.[94] Das dazu benötigte Land ist in der Regel aus dem Besitz der Bundesgenossen konfisziert worden. Zum größeren Teil wird es sich dabei um Theten gehandelt haben, die so ihren Status zu Hopliten erhöhen konnten.[95] Auffällig ist vor allem, daß der zeitliche Schwerpunkt dieser Politik tatsächlich den von Plutarch hergestellten Zusammenhang mit der Auseinandersetzung zwischen Perikles und Thukydides Melesiou bestätigt. Nicht alle dieser Kleruchien und Kolonien sind allein auf die Initiative des Perikles zurückzuführen, wie es sich auch an der Beteiligung des Tolmides erkennen läßt. Jedoch ist die von Plutarch angesprochene Tendenz, die Gunst des Demos zu gewinnen und zu pflegen, angesichts der großen Zahl sicher richtig. Schon allein diese immense Zahl, die sich auf nur wenige Jahre verteilt, stützt die Vermutung, daß der größte Teil der Siedler aus der Thetenschicht stammte. Dieses Vorgehen bezeichnete der Redner Antiphon später richtig als das Vorhaben: »aus jedem Theten einen Hopliten machen«.[96] Diese Formulierung beschreibt die Politik der Athener um so genauer, als es nach den bekannten Zahlen offenbar weniger darum ging, die einzelnen wirtschaftlich mit großen Mitteln auszustatten, als tatsächlich um eine Statusanhebung.[97]

Hierin ist deutlich ein politisches Programm zu erkennen, das die Herrschaft des Volkes auf eine politische Privilegierung der Menge

[92] Wade-Gery (1932) 217ff. = (1958) 255ff.; vgl. Ehrenberg (1948); Kagan (1969) 154ff., 382ff.; Ste.-Croix (1972) 381; Meiggs, AE 185f.; Andrewes (1978) 5ff.

[93] Vor allem die Rolle des Philosophen Protagoras als des Gesetzgebers ist immer wieder Anlaß für Spekulationen gewesen. Da jedoch außer seiner Mitwirkung an sich nichts bekannt ist, lassen sich keine weiteren Überlegungen anknüpfen.

[94] Beister a. a. O. 409.

[95] So Meiggs, AE 121; anders Beister (1981) 409, der nur eine zeitlich begrenzte Nutzung des konfiszierten Landes annimmt.

[96] Antiphon F 61 Blaß; Davies (1983) 99 nennt dies einen »gewaltigen Landraub«. Ar. Wolken 203ff. bezeichnet die Landvermessung zur Anlage von Kleruchien als eine »volksfreundliche Erfindung«.

[97] Die jährliche Abgabe der Lesbier von 2 Minen pro Los entspricht dem Jahressold eines Hopliten; vgl. dazu Beister (1981) 406.

stützen wollte. Für entscheidend wurde hierbei die Verteilung der Macht gehalten: So antwortet bei Aischylos Aigisth auf Vorhaltungen des Chors: »So redest du, der sitzt auf letzter Ruderbank, wo doch die, die am Ruder sitzen, alle Macht haben.«[98] Hier geht es um die Verteilung der Macht innerhalb der Polis und nicht mehr um die Forderung nach einer gerechten Ordnung für alle Bürger. Im Vordergrund steht die Frage, ob diejenigen herrschen, die am Ruder sitzen, oder diejenigen, die auf der Ruderbank sitzen. Das Kernstück der demokratischen Machtkonzeption ist es gewesen, die Macht derjenigen zu sichern, die »auf der Ruderbank sitzen«. Dies ist die breite Menge des Demos im Gegensatz zu den Aristokraten, die nach wie vor diejenigen stellen, die »am Ruder sitzen«.

Bei Plutarch kommen in der Bewertung dieser Tendenz der attischen Politik, der sich Perikles offensichtlich sehr konsequent verschrieben hatte, die typischen Vorbehalte der antidemokratischen Literatur des 4. Jahrhunderts zum Ausdruck. Er meint, Perikles habe so Athen vor allem von den schlimmsten Auswüchsen des »Mob« befreien wollen. Der Ausdruck ἀποκουφίζως ist dem medizinischen Bereich entlehnt und meint die Erleichterung von einer Krankheit.[99] Plutarch spielt hier auf die Vorstellung an, daß die Demokratie in ihrer vollentwickelten Form eine besondere Art von Krankheit sei. In der Konsequenz führte dies im Verlauf des 5. Jahrhunderts dazu, den Demos als »wahnsinnig« zu verurteilen. Diese Meinung klingt auch in Plutarchs Perikles-Vita an.[100] Vor allem jedoch Platon, den Plutarch sehr genau kannte, ist ein entschiedener Vertreter dieser Ansicht gewesen. Platon beschreibt im Gorgias das triebhafte Element der Demos-Mentalität.[101] Auch Plutarch kennt und benutzt die dabei immer wieder verwendeten Bilder vom Demos als einem durchgegangenen, kaum zu bändigenden Pferd.[102]

Perikles ist durch die auf seine Initiative zurückzuführende Einführung der Richterbesoldung sowie seinen Beitrag zu den weitausgreifenden Bestrebungen, eine beträchtliche Menge der Athener Bevölkerung auf Kosten der Bundesgenossen mit Land zu versorgen, als typischer Vertreter einer demokratischen Politik charakterisiert. Deren Kernstück war es, die Demos-Herrschaft als Herrschaft der Partei des

[98] Aisch. Eum. 1617f.; Übers. Meier (1980) 217.
[99] Stadter (1989) 142f.
[100] Plut. Per. 34,3; vgl. Schubert (1993) 177ff.
[101] Schubert (1993) 179f.
[102] Vgl. auch oben Kap. I, 10f.

Demos zu institutionalisieren. Den Demos galt es zu versorgen, zu belohnen und letztendlich auch zu privilegieren.[103] In diesem Zusammenhang läßt sich auch das Bürgerrechtsgesetz als Mittel verstehen, die Partei des Demos abzugrenzen gegen Bürger, die vor allem aus dem Seebundsbereich nach Athen strömten. In dieser Phase, die Plutarch deutlich als eine politische Auseinandersetzung zwischen den Oligoi und der Partei des Demos beschreibt,[104] ist eine Trennung von persönlichen Zielen einzelner aristokratischer Politiker wie dem nach Festigung der eigenen Macht und des individuellen Einflusses von den allgemeinen politischen Vorgaben kaum zu trennen. Jedoch belegen etwa die Aussage der Bauten auf der Akropolis und auch das besonders in der Komödie sich verfestigende Bild vom Demos als eines unumschränkten Herrschers, daß die Vorstellung von der Herrschaft des Demos nicht als Instrument der machttaktischen Auseinandersetzungen unter den Aristokraten, sondern vielmehr als allgemein verbindliches Programm zu verstehen ist.

Perikles ist als ein besonders konsequenter Vertreter dieser Vorstellungen einzuordnen. Sein für attische Verhältnisse langandauerndes Verbleiben an führender Stelle ist nur durch sein gezieltes und erfolgreiches Werben um die χάρις des Demos zu erklären.[105] Wie labil diese Stellung jedoch war, zeigt sich an den Prozessen vor und während des Kriegsausbruches. Auch seine vermeintlich fast monarchische »Herrschaft« hielt dem Mißtrauen und den Vorbehalten der Menge gegenüber dem Adel nicht stand.[106]

In diesem Zusammenhang hat Gehrke die These aufgestellt, daß die politische Entwicklung des 5. Jahrhunderts davon gekennzeichnet sei, daß immer weniger persönliche und politische Freundschaften die Auseinandersetzungen bestimmten.[107] Statt dessen sei zu beobachten, wie »Programme«, d. h. hier Sachfragen größerer Zusammenhänge, in den

[103] Plut. Per. 15, 1: χειροήθης τῷ δήμῳ. Plutarch schließt in Kap. 15–16 eine aristokratisch-monarchische Phase des Perikles an (dazu Stadter [1989] 187ff.); Plutarch scheint hier von der Ansicht des Thukydides geprägt zu sein: vgl. oben Kap. I.2.a und b.

[104] Wobei hier zu berücksichtigen ist, daß Plutarch möglicherweise römische Verhältnisse auf das Athen des 5. Jahrhunderts projiziert. Vgl. dazu Will, Perikles (erscheint demnächst).

[105] Allerdings ist Kimons Periode eher noch länger bemessen gewesen.

[106] Dies zeigt sich besonders deutlich im Prozeß gegen Aspasia (dazu im einzelnen: Kap. V.1.b, 115f. Vgl. zu dieser Einschätzung des Perikles Humphreys (1978) 97ff.

[107] Gehrke (1984) 529ff.

Vordergrund träten. In der Politik des Perikles habe diese Entwicklung ihren Höhepunkt erreicht. Insgesamt sei seit 488/7 eine »verfestigte Tradition der Dominanz politischer Sachfragen« zu beobachten, die durchaus auch zu bestimmten Parteiungen geführt habe.[108] Die von Plutarch so anschaulich beschriebene Zurückhaltung des Perikles persönlichen Freunden und Verwandten gegenüber, seine fast ausschließliche Konzentration auf die Politik,[109] interpretiert Gehrke als Ausdruck einer »Versachlichung« der Politik. Insbesondere der Machtkampf mit Thukydides Melesiou weise auf »eine an Gegenständen orientierte Politik« hin, in der der Ostrakismos des Thukydides als Entscheidung in einer Auseinandersetzung um politische Sachfragen gewertet wird.[110]

Die These Gehrkes repräsentiert eine Mittelposition zwischen einer ausschließlich auf Interessensorientierung abzielenden Interpretation der attischen Politik (vgl. dazu oben die Ausführungen zu Finley) und einer die Veränderung der politischen Auseinandersetzung auf bloße Fragen des Stils reduzierenden Analyse, wie sie etwa Connor durchgeführt hat.[111] Auch für Connor ist die von Plutarch berichtete Distanzierung des Perikles von seinen Hetairoi Ausdruck einer tiefgreifenden Veränderung im politischen Verhalten.[112] Er sieht in Perikles' Verhalten, wie Plutarch es beschreibt – ausschließliche Aufmerksamkeit auf die öffentlichen Belange, strikte Trennung der privaten und öffentlichen Lebensbereiche –, den Ausdruck eines neuen politischen Stils. Der professionelle Politiker, der προστάτης τοῦ δήμου, konzentriert sich völlig auf die öffentliche Auseinandersetzung, er präsentiert sich dem Demos als ein »unentbehrlicher Experte«. Mit Perikles habe sich dieser Stil in Athen eingebürgert, von Kleon und seinen Nachfolgern sei er fortentwickelt worden.[113]

Diese Unterscheidung zwischen öffentlichem und privatem Bereich ist auch in grundsätzlicher Hinsicht zum Anlaß genommen worden, die Veränderung der politischen Gewichte im demokratischen Athen im Zusammenhang mit der Person des Perikles zu beschreiben.

[108] Gehrke ebd. 553.

[109] Plut. Per. 7,5. 7.

[110] Gehrke (1984) 561 f.

[111] Dabei ist zu berücksichtigen, daß bei einer Bewertung politischer Auseinandersetzungen als »sachlicher« Auseinandersetzungen der Aspekt des »Interesses« nur von seiner rationalisierten Form, nämlich seiner »Sachlichkeit«, überlagert wird.

[112] Connor (1971) 119ff.

[113] Connor ebd. 122ff.

S. Humphreys hat aus der Untersuchung der sich in dieser Zeit zunehmend gegeneinander abgrenzenden öffentlichen und privaten Interessen den Schluß gezogen, daß sich in der Stilveränderung auch eine grundlegende Rollenveränderung niedergeschlagen habe.[114] Eine politische Gewichtsverschiebung zwischen Demos und Adel sei besonders daran abzulesen, daß öffentliche Großzügigkeit, d. h. die Übernahme kostspieliger Liturgien etc., nicht mehr das Ziel hatte, Ehre und Ruhm zu erwerben. Vielmehr diente dieses Verhalten dazu, die Gunst des Demos zu erwerben, um dessen zunehmende Feindseligkeit abzuwenden. Gerade das Verhalten des Perikles, dessen besonders strikte Trennung von öffentlicher und privater Sphäre offensichtlich neu war, spiegelt nach Ansicht von Humphreys diese Veränderung besonders deutlich. Denn diese Abgrenzung der beiden Bereiche geht einher mit einem besonderen Werben um den Demos, als dessen Ausdruck die Einführung der Richterbesoldung und die zahlreichen Kleruchien zu sehen sind. Perikles' Verhalten wäre so nicht mehr nur mit der Rolle des unentbehrlichen Experten, sondern auch mit der des mit vorauseilendem Gehorsam agierenden Dieners des Demos zu vergleichen.

Hiergegen ist eingewandt worden, daß gerade die öffentliche Demonstration von Großzügigkeit sowie aristokratischer Freigebigkeit ein vielschichtiges Phänomen ist, das sich durch die gesamte griechische Geschichte zieht. Neben der Ebene, auf der Humphreys dieses Verhalten untersucht, zeigen sich in der öffentlichen Freigebigkeit der demokratischen Zeit doch auch nach wie vor die aristokratischen Ideale wie das Streben nach Vorrang, Prestige und Ruhm, die solche Leistungen in der Adelszeit schon charakterisierten.[115] Dies führt zu dem erstaunlichen, fast paradox anmutenden Schluß, daß die öffentliche Demonstration von Großzügigkeit, ursprünglich eine rein aristokratische Gepflogenheit, auch in der Demokratie zur alltäglichen Praxis gehörte und keineswegs als Fremdkörper galt, der instrumentalisiert werden mußte. Immerhin waren bei weitem nicht alle diejenigen, die Liturgien übernahmen, politisch aktiv. Auch die Tatsache, daß das System der Liturgien, wenn auch in abgewandelter Form, von den hellenistischen Monarchen übernommen wurde, zeigt, daß die damit verbundenen Vorstellungen und Erwartungen nicht speziell für ein bestimmtes politisches System instrumentalisiert werden konnten.[116]

114 Humphreys (1978) 146; dies. (1978a) 97ff.

115 Vgl. v. a. Arnheim (1977) 156. Vgl. Davies (1971), Einl.

116 Vgl. Roberts (1986) 355ff.; generell zu der Bedeutung von Wohltätigkeit in der Antike: Bolkestein (1939), den Boer (1979).

Perikles ist in dieser Hinsicht wohl gerade der Politiker, der sich in diesem Zusammenhang besonders schlecht einordnen läßt. Denn die auf ihn zurückgehenden Maßnahmen und Einrichtungen, die die χάϱις des Demos erwerben sollten, weisen viel eher einen direkten politischen Bezug auf, als daß sie auf aristokratische Großzügigkeit schließen lassen.

ABKÜRZUNGEN

AP	Aristoteles, Athenaion Politeia
ATL	Meritt, B. D./Wade-Gery, H. T./McGregor, M. F., The Athenian tribute lists, 4 Bde., Princeton 1939–1953
CAH	Lewis, D. M./Boardman, J./Davies, J. K./Ostwald, M., The Cambridge Ancient History V^2, Cambridge 1992
DK	Diels, H./Kranz, W., Die Fragmente der Vorsokratiker, Zürich/Hildesheim ^{6}1951 = ^{18}1989
FGrH	Jacoby, F., Die Fragmente der griechischen Historiker, 15 Bde., Berlin/Leiden 1923–1958
HCT	Gomme, A. W./Andrewes, A./Dover, K. J., A historical commentary on Thucydides, 5 Bde., Oxford 1956–1981
HGIÜ	Brodersen, K./Günther, W./Schmitt, H. H., Historische Griechische Inschriften in Übersetzung, Bd. 1: Die archaische und klassische Zeit, Darmstadt 1992
IG	Inscriptiones Graecae
Meiggs, AE	Meiggs, R., The Athenian empire, Oxford 1972
ML	Meiggs, R./Lewis, D., A selection of Greek historical inscriptions to the end of the fifth century B. C., Oxford ^{2}1988
StV II	Bengtson, H./Werner, R., Die Staatsverträge des Altertums, II. Die Verträge der griechisch-römischen Welt von 700 bis 338 v. Chr., München ^{2}1975

BIBLIOGRAPHIE

Accame, S., Ancora sulla pace di Callia, MRG 9 (1984) 1–8.

Accame, S., Stesimbroto di Taso e la pace di Callia, Miscellanea greca e romana 8 (1982) 125–152.

Adkins, A. W. H., Moral values and political behaviour in ancient Greece. From Homer to the end of the fifth century, London 1972.

Adkins, A. W. H., Polypragmosyne and »minding one's own business«: A study in Greek social and political values, CPh 71 (1976) 301–327.

Alexander, J. A., Thucydides and the expedition of Callias against Potideia, 432 B. C., AJPh 83 (1962) 265–287.

Allison, J. W., Pericles' policy and the plague, Historia 32 (1983) 14–23.

Ameling, W., Komödie und Politik zwischen Kratinos und Aristophanes: Das Beispiel Perikles, QC 3 (1981) 383–424.

Ameling, W., Plutarch, Perikles 12–14, Historia 34 (1985) 47–63.

Ameling, W., Zu einem neuen Datum des Phidiasprozesses, Klio 68 (1986) 63–66.

Amit, M., Athens and the sea. A study in Athenian sea-power, Brüssel 1965.

Amit, M., The Boeotian confederation during the Pentekontaetia, RSA 1 (1971) 49–64.

Amit, M., Great and small poleis. A study in the relations between the great-powers and the small cities in ancient Greece, Brüssel 1973.

Andersen, O., The widows, the city and Thukydides II, 45, 2, SO 62 (1987) 33–49.

Anderson, W. D., Ethos and education in Greek music, Cambridge/Mass. 1966.

Andrewes, A., Thucydides on the causes of war, CQ N. S. 9 (1959) 223–239.

Andrewes, A., The Melian dialogue and Perikles' last speech (Thucydides V, 84–113; II, 60–4), PCPhS N. S. 6 (1960) 1–10.

Andrewes, A., Thucydides and the Persians, Historia 10 (1961) 1–18.

Andrewes, A., The Mytilene Debate, Thuc. iii. 36–49, Phoenix 16 (1962) 1–10.

Andrewes, A., Could there have been a battle at Oinoe?, in: B. Levick (Hrsg.), The ancient historian and his materials. Essays in honor of C. E. Stevens, Oxford 1975, 9–16.

Andrewes, A., The opposition to Pericles, JHS 98 (1978) 1–8.

Andrewes, A., Spartan imperialism, in: P. D. A. Garnsey/C. R. Whittaker (Hrsg.), Imperialism in the ancient world, Cambridge 1979, 91–102.

Andrewes, A., Diodorus and Ephoros. One source of misunderstanding, in: J. W. Eadie/J. Ober (Hrsg.), The craft of the ancient historian. Essays in honour of C. G. Starr, Lanham 1985, 189–197.

Arnheim, M. T. W., Aristocracy in Greek society, London 1977.
Arnim, H. v., Plutarch über Dämonen und Mantik, Amsterdam 1921.
Asheri, D., The site of Brea, AJPh 90 (1969) 337–340.
Audring, G., Ephialtes stürzt den Areopag, Altertum 23 (1977) 234–238.
Audring, G., Zur wirtschaftlichen und sozialen Lage der attischen Bauern im ausgehenden 5. und 4. Jh. v. u. Z., in: Studien zur athenischen Sozialstruktur und römischen Wirtschaftspolitik in Kleinasien, hrsg. v. Institut für Wirtschaftsgeschichte d. Akad. d. Wiss. d. DDR, JWG Sonderband, Berlin 1977, 9–86.
Austin, M. M./Vidal-Naquet, P., Gesellschaft und Wirtschaft im alten Griechenland, München 1984.
Avery, H., Sophokles' political career, Historia 22 (1973) 509–514.

Badian, E., Archons and Strategoi, Antichthon 5 (1971) 1–34.
Badian, E., The peace of Callias, JHS 107 (1987) 1–39.
Badian, E., Towards a chronology of the Pentekontaetia down to the renewal of the peace of Callias, EMC 32 (1988) 289–320.
Badian, E., Plataea between Athens and Sparta. In search of lost history, in: Boiotika. Vorträge vom 5. Internationalen Böotien-Kolloquium für S. Lauffer, München 1989, 95–111.
Badian, E., From Plataea to Potidaea. Baltimore/London 1993.
Balcer, J. M., Separatism and anti-separatism in the Athenian empire (478–433 B. C.), Historia 23 (1974) 21–39.
Balcer, J. M., Imperial magistrates in the Athenian empire, Historia 25 (1976) 257–287.
Balcer, J. M., u. a., Studien zum Attischen Seebund, Konstanz 1984.
Balcer, J. M., 5th century Ionia: a frontier redefined, REA 87 (1985) 31–42.
Balcer, J. M., The Persian wars against Greece: A reassessment, Historia 38 (1989) 127–143.
Balme, M., Attitudes to work and leisure in ancient Greece, G & R 31 (1984) 140–152.
Bankel, H., Zum Fußmaß attischer Bauten des 5. Jhs. v. Chr., MDAI (A) 98 (1983) 65–99.
Barceló, P., Thukydides und die Tyrannis, Historia 39 (1990) 401 ff.
Bar-Hen, E., Le décret mégarien, SCI 4 (1978) 10–27.
Barrett, J. F., The downfall of Themistocles, GRBS 18 (1977) 291–305.
Barron, J. P., Milesian politics and Athenian propaganda 460–440 B. C., JHS 82 (1962) 1–6.
Barron, J. P., Religious propaganda of the Delian league, JHS 84 (1964) 35–48.
Bauer, A., Themistokles. Studien und Beiträge zur griechischen Historiographie und Quellenkunde, Merseburg 1881.
Baumann, R. A., Political trials in ancient Greece, London/New York 1990.
Bayer, E., Thukydides und Perikles, WJA 3 (1948) 1–57.
Bayer, E./Heideking, J., Die Chronologie des perikleischen Zeitalters, Darmstadt 1975.

Bayer, E., Grundzüge der griechischen Geschichte, Darmstadt 1988.
Beaumont, R. L., Corinth, Ambracia, Apollonia, JHS 72 (1952) 62–73.
Becatti, G., Problemi Fidiaci, Milano/Firenze 1951.
Beck, J. J., Athènes et ses alliés au Ve siècle, BAL 9 (1978) 10–33.
Beister, H., Κληροῦχος, in: Ch. E. Welskopf (Hrsg.), Untersuchungen ausgewählter altgriechischer Typenbegriffe, Bd. 3, Berlin 1981, 404 ff.
Bellen, H., Der Rachegedanke in der griechisch-persischen Auseinandersetzung, Chiron 4 (1974) 43–67.
Beloch, K. J., Griechische Geschichte, 4 Bde. in 8, Straßburg/Berlin/Leipzig ²1912–1927 (= Berlin 1967).
Beloch, K. J., Die attische Politik seit Perikles, Leipzig 1884.
Bengtson, H., Griechische Geschichte von den Anfängen bis in die römische Kaiserzeit, München ⁵1977.
Bengtson, H./Werner, R., Die Staatsverträge des Altertums II. Die Verträge der griechisch-römischen Welt von 700 bis 338 v. Chr., München ²1975.
Berger, E. (Hrsg.), Parthenon-Kongreß Basel 1982, 2 Bde., Mainz 1984.
Berger, S., Democracy in the Greek west and the Athenian example, Hermes 117 (1989) 303–314.
Bernhardt, R., Die Entstehung der Legende von der tyrannenfeindlichen Außenpolitik Spartas im sechsten und fünften Jh. v. Chr., Historia 36 (1987) 257–289.
Berve, H., Perikles (1940), in: ders., Gestaltende Kräfte der Antike, München ²1966, 268 ff.
Bicknell, P. J., Studies in Athenian politics and genealogy, Wiesbaden 1972.
Bicknell, P. J., Athenian politics and genealogy; some pendants, Historia 23 (1974) 146–163.
Bicknell, P. J., Themistocles, Prynichos, Aischylos, Ephialtes and Pericles. Political dimensions of Attic tragedy, AH 19 (1989) 120–130.
Blackman, D., The Athenian navy and allied naval contributions in the Pentecontaetia, GRBS 10 (1969) 179–216.
Blavatzkij, V. D., Die athenische Kultur zur Zeit des Phidias, in: G. Wirth (Hrsg.), Perikles und seine Zeit, Darmstadt 1979, 455–466.
Bleicken, J., Zur Entstehung der Verfassungstypologie im 5. Jahrhundert v. Chr. (Monarchie, Aristokratie, Demokratie), Historia 28 (1979) 148–172.
Bleicken, J., Die athenische Demokratie, Paderborn/München/Wien/Zürich 1985.
Bleicken, J., Die Einheit der athenischen Demokratie in klassischer Zeit, Hermes 115 (1987) 257–283.
Bleimfelder, S., Kimon und seine Politik, Diss. Innsbruck 1953.
Bloedow, E. F., Corn supply and Athenian imperialism, AC 44 (1975) 20–29.
Bloedow, E. F., Archidamus the »intelligent« Spartan, Klio 65 (1983) 227–249.
Bloedow, E. F., Pericles' powers in the counter-strategy of 431, Historia 36 (1987) 9–27.

Bloedow, E. F., »Not the son of Achilles, but Achilles himself«: Alcibiades' entry on the political stage at Athens II, Historia 39 (1990) 1–19.
Bloedow, E. F., Athens's treaty with Corcyra: a study in Athenian foreign policy, Athenaeum 79 (1991) 185–210.
Bloedow, E. F., On »nurturing lions in the state«: Alcibiades' entry on the political stage in Athens, Klio 73 (1991) 49ff.
Blumenthal, A. v., Ion von Chios: Die Reste seiner Werke, Stuttgart 1939.
Böckh, A., Die Staatshaushaltung der Athener, I³ Berlin 1886 (= 1968).
Boer, W. den, Private morality in Greece and Rome, Leiden 1979.
Boersma, J. S., The Athenian building policy from 561/0 to 405/4 B. C., Groningen 1970.
Boffo, L., L'intervento di Efialte di Sofonide sull'areopago nell'interpretatione del IV secolo, RAL 31 (1976) 435–450.
Bolkestein, H., Wohltätigkeit und Armenpflege im vorchristlichen Altertum, Utrecht 1939.
Borecký, B., Die politische Isonomie, in: Eirene 9 (1971) 5–24.
Borowska, M., Le théâtre politique d'Euripide, Warschau 1989.
Bosworth, A., The congress decree: another hypothesis, Historia 20 (1971) 600–616.
Bosworth, A., Plutarch, Callisthenes and the peace of Callias, JHS 110 (1990) 1–13.
Boulter, C. G., Pottery from Periclean Athens, Archaeology 10 (1957) 191–197.
Bouzek, J., Athènes et la mer noire, BCH 113 (1989) 249–259.
Bowra, C. M., Periclean Athens, London 1971.
Braccesi, L., Implicazioni politiche in Eschilo (Prom. 829–841), RIL 106 (1972) 3–16.
Bradeen, D. W., The Kallias decrees again, GRBS 12 (1971) 469–483.
Bradeen, D. W., The Athenian agora, Vol. 17, Inscriptions: The funerary monuments, Princeton 1974.
Brandhofer, F. J., Untersuchungen zur athenischen Westpolitik im Zeitalter des Perikles, Diss. München 1971.
Brasinskij, I. B., L'expedition pontique de Périclès (russ.), Vestnik Drevnej Istorii 65 (1958) 110–212.
Brauer, H., Die Kriegsschuldfrage in der geschichtlichen Überlieferung des Peloponnesischen Krieges, Emsdetten 1933.
Braunert, H., Der Ausbruch des Kampfes zwischen Athen und Sparta. Eine antike Kriegsschuldfrage, GWU 20 (1969) 38–52.
Breebaart, A. B., Plutarch and the political development of Pericles, Mnemosyne 24 (1971) 260–272.
Bremmer, J. N., How religious was Pericles?, Hermeneus 46 (1975) 245–252.
Breslin, J., The Athenian board of generals in Samos 439/8 B. C. (IG I² 50 = ML 56), AncW 3 (1980) 104–106.
Bridges, A. P., The Athenian treaty with Samos, ML 56, JHS 100 (1980) 185–188.

Bringmann, K., Die Verfassungsdebatte bei Herodot 3,80–82 und Dareios' Aufstieg zur Königsherrschaft, Hermes 104 (1976) 266–279.
Brock, R., The emergence of democratic ideology, Historia 40 (1991) 160–169.
Brockmeyer, N., Athens maritime Strategie gegenüber dem peloponnesischen Bund von Themistokles bis Perikles, AU 14. 1 (1971) 37–63.
Brockmeyer, N., Antike Sklaverei, Darmstadt 1979.
Brodersen, K./Günther, W./Schmitt, H. H., Historische Griechische Inschriften in Übersetzung, Bd. 1: Die archaische und klassische Zeit, Darmstadt 1992 (= HGIÜ).
Brommer, F., Die Parthenonskulpturen, Mainz ²1982.
Brommer, F., Die Akropolis von Athen, Darmstadt 1985.
Bruce, I. A. F., Plataea and the fifth-century Boeotian confederacy, Phoenix 22 (1968) 190ff.
Brunt, P. A., The Megarian decree, AJPh 72 (1951) 269–282.
Brunt, P. A., The Hellenic league against Persia, Historia 2 (1953/4) 135–163.
Brunt, P. A., Spartan policy and strategy in the Archidamian war, Phoenix 19 (1965) 255–280.
Brunt, P. A., Athenian settlements abroad in the fifth century B. C., in: Ancient society and institutions. Studies pres. to V. Ehrenberg, Oxford 1966, 71–92.
Bryce, T. R., The other Pericles, Historia 29 (1980) 377–381.
Buchanan, J. J., Theorika. A study of monetary distributions to the Athenian citizenry during the fifth and fourth centuries B. C., Locust Valley 1962.
Buck, R. J., The Athenian domination of Boeotia, CPh 65 (1970) 217–227.
Buergin, A., Wirtschaftsleben und Wirtschaftslehren in der griechischen Polis im 4. und 5. Jh. v. Chr., 2 Bde., Basel 1989.
Bugh, G. R., The horsemen of Athens, Princeton 1988.
Bundgaard, J. A., Parthenon and the Mycenean city on the heights, Kopenhagen 1976.
Burford, A., The builders of the Parthenon, in: Parthenos and Parthenon, G & R Suppl. 10, Oxford 1963, 23–35.
Burford, A., The Greek temple builders at Epidauros, Liverpool 1969.
Burn, A. R., Pericles and Athens, London 1948.
Burn, A. R., Persia and the Greeks. The defence of the west, c. 546–478 B. C., London ²1984.
Burns, A., Athenian literacy in the fifth century B. C., JHS 42 (1981) 371–387.
Burr, V., Perikles, Platon 18 (1966) 279ff.
Burstein, S. M., The recall of the ostracized and the Themistocles decree, CSCA 4 (1971) 93–110.
Busche, J., Der Begriff des Hellenismus als Epochenname. Untersuchungen zur Oinoe-Schlacht des Pausanias, Frankfurt a. M. 1974.
Busolt, G., Griechische Geschichte bis zur Schlacht bei Chaeroneia, 3 Bde. in 4, Gotha ²1893–1904 (= Hildesheim 1967).

Busolt, G./Swoboda, H., Griechische Staatskunde, 2 Bde., München ³1920/1926 (= München 1963/1972).

Calder, W. M., The anti-Periklean intent of Aeschylus' ›Eumenides‹, in: E. G. Schmidt (Hrsg.), Aischylos und Pindar. Studien zu Werk und Nachwirkung, Berlin 1981, 220–223.
Camp, J. M., Die Agora von Athen. Ausgrabungen im Herzen des klassischen Athen, Mainz 1989.
Campbell, B., Paradigms lost. Classical Athenian politics in modern myth, HPTh 10 (1989) 189–213.
Cantarella, R., Aspetti sociali e politici della commedia greca antica, Dioniso 43 (1969) 313–352.
Carawan, E., Eisangelia and euthyna: The trials of Miltiades, Themistocles, and Cimon, GRBS 28 (1987) 167–208.
Carawan, E. M., Thukydides and Stesimbrotus on the exile of Themistocles, Historia 38 (1989) 144–161.
Carpenter, R., Die Erbauer des Parthenon, München 1970.
Carradice, I. (Hrsg.), Coinage and Administration in the Athenian and Persian Empires, Oxford 1987.
Carter, L. B., Apragmosyne: a study in late 5th cent. Athenian society. PhD London 1982.
Carter, L. B., The quiet Athenian, Oxford 1986.
Cassio, A. C., Arte compositiva e politica in Aristofane: il discorso di Ermete nella Pace (603–648), RFIC 110 (1982) 22–44.
Cataudella, M. R., Aspetti e strumenti della politica monetaria ateniese fra V e IV secolo, Sileno 12 (1986) 111–135.
Cawkwell, G., Anthemocritus and the Megarians and the decree of Charinus, REG 82 (1969) 327–335.
Cawkwell, G., Thukydides' judgment of Periclean strategy, YClS 24 (1975) 53–70.
Chambers, J. T., Perdiccas, Thucydides and the Greek City-States. Ancient Macedonia IV (Symposion 1983, ersch. Thessalonike 1986) 139–145.
Chambers, M. H., Thukydides and Pericles, HSPh 62 (1957) 79–92.
Chambers, M. H., Four Hundred Sixty Talents, CP 53 (1958) 26–32.
Chambers, J. T., The fourth-century Athenians' view of their fifth-century empire, PP 30 (1975) 177–191.
Chambers, M. H, Aristoteles, Staat der Athener, übers. u. erl., Darmstadt 1990.
Chambers, M. H./Galluci, R./Spanos, P., Athens' alliance with Egesta in the year of Antiphon, ZPE 83 (1990) 38–63.
Châtelet, F., Périclès, Paris 1910.
Cimino, G., Il problema dei nothoi e il filopericleismo erodoteo in Hdt. 1, 173, ASNP 6 (1976) 9–14.
Clairmont, C., New light on some public Athenians of the 5th and 4th century, ZPE 36 (1979) 123–130.

Cloché, P., La politique extérieure d'Athènes de 462 à 454 av. J. C., AC 11 (1942) 25–39, 213–233.
Cloché, P., Périclès et la politique extérieure d'Athènes entre la paix de 446–445 et les préludes de la guerre du Péloponnèse, AC 14 (1945) 93–128ff.
Cloché, P., La politique extérieure d'Athènes de 454–3 à 446–5 av. J. C., LEC 14 (1946) 3–32, 195–221.
Cloché, P., L'activité militaire et politique d'Athènes en Grèce de 457 à 454 av. J. C. et en Égypte de 459 à 454, RBPh 25 (1946/7) 39ff.
Cloché, P., Le siècle de Périclès, Paris 1949.
Cobet, J., Wann wurde Herodots Darstellung der Perserkriege publiziert?, Hermes 105 (1977) 2ff.
Cohen, D., The prosecution of impiety in Athenian law, ZSS 105 (1988) 695–701.
Cohen, E. E., Athenian finance: Maritime and landed yields, ClAnt 8 (1989) 207–223.
Cole, J. R., Cimon's dismissal, Ephialtes' revolution and the Peloponnesian wars, GRBS 15 (1974) 369–385.
Connor, W. R., Charinus' Megarean decree, AJPh 83 (1962 a) 225–246.
Connor, W. R., Vim quandam incredibilem. A tradition concerning the oratory of Pericles, C & M 23 (1962) 23–33.
Connor, W. R., Theopompos' treatment of Cimon, GRBS 4 (1963) 107–114.
Connor, W. R., Two notes on Cimon, TAPhA 98 (1967) 67–75.
Connor, W. R., Theopompus and fifth-century Athens, Washington 1968.
Connor, W. R., Charinus' Megarean decree again, REG 83 (1970) 305–308.
Connor, W. R., The new politicians of fifth-century Athens, Princeton 1971.
Connor, W. R., The Athenian Council: Method and focus in some recent scholarship, CJ 70 (1974) 32–40.
Connor, W. R., Thucydides, Princeton 1984.
Connor, W. R./Hansen, M. H./Raaflaub, K. A./Strauss, B. S., Aspects of Athenian democracy, Kopenhagen 1990.
Cook, J. M., The Persian Empire, London u. a. 1983.
Corbetta, C., La fallita spedizione di Pericle a Cipro del 440–439, RIL 111 (1977) 156–166.
Cornford, F., Thukydides Mythistoricus, London 1907 = ND 1965.
Corso, A., Monumenti Periclei: Saggio critico sulla attività edilizia di Pericle, Ist. Veneto di scienze, lettere ed arti, Memorie, classe di sc. mor., lett. ed arti, 40, fasc. 1, Venezia 1986.
Couch, H. N., Some political implications of the Athenian plague, TAPhA 66 (1935) 92–103.
Couch, H. N., The last words of Pericles, CJ 31 (1936) 495– 499.
Cox, C. A., Incest, inheritance and the political forum in fifth-century Athens, CJ 85 (1989/90) 34–46.
Crawford, M. H./Whitehead, D., Archaic and classical Greece. A selection of ancient sources in translation, Cambridge 1983.

Cromey, R. D., Pericles' wife: Chronological calculations, GRBS 23 (1982) 203–212.
Cromey, R. D., On Deinomache, Historia 33 (1984) 385–401.

Daumas, M., Aristophane et les Perses, REA 87 (1985) 289–305.
Davies, J. K., Athenian propertied families, Oxford 1971.
Davies, J. K., Athenian citizenship: The descent group and the alternatives, CJ 73 (1977/8) 105–121.
Davies, J. K., Wealth and the power of wealth in classical Athens, New York 1981.
Davies, J. K., Das klassische Griechenland und die Demokratie, München 1983.
Davison, J. A., Notes on the Panathenaea, JHS 78 (1958) 23–42.
Davison, J. A., Aeschylus and Athenian politics, 472–456, in: Ancient society and institutions. Studies pres. to V. Ehrenberg, Oxford 1966, 93–107.
Debrunner, A., ΔΗΜΟΚΡΑΤΙΑ, in: Festschrift E. Tièche, Basel 1947, 11–24.
Deichgräber, K., Die Persertetralogie des Aischylos, SB Mainz 1974.
Delcourt, M., Périclès, Paris 1939.
Delvoye, C., Art et politique à Athènes à l'époque de Cimon, in: Le monde grec. Pensée, littérature, histoire, documents. Hommages à C. Préaux, Brüssel 1975, 801–807.
Deman, A., Présence des Égyptiens dans la seconde guerre médique (480–479 av. J.-Chr.), CE 60 (1985) 56–74.
Demand, N., Herodotus' encomium of Athens: science or rhetoric?, AJPh 108 (1987) 746–758.
Derenne, E., Les procès d'impiété intentés aux philosophes à Athénes au Ve et au IVe siècles avant J.-C., Lüttich 1930.
Devambez, P., L'art au siècle de Périclès, Lausanne 1955.
Develin, R., Age qualifications for Athenian magistrates, ZPE 61 (1985) 149–159.
Develin, R., Athenian officials 684–321 B. C., Cambridge 1989.
Diano, C., Sfondo sociale e politico della tragedia greca antica, Dioniso 43 (1969) 119–137.
Dienelt, K., Die Friedenspolitik des Perikles, Wien/Wiesbaden 1958.
Dittenberger, W., Sylloge Inscriptionum Graecarum, 4 Bde., Leipzig ^{3}1915–1924 (= Hildesheim 1960).
Dodds, E. R., Die Griechen und das Irrationale, Darmstadt 1970.
Döring, K., Die Philosophie des Sokrates, Gymnasium 99 (1992) 1 ff.
Dohrn, T., Phidias, Perikles und Athen, in: Symbola Coloniensia I., Kroll sexagenario oblata, Köln 1949, 71–83.
Donlan, W., The tradition of anti-aristocratic thought in early greek poetry, Historia 22 (1977) 145–154.
Donlan, W., Social vocabulary and its relationship to political propaganda in fifth-century Athens, QUCC 27 (1978) 95–111.
Donnay, G., Les comptes de l'Athéna chryséléphantine du Parthénon, BCH 91 (1967) 50–86.
Donnay, G., La date du procès de Phidias, AC 37 (1968) 19–36.

Donnay, G., Politische Anspielungen in der attischen Kunst des 5. Jahrhunderts, in: G. Wirth (Hrsg.), Perikles und seine Zeit, Darmstadt 1979, 379–394.
Dover, K. J., The political aspect of Aeschylus's Eumenides, JHS 77 (1957) 230–237.
Dover, K. J, ΔΕΚΑΤΟΣ ΑΥΤΟΣ, JHS 80 (1960) 61 ff.
Dover, K. J., Anthemocritus and the Megarians, AJP 87 (1966) 303–9.
Dover, K. J, The freedom of the intellectual in Greek society, Talanta 7 (1976) 24–54.
Dull, C. J., Thucydides 1. 113 and the leadership of Orchomenus, CPh 72 (1977) 305 ff.
Duncan-Jones, R. P., Metic numbers in Periclean Athens, Chiron 10 (1980) 101–109.
Durand, R., L'actualité politique dans ›Les Héraclides‹ d'Euripide. Éléments pour une datation, Orpheus 14 (1967) 13–31.

Earp, A. J., Athens and Miletus ca. 450 B. C., Phoenix 8 (1954) 142–147.
Eddy, S. K., »460 Talents Once More«, CP 63 (1968) 187 ff.
Eddy, S. K., On the peace of Callias, CPh 65 (1970) 8–14.
Eddy, S. K., Some irregular amounts of Athenian tribute, AJPh 94 (1973) 47–70.
Eddy, S. K., The cold war between Athens and Persia ca. 448–412 B. C., CPh 68 (1973) 241–258.
Eddy, S. K., The gold in the Athena Parthenos, AJA 81 (1977) 107–11.
Ehrenberg, V., s. v. Isonomie, RE Suppl. VII (1940) 293 ff.
Ehrenberg, V., Perikles and his colleagues between 441 and 429 B. C., AJPh 66 (1945) 113–134.
Ehrenberg, V., The foundation of Thurii, AJPh 69 (1948) 149–170.
Ehrenberg, V., Origins of Democracy, Historia 1 (1950) 515–548.
Ehrenberg, V., Sophokles und Perikles, München 1956.
Ehrenberg, V., Das Harmodioslied, Wiener Studien 69 (1956) 57–69.
Ehrenberg, V., Sophokles und die perikleische Politik, WS 79 (1966) 45–63.
Ehrenberg, V., Aristophanes und das Volk von Athen. Eine Soziologie der altattischen Komödie, Zürich/Stuttgart 1968.
Ehrenberg, V., From Solon to Sophocles. Greek history and civilization during 6th and 5th centuries, London 1968.
Ellen, V. A, The first tribute stele and the Athenian empire, Diss. Univ. of California, Los Angeles 1971.
Ellis, W. M., Alcibiades, London 1989.
Engels, J., »Mit meiner Hände Arbeit«. Zeugnisse über die Wertschätzung eigener Arbeit im demokratischen Athen, in: H. J. Drexhage/J. Sünskes (Hrsg.), Migratio et commutatio. Studien zur Alten Geschichte und deren Nachleben. Festschrift Th. Pekáry, St. Katharinen 1989, 136–156.
Erbse, H., Über eine Eigenheit der thukydideischen Geschichtsbetrachtung, RM 96 (1953) 38–62.

Erbse, H., Die politische Lehre des Thukydides, Gymnasium 76 (1969) 393–416.
Erbse, H., Über das Proömium des thukydideischen Geschichtswerkes (1, 1–13), RM 113 (1970) 43–69.
Erbse, H., Thukydides und Alkibiades, in: Zur Ikonographie und Hermeneutik in der Antike (hrsg. v. H.-U. Cain/H. Gabelmann/D. Salzmann), Zabern 1989.
Erxleben, E., Das Münzgesetz des delisch-attischen Seebundes I, APF 19 (1969) 91–137, II, APF 20 (1970) 66–132, III, APF 21 (1971) 145–162.
Erxleben, E., Das Verhältnis des Handels zum Produktionsaufkommen in Attica im 5. und 4. Jh. v. u. Z., Klio 57 (1975) 365–398.
Erxleben, E., Die Kleruchien auf Euböa und Lesbos und die Methoden der attischen Herrschaft im 5. Jh., Klio 57 (1975) 83–100.
Evans, J. A. S., Herodotus and Athens: The evidence of the »Encomium«, AC 48 (1979) 112–118.

Fabert, J.-P., L'acropole d'Athènes, rituel politique et éthique d'une cité, EIE 6. 21–24 (1987) 81–127.
Farrar, C., The origins of democratic thinking. The invention of politics in classical Athens, Cambridge 1988.
Fehling, D., Die Quellenangaben bei Herodot. Studien zur Erzählkunst Herodots.Unters. z. ant. Lit. u. Gesch. Bd. 9, 1971.
Fehr, B., Zur religionspolitischen Funktion der Athena Parthenos im Rahmen des delisch-attischen Seebundes, Hephaistos 1 (1979) 71–91; 2 (1980) 113–125; 3 (1981) 55–93.
Ferenczy, E., Römische Gesandtschaft im perikleischen Athen, Oikumene 4 (1983) 37–41.
Ferguson, W. S., The historical value of the twelfth chapter of Plutarch's life of Pericles, TAPhA 35 (1904) 5–20.
Ferrabino, A., L'impero ateniese, Rom 1972.
Ferrarese, P., La spedizione di Pericle nel Ponto Eusino, CISA 2 (1972) 7–19.
Ferrarese, P., Caratteri della tradizione antipericlea nella vita di Pericle di Plutarco, CISA 3 (1975) 21–30.
Festschrift Wirth, Zu Alexander dem Großen, hrsg. v. W. Will u. a., 2 Bde., Amsterdam 1987.
Figueira, T. J., Aegina and Athens in the archaic and classical periods. A sociopolitical investigation, Diss. Univ. of Pennsylvania, Philadelphia 1977.
Figueira, T. J., Xanthippos, father of Perikles, and the prutaneis of the naukraroi, Historia 35 (1986) 257–279.
Finley, M. I., Was Greek civilization based on slave labour?, Historia 8 (1959) 145–164.
Finley, M. I., Athenische Demagogen, Altertum 11 (1965) 67–79.
Finley, M. I., Die antike Wirtschaft, München 1977.
Finley, M. I., Das politische Leben in der antiken Welt, München 1986.

Finley, M. I., Die Sklaverei in der Antike. Geschichte und Probleme, Frankfurt 1987 = 1985.
Finley, M. I., Quellen und Modelle in der Alten Geschichte, Frankfurt a. M. 1987.
Fischer, T., Bemerkungen zum Epitaphios des Perikles bei Thukydides, NAC 18 (1989) 79–84.
Fischer, T., Zur Gefallenenrede des Perikles bei Thukydides, Geschichte, Politik und ihre Didaktik 17 (1989) 103–109.
Fitts, R., The attack upon the associates of Pericles, Diss. Ohio State Univ. 1971.
Flashar, H., Der Epitaphios des Perikles. Seine Funktion im Geschichtswerk des Thukydides, SHAW 1969. 1, Heidelberg 1969.
Flores, E., Il sistema non riformabile. La pseudosenofontea costituzione degli Ateniesi e l'Atene periclea, Neapel 1982.
Flory, St. F., Thukydides' hypothesis about the Peloponnesian war, TAPA 118 (1988) 43 ff.
Foley, H. P. , Tragedy and politics in Aristophanes' Acharnians, JHS 108 (1988) 33 ff.
Fore, S., The ambition to rule. Alcibiades and the politics of imperialism in Thucydides, Ithaca/London 1989.
Fornara, C. W., The date of the Callias decrees, GRBS 11 (1970) 185–196.
Fornara, C. W., The Athenian board of generals from 501 to 404, Wiesbaden 1971.
Fornara, C. W., Themistocles' archonship, Historia 20 (1971) 534–540.
Fornara, C. W., Plutarch and the Megarian decree, YClS 24 (1975) 213–228.
Fornara, C. W., On the chronology of the Samian war, JHS 99 (1979) 7–19.
Fornara, C. W., Herodot's knowledge of the Archidamian war, Hermes 109 (1981) 149–156.
Fornara, C. W., Archaic times to the end of the Peloponnesian war. Translated documents of Greece and Rome I, hrsg. von E. Badian/R. K. Sherk, Cambridge [2]1983.
Fornara, C. W./Samons II, L. J., Athens from Cleisthenes to Pericles, Berkeley/Los Angeles/Oxford 1991.
Forrest, W. G., Wege zur hellenischen Demokratie. Staatsdenken und politische Wirklichkeit von 800–400 v. Chr., München 1966.
Forrest, W. G., Herodotos and Athens, Phoenix 38 (1984) 1–11.
Francis, E. D./Vickers, M., The Agora revisited. Athenian chronology c. 500–450 B. C., ABSA 83 (1988) 143–167.
Francis, E. D., Image and idea in fifth-century Greece, London 1990.
Frei, P., Ἰσονομία. Politik im Spiegel griechischer Wortbildungslehre, MH 38 (1981) 205–219.
French, A., The growth of the Athenian economy, London 1964.
French, A., The tribute of the allies, Historia 21 (1972) 1–20.
French, A., The Megarian decree, Historia 25 (1976) 245–249.
French, A., Athenian ambitions and the Delian alliance, Phoenix 33 (1979) 134–141.

Fritz, K. v., Die griechische Geschichtsschreibung, I, Berlin 1967.
Frost, F. J., The scholarship of Plutarch: The biographer's contribution to the study of Athenian history, 480–429 B. C., Diss. Univ. of California, Los Angeles 1961.
Frost, F. J., Pericles and Dracontides, JHS 84 (1964) 69ff.
Frost , F. J. (Hrsg.), Democracy and the Athenians. Aspects of ancient politics, New York 1969.
Frost, F. J., Pericles, Thucydides, son of Melesias, and Athenian politics before the war, in: Wirth (1979) 271–289 (= Historia 13 [1964] 385–399).

Gabba, E., La società ateniese nel »vecchio oligarca«, Athenaeum 66 (1988) 5–10.
Gaiser, K., Das Staatsmodell des Thukydides. Zur Rede des Perikles für die Gefallenen, Heidelberg 1975.
Gall, H. v., Das Zelt des Xerxes und seine Rolle als persischer Raumtyp in Griechenland, Gymnasium 86 (1979) 444–462.
Gallo, L., Salari e inflazione: Atene fra V e IV sec. a. C., ASNP 3. 17 (1987) 19–63.
Galpin, T. J., The democratic roots of Athenian imperialism, CJ 79 (1983/4) 100–109.
Garlan, Y., Les esclaves en Grèce ancienne, Paris 1982.
Garlan, Y., Guerre et économie en Grèce ancienne, Paris 1989.
Garland, R., The Piraeus from the fifth to the first century B. C., London 1987.
Garner, R., Law and society in classical Athens, London 1987.
Gauer, W., Die griechischen Bildnisse der klassischen Zeit als politische und persönliche Denkmäler, JDAI 83 (1968) 118–179.
Gauthier, Ph., u. a., Athènes au temps de Périclès, Paris 1965.
Gauthier, Ph., Les clérouques de Lesbos et la colonisation athénienne au V. siècle, REG 79 (1966) 64–88.
Gauthier, Ph., Les ports de l'empire et l'agora athénienne. A propos du »décret mégarien«, Historia 24 (1975) 498–503.
Gauthier, Ph., Quorum et participation civique dans les démocraties grecques, in: Cl. Nicolet (Hrsg.), Du pouvoir dans l'antiquité: mots et réalités, Genève 1990, 73–99.
Gehrke, H.-J., Zur Geschichte Milets in der Mitte des 5. Jahrhunderts v. Chr., Historia 29 (1980) 17–31.
Gehrke, H.-J., Zwischen Freundschaft und Programm, HZ 239 (1984) 529–564.
Gehrke, H.-J., Stasis. Untersuchungen zu den inneren Kriegen in den griechischen Staaten des 5. und 4. Jhs. v. Chr., München 1985.
Gehrke, H.-J., Jenseits von Athen und Sparta. Das Dritte Griechenland und seine Staatenwelt, München 1986.
Gehrke, H.-J., Die Griechen und die Rache. Ein Versuch in historischer Psychologie, Saeculum 38 (1987) 121–143.
Ghinatti, F., I gruppi politici ateniesi fino alle guerre persiane, Rom 1970.

Giglioni, G., Lavori pubblice e occupazione nell'antichità classica, Bologna 1974.
Gillis, D., Collaboration with the Persians, Wiesbaden 1979.
Giovannini, A./Gottlieb, G., Thukydides und die Anfänge der athenischen Arche, SHAW 1980. 7, Heidelberg 1980.
Giovannini, A., Le Parthenon, le trésor d'Athéna et le tribut des alliés, Historia 39 (1990) 129–148.
Gomme, A. W., The population of Athens in the 5th and 4th centuries B. C., Oxford 1933.
Gomme, A. W., Four passages in Thucydides, JHS 70 (1950) 70–80.
Gomme, A. W., Thucydides II 13,3, Historia 2 (1953/4) 1ff.
Gomme, A. W., Thucydides II 13,3: An answer to Prof. Meritt, Historia 3 (1954/5) 333–338.
Gomme, A. W., Rebuilding in Athens in the mid-fifth century B. C., G & R 4 (1957) 169ff.
Gomme, A. W./Andrewes, A./Dover, K. J., A historical commentary on Thucydides, 5 Bde., Oxford 1956–1981 (= HCT).
Goossens, R., Euripide et Athènes, Brüssel 1962.
Gould, J., Law, customs and myth: Aspects of the social position of women in classical Athens, JHS 100 (1980) 35ff.
Graf, D. F., Medism. Greek collaboration with Achaemenid Persia, Diss. Ann Arbor 1979.
Green, J. R./Sinclair, R. K., Athenians in Eretria, Historia 19 (1970) 515–527.
Green, P., The year of Salamis 480–479 B. C., London 1970.
Gregor, J., Perikles. Griechenlands Größe und Tragik, München 1938.
Gregory, T. E./Podlecki, A. J. (Hrsg.), Panathenaia. Studies in Athenian life and thought in the classical age, Lawrence 1979.
Grein, W., Über die Pest des Thukydides, Diss. München 1950.
Griffin, J., Die Urprünge der Historien Herodots, in: Memoria rerum veterum. Neue Beiträge zur antiken Historiographie und Alten Geschichte. Festschrift C. J. Classen, hrsg. v. W. Ax, Palingenesia Bd. 32, 1990.
Griffith, G. T., A note on Plutarch Pericles 17, Historia 27 (1978) 218–219.
Gschnitzer, F., Griechische Sozialgeschichte von der mykenischen bis zum Ausgang der klassischen Zeit, Wiesbaden 1981.
Guthrie, W. K. C., A history of Greek philosophy II, Cambridge 1965, III: Cambridge 1969.

Haas, C. J., Athenian naval power before Themistocles, Historia 34 (1985) 29–46.
Habermann, W., Die athenischen Handelsbeziehungen mit Ägypten, Karthago und Kyrene während des 5. Jhs. v. Chr., MBAH 5. 2 (1986) 96–105.
Habicht, C., Falsche Urkunden zur Geschichte Athens im Zeitalter der Perserkriege, Hermes 89 (1961) 1–35.
Hafner, G., Anakreon und Xanthippos, JDAI 71 (1950) 1–28.

Hahn, I., Aspekte der spartanischen Außenpolitik im V. Jh., AAntHung 17 (1969) 285–296.
Hall Lindsay, G. H., Remarks on the law of ostracism, Tyche 4 (1989) 91–100.
Hammond, N. G. L., Studies in Greek chronology of the sixth and fifth centuries B. C., Historia 4 (1955) 371–411.
Hammond, N. G. L., The origins and the nature of the Athenian alliance of 478/7 B. C., JHS 87 (1967) 41–61.
Hammond, N. G. L., Strategia and hegemonia in fifth-century Athens, CQ 63 (1969) 111–144.
Hammond, N. G. L., A history of Greece to 322 B. C., Oxford [3]1986.
Hands, A. R., In favour of a peace of Kallias, Mnemosyne 28 (1975) 183–195.
Hansen, M. H., Eisangelia, Odense 1974.
Hansen, M. H., Misthos for magistrates in classical Athens, SO 54 (1979) 5–22.
Hansen, M. H., Seven hundred archai in classical Athens, GRBS 21 (1980) 151–173.
Hansen, M. H., The Athenian heliaia from Solon to Aristotle, CQM 33 (1981/2) 9–47.
Hansen, M. H., Demographic reflections on the number of Athenian citizens 451–309 B. C., AJAH 7 (1982) 172–189.
Hansen, M. H., The Athenian ecclesia. A collection of articles 1976–1983, Kopenhagen 1983.
Hansen, M. H., The organization of the Athenian assembly: A reply, GRBS 29 (1988) 51–58.
Hansen, M. H., Three studies in Athenian demography, Kopenhagen 1988.
Hansen, M. H., The Athenian ecclesia, II. A collection of articles 1983–1989, Kopenhagen 1989.
Hansen, M. H., Was Athens a democracy? Popular rule, liberty and equality in ancient and modern political thought, Kopenhagen 1989.
Harris, B. F., The portrayal of autocratic power in Plutarch's lives, Auckland Class. Essays pres. to E. Blaiklock, Oxford 1970, 185ff.
Harris, E. M., How often did the Athenian assembly meet?, CQ 36 (1986) 363–377.
Harrison, E., The composition of the amazonomachy on the shield of Athena Parthenos, Hesperia 35 (1966) 107–133.
Haslam, M., Pericles poeta, CPh 85 (1990) 33.
Harrison, E., Law of Athens I–II, Oxford 1968–71.
Harrison, E., Motifs of the city-siege on the shield of Athena Parthenos, AJA 85 (1981) 281–317.
Hegyi, D., Der ionische Aufstand und die Regierungsmethoden Dareios' I., Altertum 17 (1971) 142–150.
Hegyi, D., Die ionischen Poleis vom Kalliasfrieden bis zur Zeit der makedonischen Eroberung, in: E. Ch. Welskopf (Hrsg.), Hellenische Poleis, Berlin 1974, 1015–1040.
Hegyi, D., Die Formen und Auswirkungen der griechisch-persischen Bezie-

hungen im 5. Jh. v. u. Z., in: E. Kluwe (Hrsg.), Kultur und Fortschritt in der Blütezeit der griechischen Polis, Berlin 1985, 109–118.

Heichelheim, F. M., Wirtschaftsgeschichte des Altertums vom Paläolithikum bis zur Völkerwanderung der Germanen, Slawen und Araber, 2 Bde., Leiden 1938.

Heichelheim, F. M., Ezra's Palestine and Periclean Athens, ZRG 3 (1951) 251–253.

Hein, W., Die politischen Prozesse in Athen vom Archontat des Themistokles bis zur Kapitulation Athens am Ende des Peloponnesischen Krieges, Diss. Wien 1939.

Heinimann, F., Nomos und Physis, Darmstadt ²1980.

Heinrichs, J., »Asiens König«. Die Inschriften des Kyrosgrabs und das achämenidische Reichsverständnis, in: Festschrift Wirth, hrsg. v. W. Will et al. (1987) 487–540.

Heinrichs, J., Ionien nach Salamis. Die kleinasiatischen Griechen in der Politik und politischen Reflexion des Mutterlandes, Bonn 1989.

Hennig, D., Besitzgleichheit und Demokratie, in: Demokratie und Architektur. Der hippodamische Städtebau und die Entstehung der Demokratie, hrsg. v. W. Schuller, Berlin 1989, 25–35.

Henry, A. S., Honours and privileges in Athenian decrees, Hildesheim/Zürich/New York 1983.

Hermann, P., Zu den Beziehungen zwischen Athen und Milet im 5. Jh., Klio 52 (1970) 163–173.

Herrington, C. J., Athena Parthenos and Athena Polias. A study in the religion of Periclean Athens, Manchester 1955.

Herrmann, J., Attische Redefreiheit (1964). Kleine Schriften zur Rechtsgeschichte. Münch. Beitr. 83, München 1990, 30ff.

Herrmann, J., Losentscheidungen in Staat und Recht der Athener (1966). Kleine Schriften zur Rechtsgeschichte. Münch. Beitr. 83, München 1990, 37ff.

Herrmann, J., Nomos bei Herodot und Thukydides (1967). Kleine Schriften zur Rechtsgeschichte. Münch. Beitr. 83, München 1990, 3ff.

Hershbell, J., Plutarch and Anaxagoras, ICS 7 (1982) 141–158.

Herter, H. (Hrsg.), Thukydides, Darmstadt 1968 (= WdF 98).

Hignett, C., A history of the Athenian constitution to the end of the fifth century B. C., Oxford 1952.

Hignett, C., Xerxes' invasion of Greece, Oxford 1963.

Hill, G. F., Sources for Greek history between the Persian and Peloponnesian wars, Oxford 1897 (neu hrsg. v. R. Meiggs/A. Andrewes, Oxford 1951).

Himmelmann, N., Phidias und die Parthenonskulpturen, in: A. Lippold/N. Himmelmann (Hrsg.), Bonner Festgabe J. Straub, Bonn 1977, 67–90.

Hölscher, T., Griechische Historienbilder des 5. und 4. Jahrhunderts v. Chr., Würzburg 1973.

Hölscher, T., Die Aufstellung des Perikles-Bildnisses und ihre Bedeutung, WJbA 1 (1975) 187–199.

Hölscher, T./Simon, E., Die Amazonenschlacht auf dem Schild der Athena Parthenos, MDAI (A) 91 (1976) 115–148.
Hoffmann, E., Das Bildungsideal des Perikles, in: Pädagogischer Humanismus, hrsg. v. W. Rüegg/A. Stein, Zürich 1955, 119ff.
Hoffmann, R. J., Perdikkas and the outbreak of the Peloponnesian war, GRBS 16 (1975) 359–377.
Hofstetter, J., Zu den griechischen Gesandtschaften nach Persien, Wiesbaden 1972.
Hohl, E., Zeit und Zweck der pseudoxenophontischen Athenaion Politeia, CPh 45 (1950) 26ff.
Holden, H. A., Plutarch's life of Pericles, London/ New York 1894.
Holladay, A. J., Sparta's role in the first Peloponnesian war, JHS 97 (1977) 54–63.
Holladay, A. J., Athenian strategy in the Archidamian war, Historia 27 (1978) 399–427.
Holladay, A. J., Sparta and the first Peloponnesian war, JHS 105 (1985) 161–162.
Holladay, A. J., The détente of Kallias, Historia 35 (1986) 503–507.
Holladay, A. J., The Hellenic disaster in Egypt, JHS 109 (1989) 176–182.
Hollein, H. G., Bürgerbild und Bilderwelt der attischen Demokratie auf den rotfigurigen Vasen des 6.–4. Jhs. v. Chr., Frankfurt a. M./Bern/New York 1988.
Holzapfel, L., Untersuchung über die Darstellung der griechischen Geschichte von 481–413 v. Chr. bei Ephoros, Theopomp und anderen Autoren, Leipzig 1879.
Homo, L., Périclès. Une expérience de démocratie dirigée, Paris 1954.
Hopper, R. J., Handel und Industrie im klassischen Griechenland, München 1982.
Hornblower, S./Greenstock, M. C., The Athenian empire, London ^{3}1986.
Hornblower, S., Thucydides, London 1987.
Hornblower, S., A commentary on Thucydides I, Books I–III, Oxford 1991.
How, W. W/Wells, J., A commentary on Herodotus, 2 Bde., Oxford ^{2}1928 = 1964.
Huart, P., Les événements de l'année 429 dans l'histoire de Thucydide, AFL Nice 35 (1979) 83–108.
Humphreys, S., Economy and society in classical Athens, ASNP 2. 39 (1970) 1–26.
Humphreys, S., The nothoi of Kynosarges, JHS 94 (1974) 88–95.
Humphreys, S., Public and private interests in classical Athens, CJ 73 (1978a) 97–104.
Humphreys, S., Anthropology and the Greeks, London 1978.
Huxley, G., Ion von Chios, GRBS 6 (1965) 29–46.
Huxley, G. L., Thucydides on the growth of Athenian power, PRIA 83 (1983) 191C–204C.

Immerwahr, H. R., Form and thought in Herodotus, Cleveland 1966/ND Atlanta 1986 (Am. Phil. Ass. Monograph Series 23).

Jacoby, F., Die Fragmente der griechischen Historiker, 15 Bde., Berlin/Leiden 1923–1958 (= FGrH).
Jacoby, F., Thukydides und die Vorgeschichte des Peloponnesischen Krieges, NGG (1929) 1 ff.
Jacoby, F., Some remarks on Ion of Chios, CQ 41 (1947) 1–17.
Jäkel, S., Thukydides als Historiker und Literat, Arctos 23 (1989) 67–90.
Jameson, M. H., A decree of Themistocles from Troizen, Hesperia 29 (1960) 198–223.
Jameson, M. H., Agriculture and slavery in classical Athens, CJ 73 (1977/78) 122–145.
Jeffery, L. H., The battle of Oinoe in the Stoa Poikile, ABSA 60 (1965) 41–57.
Jeffery, L. H., The local scripts of archaic Greece, Oxford 1961, rev. v. A. W. Johnston [2]1990.
Jones, A. H. M., Die wirtschaftlichen Grundlagen der athenischen Demokratie, WG 14 (1954) 10 ff.
Jones, A. H. M., Athenian democracy, Oxford [5]1978.
Jones, N. F., Public organisation in ancient Greece. A documentary study. Mem. Amer. Philos. Soc. 176, Philadelphia 1987.
Jones, L. A., The role of Ephialtes in the rise of Athenian democracy, ClAnt 6 (1987) 53–76.
Jordan, B., The Athenian navy in the classical period. A study of Athenian naval administration and military organization in the fifth and fourth centuries B. C., Berkeley/Los Angeles/London 1975.
Jordan, B., The honours for Themistokles after Salamis, AJPh 109 (1988) 547–571.
Jougouet, P., L'Athènes de Périclès et les destinées de la Grèce, Le Caire 1941.

Kagan, D., The outbreak of the Peloponnesian war, Ithaca/London 1969.
Kagan, D., The Archidamian war, Ithaca/London 1974.
Kagan, D., The fall of the Athenian empire, Ithaca/London 1987.
Kagan, D., Perikles, Stuttgart 1992.
Kallet-Marx, L., Did tribute fund the Parthenon?, ClAnt 8 (1989) 252–266.
Kallet-Marx, L., The Kallias decree, Thucydides, and the outbreak of the Peloponnesian war, CQ 39 (1989) 94–113.
Kalpaxis, T., Hemiteles, Mainz 1986.
Karamoutsos, S. N., Ἡ ἐκστρατεία τοῦ Περικλῆ στὸν Πόντο, Δωδώνη 8 (1979) 9–36.
Karavites, P., Problems in Athenian democracy 510–480 B. C. Exiles, a case of political irrationality, Diss. Chicago 1971.
Karavites, P., Tradition, scepticism, and Sophokles' political career, Klio 58 (1976) 359–365.
Karavites, P., Realities and appearances, 490–480 B. C., Historia 26 (1977) 129–147.
Karavites, P., Enduring problems of the Samian revolt, RhM 128 (1985) 40–56.

Kasper-Butz, I., Die Göttin Athena im klassischen Athen, Frankfurt a. M./Bern/New York 1990.

Kassel, R./Austin, C., Poetae Comici Graeci, Berlin/New York 1984–1989.

Kebric, R. B., In the shadow of Macedon: Duris of Samos, Wiesbaden 1977 (HE 29).

Kelly, D. H., The Athenian archonship 508/7–487/6, Antichthon 12 (1978) 1–17.

Kelly, T., Argive foreign policy in the fifth century B. C., CPh 69 (1974) 81–99.

Kenner, H., Die trauernde Athene, AAWW 114 (1977) 379–406.

Kiechle, F., Athens Politik nach der Abwehr der Perser, HZ 204 (1967) 265–304.

Kienast, D., Der innenpolitische Kampf in Athen von der Rückkehr des Thukydides bis zu Perikles' Tod, Gymnasium 6 (1953) 210–229.

Kienast, D., Die innenpolitische Entwicklung Athens im 6. Jahrhundert und die Reform von 508, HZ 200 (1965) 265–283.

Kierdorf, W., Erlebnis und Darstellung der Perserkriege. Studien zu Simonides, Pindar, Aischylos und den attischen Rednern, Göttingen 1966.

King, D. B., Athenian activity in the Hellespont from 600 to 450 B. C., Princeton 1940.

Kinzl, K., Miltiades-Forschungen, Diss. Wien 1968.

Kinzl, K. H., Athens: Between tyranny and democracy, in: Greece and the eastern Mediterranean in ancient history and prehistory. Studies pres. to F. Schachermeyr, Berlin 1977, 199–223.

Kinzl, K. H., Δημοκρατία. Studie zur Frühgeschichte des Begriffes, Gymnasium 85 (1978) 117–127 und 312–326.

Kinzl, K. H., Androtion's dating of Ostrakismos, AHB 5 (1991) 109ff.

Kinzl, K. H., AP 22. 4: The sole source of Harpokration on the Ostrakismos of Hipparkhos son of Kharmos, Klio 73 (1991) 28ff.

Kirchner, J. (Hrsg.), Prosopographia Attica, 2 Bde., Berlin 1901–1903.

Klakowicz, B., Perikles und die Verursachung des Peloponnesischen Krieges, Diss. Wien 1961.

Klees, H., Herren und Sklaven. Die Sklaverei im oikonomischen und politischen Schrifttum der Griechen in klassischer Zeit, Wiesbaden 1975.

Klees, H., Zur Entstehung der Perserkriege, in: W. Dahlheim u. a. (Hrsg.), Festschrift R. Werner, Konstanz 1989, 21–39.

Klein, R., Die innenpolitische Gegnerschaft gegen Perikles, in: G. Wirth (Hrsg.), Perikles und seine Zeit, Darmstadt 1979, 494–533.

Kluwe, E., Das Problem von Einzelpersönlichkeit und athenischem Staat in der modernen Literatur, Klio 57 (1975) 477–495.

Kluwe, E., Die soziale Zusammensetzung der athenischen Ekklesie und ihr Einfluß auf politische Entscheidungen, Klio 58 (1976) 295–333.

Kluwe, E., Nochmals zum Problem: Die soziale Zusammensetzung der athenischen Ekklesie und ihr Einfluß auf politische Entscheidungen, Klio 59 (1977) 45–81.

Kluwe, E., Meinungsbildung in der athenischen Polis und ihren Gliederungseinheiten, Oikumene 4 (1983) 25–36.

Kluwe, E., Die Weihgeschenke der Perserkriege und der Eid von Plataiai, in: Hommage à Jean Granarolo, Paris 1985, 67–76.

Kluwe, E. (Hrsg.), Kultur und Fortschritt in der Blütezeit der griechischen Polis, Berlin 1985.

Knell, H., Perikleische Baukunst, Darmstadt 1979.

Knight, D. W., Some studies in Athenian politics in the 5th century B. C., Wiesbaden 1970.

Knight, D. W., Thucydides on the war strategy of Pericles, Mnemosyne 4. 23 (1970) 150–161.

Knoepfler, D. (Hrsg.), Comptes et inventaires dans la cité grecque, Actes du Colloque en l'honneur de Jacques Tréheux, Neuchâtel/Genf 1988.

Kolb, F., Agora und Theater, Volks- und Festversammlung, Berlin 1981.

Kolbe, W., Diodors Wert für die Geschichte der Pentekontaetie, Hermes 72 (1937) 241–269.

Kraft, K., Bemerkungen zu den Perserkriegen, Hermes 92 (1964) 144–171.

Krentz, P., The ostracism of Thukydides, son of Melesias, Historia 33 (1984) 499–504.

Krischer, T., Die enkomiastische Topik im Epitaphios des Perikles, Mnemosyne 30 (1977) 122–134.

Kuch, H., Der Dichter und die Demokratie, in: E. G. Schmidt (Hrsg.), Aischylos und Pindar. Studien zu Werk und Nachwirkung, Berlin 1981, 135–144.

Labarbe, J., La distribution de blé de 445–444 en Athènes et ses incidences demographiques, in: Sozialökonomische Verhältnisse im alten Orient und im klassischen Altertum, Berlin 1961, 191 ff.

Labriola, I., Tucidide e Platone sulla democrazia ateniese, QS 6. 11 (1980) 207–229.

Laix, R. A. de, Probuleusis at Athens. A study of political decision-making, Berkeley/Los Angeles/London 1973.

Landmann, G. P., Das Lob Athens in der Grabrede des Perikles. Thukydides II 34–41, MH 31 (1974) 65–95.

Landmann, G. P., Thukydides, Geschichte des Peloponnesischen Krieges, hrsg. u. übers., Zürich/München ^{2}1976 (auch dtv 1991).

Lang, M. L, Herodotus and the Ionian revolt, Historia 17 (1968) 24–36.

Lang, M. L., Thukydides and the Epidamnian affair, CW 61 (1968) 173 ff.

Lang, M. L., Cleon as the anti-Pericles, CPh 67 (1972) 159–169.

Larsen, J. A. O., The constitution of the Peloponnesian league, CPh 28 (1933) 257 ff., 29 (1934) 1 ff.

Larsen, J. A. O., Cleisthenes and the development of the theory of democracy at Athens, in: Essays in political theory, pres. to G. W. Sabine, Ithaca N. Y. 1948, 1 ff.

Lateiner, D., The failure of the Ionian revolt, Historia 31 (1982) 129–160.

Lauffer, S., Zur Finanzpolitik der athenischen Demokratie, in: S. Lauffer (Hrsg.), Festgabe Will, Köln 1966, 115–120.
Lauffer, S., Die Liturgien in der Krisenperiode Athens. Das Problem von Finanzsystem und Demokratie, in: E. Ch. Welskopf (Hrsg.), Hellenische Poleis, Berlin 1974, 147–159.
Lauffer, S., Die Bergwerkssklaven von Laureion, Wiesbaden [2]1979.
Lazenby, J. F., Pausanias, son of Kleombrotos, Hermes 103 (1975) 235–251.
Legon, R. P., Megara and Mitylene, Phoenix 22 (1968) 200ff.
Legon, R. P., Samos in the Delian league, Historia 21 (1972) 145–158.
Legon, R. P., The Megarian decree and the balance of Greek naval power, CPh 68 (1973) 161–171.
Legon, R. P., Megara. The political history of a Greek city-state to 336 B. C., Ithaca 1981.
Lehmann, G. A., Der Ostrakismos-Entscheid in Athen: von Kleisthenes zur Ära des Themistokles, ZPE 41 (1981) 85–99.
Leipen, N., Athena Parthenos: A reconstruction, Toronto 1971.
Lenardon, R. J., The saga of Themistocles, London 1978.
Lendle, O., Philochoros über den Prozeß des Phidias, Hermes 83 (1955) 284–303.
Lengauer, W., Greek commanders in the 5th and 4th centuries B. C. Politics and ideology: A study of militarism, Warschau 1979.
Lengauer, W., Die politische Bedeutung der Gleichheitsidee im 5. und 4. Jahrhundert v. Chr. Einige Bemerkungen über ἰσονομία, in: Festschrift Wirth, hrsg. v. Will et al., Amsterdam 1987, 53–87.
Lenz, F. W., The Athenian strategoi of the years 441/40 and 433/32, TAPhA 72 (1941) 226–232.
Lesky, A., Tragödien bei Herodot?, in: K. H. Kinzl (Hrsg.), Greece and the eastern mediterranean in Ancient History and Prehistory. Studies pres. to F. Schachermeyr on the occasion of his 80th birthday, Berlin–NewYork 1977.
Lévêque, P., Les différenciations sociales au sein de la démocratie athénienne du Ve siècle, in: D. Roche/C. E. Labrousse (Hrsg.), Ordres et classes. Colloque d'histoire sociale, Paris 1973, 13–22.
Levi, M. A., Plutarco e il V secolo, Milano 1955.
Levi, M. A., Pericle. Un uomo, un regime, una cultura, Milano 1980.
Lewis, D. M, Entrenchment clauses in Attic Decrees. In: Φόρος: Tribute to B. D. Meritt, Locust Valley/New York 1974, 81–89.
Lewis, D. M., Sparta and Persia, Leiden 1977.
Lewis, D. M., The origin of the first Peloponnesian war, in: G. S. Shrimpton/D. J. McCargar (Hrsg.), Classical contributions. Studies McGregor, Locust Valley/New York 1981, 71–78.
Lewis, D. M. (Hrsg.), Inscriptiones Atticae Euclidis anno anteriores (= Inscriptiones Graecae I^3), Berlin/New York 1981 (= IG I^3).
Lewis, D. M./Boardman, J./Davies, J. K./Ostwald, M. (Hrsg.), The Cambridge Ancient History, Vol. V, Cambridge [2]1992 (CAH).

Libourel, J., The Athenian disaster in Egypt, AJPh 97 (1971) 605–615.
Linders, T., The treasurers of the Other Gods in Athens and their functions, Meisenheim 1975 (Beiträge zur klassischen Philologie 62).
Linfert, A., Die Götterversammlung im Parthenon-Ostfries und das attische Kultsystem unter Perikles, MDAI (A) 94 (1979) 41–47.
Littman, R. J., The Greek experiment: Imperialism and social conflict 500–400 B. C., London 1974.
Littman, R. J., Kinship and politics in Athens 600–400 B. C., New York/Bern/Frankfurt a. M./Paris 1990.
Loomis, W. T., The Spartan war fund. IG I V 1, 1 and a new fragment, Stuttgart 1992 (HE 74).
Lotze, D., Selbstbewußtsein und Machtpolitik. Bemerkungen zur machtpolitischen Interpretation spartanischen Verhaltens in den Jahren 479–477 v. Chr., Klio 52 (1970) 255–275.
Lotze, D., Zwischen Politen und Metöken. Passivbürger im klassischen Athen?, Klio 63 (1981) 159–178.
Lotze, D., Zum Begriff der Demokratie in Aischylos' Hiketiden, in: E. G. Schmidt (Hrsg.), Aischylos und Pindar, Berlin 1981, 207–216.
Lotze, D., Entwicklungslinien der athenischen Demokratie im 5. Jh. v. Chr., Oikumene 4 (1983) 9–24.
Lotze, D., Die Teilhabe des Bürgers an Regierung und Rechtsprechung in den Organen der direkten Demokratie des klassischen Athen, in: E. Kluwe (Hrsg.), Kultur und Fortschritt in der Blütezeit der griechischen Polis, Berlin 1985, 52–76.
Lotze, D., Neues und Altes im Bilde des Wirkens von Kleisthenes und Perikles, Klio 68 (1986) 233–242.
Luppe, W., Die Nemesis des Kratinos. Mythos und politischer Hintergrund, WZ Halle 23. 4 (1974) 49–60.

MacDonald, B. R., The distribution of Attic pottery from 450–375 B. C. The effects of politics on trade, Diss. Univ. Philadelphia 1979.
MacDonald, B. R., The authenticity of the congress decree, Historia 31 (1982) 120–123.
MacDonald, B. R., The Megarian decree, Historia 32 (1983) 385–410.
MacDowell, D. M., The law in classical Athens, London 1978.
Mactoux, M., Douleia. Esclavage et pratiques discursives dans l'Athènes classique, Besançon 1981.
Mader, M., Apologie des Aristophanes, Gymnasium 99 (1992) 34 ff.
Malitz, J., Thukydides' Weg zur Geschichtsschreibung, Historia 31 (1982) 257–289.
Manfredini, M., La cleruchia ateniense in Calcidice, SCO 17 (1968) 199–212.
Mansfeld, J., I: The chronology of Anaxagoras' Athenian period and the date of his trial, Mnemosyne 32 (1979) 39–69; II: The plot against Pericles and his associates, Mnemosyne 33 (1980) 17–95.

Manville, Ph. B., The origin of citizenship in ancient Athens, Princeton 1990.
Marasco, G., I processi d' empietà nella democrazia ateniense, Atene e Roma 21 (1976) 113–131.
Marco, M. di, Il dibattito politico nell'agone delle Supplici di Euripide: Motivi e forme, Helikon 20/21 (1980/81) [1983] 165–206.
Marg, W. (Hrsg.), Herodot, Darmstadt ^{3}1982 (= WdF 26).
Markle, M. M., Jury pay and assembly pay at Athens, HPTh 6 (1985) 265–297.
Markle, M. M., Participations of farmers in Athenian juries and assemblies, AncSoc 21 (1990) 149–165.
Marshall, M. H. B., Cleon and Pericles. Sphacteria, G & R 31 (1984) 19–36.
Martin, A., L' ostracisme athénien. Un demi-siècle de découvertes et de recherches, REG 102 (1989) 124–145.
Martin, J., Von Kleisthenes zu Ephialtes. Zur Entstehung der athenischen Demokratie, Chiron 4 (1974) 5–42.
Martin, J., Zur Entstehung der Sophistik, Saeculum 27 (1976) 143–164.
Martin, T. R./Badian, E., Athenians, other allies, and the Hellenes in the Athenian honorary decree for Adeimantos of Lampsakos, ZPE 61 (1985) 167–172.
Martin, T. R., Sovereignty and coinage in classical Greece, Princeton 1985.
Mastrocinque, A., Demetrios tragodoumenos, Athenäum 57 (1979) 260 –276.
Mattingly, H. B., The financial decrees of Kallias, PACA 7 (1964) 35 ff.
Mattingly, H. B., The peace of Kallias, Historia 14 (1965) 273–281.
Mattingly, H. B., Periclean imperialism, in: Ancient society and institutions. Studies pres. to V. Ehrenberg, Oxford 1966, 193–223.
Mattingly, H. B., Athens and Aigina, Historia 16 (1967) 1–5.
Mattingly, H. B., Two notes on Athenian financial document, ABSA 62 (1967) 13 ff.
Mattingly, H. B., Athenian finance in the Peloponnesian war, BCH 92 (1968) 450–485.
Mattingly, H. B., »Epigraphically the Twenties are too late«, BSA 65 (1970) 129–149.
Mattingly, H. B., The protected fund in the Athenian coinage decree, AJP 95 (1974) 280–285.
Mattingly, H. B., Athens and Persia: Two key documents, Philologus 119 (1975) 48–56.
Mattingly, H. B., The mysterious 3000 talents of the first Kallias decree, GRBS 16 (1975) 15–22.
Mattingly, H. B., The second Athenian coinage decree, Klio 59 (1977) 83–100.
Mattingly, H. B., Poets and politicians in fifth-century Greece, in: K. H. Kinzl (Hrsg.), Greece and the eastern Mediterranean in ancient history and prehistory. Studies pres. to F. Schachermeyr, Berlin 1977, 231–245.
Mattingly, H. B., The alliance of Athens with Egesta, Chiron 16 (1986) 167–170.

Mazzarino, H. B., Perikles und Sizilien (1944/45), in: Wirth (1979) 81–113.
McCulloch, H. Y., Herodotus, Marathon and Athens, SO 57 (1982) 35–55.
McGregor, M. F., Democracy. Its admirers and critics, EMC 15 (1971) 53–63.
McGregor, M. F., The Athenians and their empire, Vancouver 1987.
McKeon, R., The interpretation of political theory and practice in ancient Athens, JHI 42 (1981) 3 ff.
McNeal, R. A., The first Peloponnesian war, Stanford 1968.
Meder, A., Der athenische Demos z. Z. des Peloponnesischen Krieges im Lichte zeitgenössischer Quellen, Diss. München 1938.
Meier, C., Die Entstehung des Begriffes Demokratie, Frankfurt a. M. 1970.
Meier, C., Art. Demokratie: I. Antike Grundlagen, in: O. Brunner/ W. Conze/R. Koselleck, Geschichtliche Grundbegriffe, Stuttgart 1972, 821–835.
Meier, C., Der Wandel der politisch-sozialen Begriffswelt im 5. Jh. v. Chr., ABG 21 (1977) 7–41.
Meier, C., Autonom-prozessuale Zusammenhänge in der Vorgeschichte der griechischen Demokratie, in: Faber, K./Meier, C. (Hrsg.), Historische Prozesse, München 1978, 221–247.
Meier, C., Die Entstehung des Politischen bei den Griechen, Frankfurt a. M. 1980.
Meier, C., Der Umbruch zur Demokratie in Athen (462/61 v. Chr.). Eine Epoche der Weltgeschichte und was Zeitgenossen daran wahrnahmen, in: R. Herzog/R. Koselleck (Hrsg.), Epochenschwelle und Epochenbewußtsein, München 1987, 353–380.
Meier, C., Die politische Kunst der griechischen Tragödie, München 1988.
Meier, C., Die Rolle des Krieges im klassischen Athen, HZ 251 (1990) 555–605.
Meier, C., Politik und Tragödie im 5. Jahrhundert, Philologus 135 (1991) 70–87.
Meier, C./Veyne, P., Kannten die Griechen die Demokratie? Zwei Studien, Berlin 1988.
Meiggs, R., The political implications of the Parthenon, G & R 10 (1963) Suppl. 36–45.
Meiggs, R., The crisis of Athenian imperialism, HSPh 67 (1963) 1–36.
Meiggs, R., The Athenian empire, Oxford 1972 (= Meiggs, AE).
Meiggs, R., Rez. zu K. Meister, Die Ungeschichtlichkeit des Kalliasfriedens und deren historische Folgen, Gnomon 56 (1984) 35–38.
Meiggs, R./Lewis, D., A selection of Greek historical inscriptions to the end of the fifth century B. C., Oxford [2]1988 (= ML).
Meinel, R., Das Odeion, Frankfurt a. M. 1980.
Meinhardt, E., Perikles bei Plutarch, Diss. Frankfurt a. M. 1957.
Meister, K., Das persisch-karthagische Bündnis von 481 v. Chr. (Bengtson, Staatsverträge II Nr. 129), Historia 19 (1970) 607–612.
Meister, K., Das panhellenische Weihepigramm auf der Schlangensäule von Delphi, Epigraphica 33 (1971) 20–26.

Meister, K., Damon, der politische Berater des Perikles, RSA 3 (1973) 29–45.

Meister, K., Stesimbrotos' Schrift über die athenischen Staatsmänner und ihre historische Bedeutung (FGrH 107 F 1–11), Historia 27 (1978) 274–294.

Meister, K., Die Ungeschichtlichkeit des Kalliasfriedens und deren historische Folgen, Wiesbaden 1982.

Meister, K., Die griechische Geschichtsschreibung. Von den Anfängen bis zum Ende des Hellenismus, Stuttgart u. a. 1990.

Meritt, B. D., Athenian financial documents, Ann Arbor 1932.

Meritt, B. D., The Athenian alliances with Rhegion and Leontinoi, CQ 40 (1946) 85 ff.

Meritt, B. D., Athens and the Amphiktyonic league, AJPh 7 (1954) 369–373.

Meritt, B. D., The treaty between Athens and Kolophon of 447/6, RSA 1 (1971) 65–68.

Meritt, B. D., Pericles, the Athenian mint, and the Hephaisteion, PAPhS 119 (1975) 267–274.

Meritt, B. D., Thucydides and the decrees of Kallias, Hesperia Suppl. XIX (1982) 112–121.

Meritt, B. D., The Samian revolt from Athens in 440–439 B. C., PAPhS 128 (1984) 123–133.

Meritt, B. D./Andrewes, A., Athens and Neapolis, ABSA 46 (1951) 200–209.

Meritt, B. D./Wade-Gery, H. T., Dating of documents to the midfifth-century I, JHS 72 (1962) 68–74; II, JHS 73 (1963) 100–117.

Meritt, B. D./Wade-Gery, H. T./McGregor, M. F., The Athenian tribute lists, 4 Bde., Princeton 1939–1953 (= ATL).

Meritt, L. S., The Stoa Poikile, Hesperia 39 (1970) 233–264.

Meyer, Ed., Forschungen zur Alten Geschichte II, Halle 1899.

Meyer, Ed., Geschichte des Altertums IV. 1, Stuttgart ^{5}1954.

Meyer, H. D., Abfall und Bestrafung von Bündnern im delisch-attischen Seebund, HZ 191 (1961) 497–509.

Meyer, H. D., Vorgeschichte und Gründung des delisch-attischen Seebundes, Historia 12 (1963) 405–446.

Meyer, H. D., Thukydides Melesiou und die oligarchische Opposition gegen Perikles, Historia 16 (1967) 141–154.

Micalella, D., Cimone nell'Athenaion politeia e l'età del politico in Aristotele, PP 38 (1983) 113 ff.

Milios-Nikolaoú, A., Die Beteiligung der Bürger an der öffentlichen Verwaltung Athens zur Zeit des Perikles, Frankfurt a. M./Bern/New York 1986.

Millet, P., Patronage and its avoidance in classical Athens, in: A. Wallace-Hadrill (Hrsg.), Patronage in ancient society, London/N.Y. 1989, 15–47.

Mitchell, B., Kleon's Amphipolitan campaign, Historia 40 (1991) 170 ff.

Molitor, M. V., The third scholion on Vespae 947, Hermes 114 (1986) 306–314.

Momigliano, A., Some observations on causes of war, in: ders., Studies in historiography, London 1966, 56–74.

Morrison, J. S., Pericles Monarchos, JHS 70 (1950) 76f. (= Wirth [1979] 138–142).

Mossé, C., Die politischen Prozesse und die Krise der athenischen Demokratie, in: E. Ch. Welskopf (Hrsg.), Hellenische Poleis, Berlin 1974, 160–187.

Moysey, R. A., Thucydides, Kimon and the peace of Kallias, AHB 5 (1991) 30–35.

Muehll, P. v. d., Direkte Benützung des Ephoros und Theopomp bei Plutarch, MH 11 (1964) 243–244.

Müller, F., Die blonde Bestie und Thukydides, HSPh 63 (1958) München 1988.

Murison, C. L., The peace of Callias. Its historical context, Phoenix 25 (1971) 12–31.

Musiolek, P., Tendenzen und Wirkungen der Warenproduktion in der Polis Athen am Ende des 5. und am Anfang des 4. Jhs. v. u. Z., in: Studien zur athenischen Sozialstruktur und römischen Wirtschaftspolitik in Kleinasien, hrsg. v. Institut für Wirtschaftsgeschichte d. Akad. d. Wiss. d. DDR, JWG Sonderband, Berlin 1977, 87–142.

Muss, U./Schubert, C., Die Akropolis von Athen, Graz 1988.

Mylonas, G. E., Eleusis and the Eleusinian Mysteries, Princeton 1961.

Näf, B., Von Perikles zu Hitler? Die athenische Demokratie und die deutsche Althistorie bis 1945, Bern 1986.

Nakategawa, Y., Isegoria in Herodotus, Historia 27 (1988) 257–275.

Neesen, L., Die griechische Polis – nur ein Import- und Konsumzentrum?, MBAH 4.1 (1985) 49–66.

Neesen, L., Demiurgoi und Artifices. Studien zur Stellung freier Handwerker in antiken Städten, Frankfurt a. M. u. a. 1989.

Nesselhauf, H., Untersuchungen zur Geschichte der delisch-attischen Symmachie, Leipzig 1933.

Nesselhauf, H., Die diplomatischen Verhandlungen vor dem Peloponnesischen Krieg (Thukydides I, 139ff.), Hermes 69 (1934) 286–299.

Neubecker, A., Altgriechische Musik, Darmstadt 1977.

Nickel, D., Das gesellschaftliche Leitbild der Gefallenenrede des Perikles bei Thukydides, in: R. Müller (Hrsg.), Der Mensch als Maß aller Dinge. Studien zum griechischen Menschenbild in der Zeit der Blüte und Krise der Polis, Berlin 1976, 167–187.

Nicolai, W., Versuch über Herodots Geschichtsphilosophie, Heidelberg 1986.

Nikolaou, N., La bataille de Salamine d'après Diodore de Sicile, REG 95 (1982) 145–156.

Nilsson, M., Geschichte der griechischen Religion Bd. 1, München ^{3}1967 = 1976 (HdAW V 2.1).

Ober, J., Thucydides, Pericles, and the strategy of defense, in: The craft of the ancient historian. Essays in honor of C. G. Starr, Lanham 1985, 171–188.

Ober, J., Mass and elite in democratic Athens. Rhetoric, ideology, and the power of people, Princeton 1989.

Ober, J., The Athenians and their democracy, EMC 35 (1991) 81–96.

Oliver, J. H., The peace of Callias and the Pontic expedition of Pericles, Historia 6 (1957) 254f.

Olmstead, A. T., History of the Persian empire, Chicago 1948.

O'Neil, J. L., The exile of Themistokles and democracy in the Peloponnese, CQ 31 (1981) 335–346.

Oppermann, D., Außenpolitik und antike Demokratie. Anmerkungen zu ihrem Verhältnis in perikleischer Zeit, Frankfurt a. M. 1985.

Osborne, M. J., Naturalization in Athens, 3 Bde., Brüssel 1981–1983 (?).

Ostwald, M., Nomos and the beginnings of the Athenian democracy, Oxford 1969.

Ostwald, M., Autonomia: Its Genesis and History. APA Amer. Class. Stud. 11, 1982.

Ostwald, M., From popular sovereignty to the sovereignty of law, Berkeley/Los Angeles/London 1986.

Ostwald, M., Ananke in Thucydides. APA Amer. Class. Stud. 18, 1988.

Papastavrou, J., Themistokles. Die Geschichte eines Titanen und seiner Zeit, Darmstadt 1978.

Parke, H. W., Athenische Feste, Mainz 1987.

Parker, R., Miasma, Oxford 1983.

Parker, S. T., The objectives and strategy of Cimon's expedition to Cyprus, AJPh 97 (1976) 30–38.

Patterson, C., Pericles' citizenship law of 451/50 B. C., New York 1981.

Pearson, L., The Local Historians of Attica. Amer. Ph. Ass. Monographs 11, 1942 (= ND 1981).

Peçirka, J., Die athenische Demokratie und das athenische Reich, Klio 57 (1975) 307–311.

Peçirka, J., Athenian imperialism and the Athenian economy, Eirene 19 (1982) 117–125.

Peçirka, J., Die Kultur des perikleischen Zeitalters und die Ideologie des athenischen Reiches, GLP 12 (1989) 51–84.

Peçirka, J., Athenische Demokratie und Fortschrittsdenken gegen Ende des 5. Jhs. v. u. Z.: eine falsche Analogie, Klio 72 (1990) 195ff.

Penwill, J. L., The letters of Themistokles: An epistolary novel?, Antichthon 12 (1978) 83ff.

Perlman, S., Panhellenism, the polis and imperialism, Historia 25 (1976) 1–30.

Perrin, B., Plutarch's Cimon and Pericles, New York 1910.

Petzold, K.-E., Zur Entstehungsphase der athenischen Demokratie, RFIC 118 (1990) 145–178.

Pflugk-Harttung, H. v., Perikles als Feldherr, Stuttgart 1884.

Philippides, M., King Pleistonax and the Spartan invasion of Attica in 446 B. C., AncW 11 (1985) 33–41.

Phillips, D. J., Observations on some ostraka from the Athenian agora, ZPE 83 (1990) 123–148.
Phillips, D. J., Men named Thoukydides and the general of 440/39 B. C. (Thuc. 1. 117. 2), Historia 40 (1991) 385–95.
Piccirilli, L., Su alcune alleanze fra poleis: Atene, Argo e i Tessali – Atene e Megara – Sparta e Megara, ASNP 3 (1973) 717–730.
Piccirilli, L., Temistocle, Aristide, Cimone, Tucidide di Melesia fra politica e propagande, Genua 1987.
Piccirilli, L., Efialte, Genua 1988.
Piérart, M., A propos de l'élection des stratèges athéniens, BCH 98 (1974) 125–146.
Piérart, M., Athènes et ses lois. Discours politiques et tactiques institutionelles, REA 89 (1987) 21 ff.
Piérart, M., Athènes et son empire. La crise de 447–445, in: J. Servais u. a. (Hrsg.), Stemmata. Mélanges J. Labarbe, Lüttich 1987, 291–303.
Pissavino, P., Polis e democrazia in Atene. Linee preliminari di ricerca, Athenaeum 64 (1986) 218–22.
Pistorius, T., Hegemoniestreben und Autonomiesicherung in der griechischen Vertragspolitik klassischer und hellenistischer Zeit, Frankfurt a. M. u. a. 1985.
Pleket, H. W., Thasos and the popularity of the Athenian empire, Historia 12 (1963) 70–77.
Plenio, W., Die letzte Rede des Perikles, Diss. Kiel 1954.
Plepelits, K., Die Fragmente der Demen des Eupolis, Wien 1970.
Podlecki, A. J., The political background of Aeschylean tragedy, Ann Arbor 1966.
Podlecki, A. J., The life of Themistocles, Montreal/London 1975.
Podlecki, A. J., A Pericles prosôpon in Attic tragedy, Euphrosyne 7 (1975/76) 7–26.
Podlecki, A. J., Athens and Aegina, Historia 25 (1976) 396–413.
Podlecki, A. J., Herodotus in Athens?, in: Greece and the eastern Mediterranean in ancient history and prehistory, in: K. H. Kinzl (Hrsg.), Studies pres. to F. Schachermeyr, Berlin 1977, 246–265.
Podlecki, A. J., Perikles and Augustus, EMC 22 (1978) 45–56.
Podlecki, A. J./Duane, S., A survey of work on Plutarch's Greek lives, 1951–1988, ANRW 33,6 (1991) 4053–4127.
Poetscher, W., Die perikleische Kultur, Gymnasium 65 (1958) 490f.
Pohlenz, M., Griechische Freiheit, Heidelberg 1955.
Pomeroy, S., Frauenleben im klassischen Altertum, Stuttgart 1985.
Poole, J. C. F./Holladay, A. J., Thucydides and the plague of Athens, CQ 29 (1979) 282–300.
Pope, M., Thucydides and democracy, Historia 37 (1988) 276–296.
Popp, H., Zum Verhältnis Athens zu seinen Bündnern im delisch-attischen Seebund, Historia 17 (1968) 425–443.
Popp, H., Zur Frage der Eliten in der attischen Demokratie des 5. Jhs. v. Chr.,

in: P. Neukam (Hrsg.), Information aus der Vergangenheit, München 1982, 202–228.
Pouncey, P. R., Thucydides and Pericles, Diss. Columbia Univ. 1969.
Powell, A., Athens and Sparta. Constructing Greek political and social history from 487 B. C., London 1988.
Powell, C. A., Athens' difficulty, Sparta's opportunity: Causation and the Peloponnesian war, AC 49 (1980) 87–114.
Prandi, L., I processi contro Fidia Aspasia Anassagora e l'opposizione a Pericle, Aevum 51 (1977) 10–26.
Preißhofen, F., Phidias-Daedalus auf dem Schild der Athena Parthenos? Ampelius 8.10, JDAI 89 (1974) 50–69.
Prestel, G., Die antidemokratische Strömung im Athen des 5. Jahrhunderts bis zum Tode des Perikles, Breslau 1939.
Pritchett, W. K., The transfer of the Delian treasury, Historia 18 (1969) 17–21.
Pritchett, W. K., Kallias: Fact or fancy?, CSCA 4 (1971) 219ff.
Pritchett, W. K., Lucubrationes Epigraphicae, CSCA 5 (1972) 153ff.
Pritchett, W. K., The Greek state at war, Berkeley UCP (1979), V 1991.
Pritchett, W. K., The Hellenotamiai and Athenian finance, Historia 26 (1977) 295ff.
Protzmann, H., Perikles und die Erkenntnisfunktion der Kunst, in: O. Jurewicz/H. Kuch (Hrsg.), Die Krise der griechischen Polis, Berlin 1969, I, 11–20.
Protzmann, H., Zeugnisse zum Stilbewußtsein in der hochklassischen Kunst, JOEAI 50 (1972/3) 68–93.
Protzmann, H., Perikles und die klassische Kunstanschauung, FBSM 16 (1974) 169–182.

Quass, F., Nomos und Psephisma. Untersuchungen zum griechischen Staatsrecht, München 1971.
Quinn, T., Thucydides and the unpopularity of the Athenian empire, Historia 13 (1964) 257–266.
Quinn, T., Athens and Samos, Lesbos and Chios, 478–404 B. C., Manchester 1981.

Raaflaub, K. A., Beute, Vergeltung, Freiheit? Zur Zielsetzung des delisch-attischen Seebundes, Chiron 9 (1979) 1–22.
Raaflaub, K. A., Des freien Bürgers Recht der freien Rede. Ein Beitrag zur Begriffs- und Sozialgeschichte der athenischen Demokratie, in: W. Eck/ H. Galsterer/H. Wolff (Hrsg.), Studien zur antiken Sozialgeschichte. Festschrift F. Vittinghoff, Köln 1980, 7–57.
Raaflaub, K. A., Die Entdeckung der Freiheit. Zur historischen Semantik und Gesellschaftsgeschichte eines politischen Grundbegriffs der Griechen, München 1985.
Raaflaub, K. A., Political thought and the meaning of history. Arethusa 20 (1987) 221–248.

Raaflaub, K. A., Athenische Geschichte und mündliche Überlieferung, in: J. v. Ungern-Sternberg/H. Reinau (Hrsg.), Vergangenheit in mündlicher Überlieferung, Stuttgart 1988, 197–225.

Raaflaub, K. A., Contemporary perceptions of democracy in fifth-century Athens, C & M 40 (1989) 33–70.

Ranke, L. v., Perikles. Die Blütezeit Athens, Berlin 1942.

Raubitschek, A. E., Kimons Zurückberufung, Historia 3 (1954/5) 379f.

Raubitschek, A. E., Damon, C & M 16 (1955) 78–83.

Raubitschek, A. E., Theophrastus on ostracism, C & M 19 (1958) 78–109.

Raubitschek, A. E., Theopompos on Thykidides, the son of Melesias, Phoenix 14 (1960) 81–95.

Raubitschek, A. E., Treaties between Persia and Athens, GRBS 5 (1964) 151 ff.

Raubitschek, A. E., The peace policy of Pericles, AJA 70 (1966) 37–41.

Raubitschek, A. E., Zur Periklesstatue des Kresilas, ArchClass 25/26 (1973/4) 620f.

Raubitschek, A. E., Corinth and Athens before the Peloponnesian war, in: K. H. Kinzl (Hrsg.), Greece and the eastern Mediterranean in ancient history and prehistory. Studies pres. to F. Schachermeyr, Berlin 1977, 266–269.

Raubitschek, A. E., Athen unter Perikles, in: H. Kalcyk/B. Gullath/A. Graeber (Hrsg.), Studien zur Alten Geschichte. Festschrift S. Lauffer, Rom 1986, 755–761.

Raubitschek, A. E., The school of Hellas. Essays on Greek history, archaeology, and literature, hrsg. v. D. Obbink/P. A. Vander Waerdt, NewYork/ Oxford 1991.

Rechenauer, G., Thukydides und die hippokratische Medizin, Hildesheim 1991 (= Spudasmata 47).

Reinsberg, C., Ehe, Hetärentum und Knabenliebe im antiken Griechenland, München 1989.

Rhodes, P. J., Thucydides on Pausanias and Themistocles, Historia 19 (1970) 387–400.

Rhodes, P. J., The Athenian boule, Oxford 1972.

Rhodes, P. J., Notes on voting in Athens, GRBS 22 (1981) 125–132.

Rhodes, P. J., Problems in Athenian eisphora and liturgies, AJAH 7 (1982) 1–19.

Rhodes, P. J., A commentary on the Aristotelian Athenaion Politeia, Oxford ^{2}1985.

Rhodes, P. J., Political activity in classical Athens, JHS 106 (1986) 132–144.

Rhodes, P. J., Thucydides on the causes of the Peloponnesian war, Hermes 115 (1987) 154–165.

Ridley, R. T., The hoplite as citizen: Athenian military institutions in their social context, AC 48 (1979) 508–548.

Rizzo, F. P., Il raconto della spedizione ateniese a Corcira in Ellanico e Tucidide, RFIC 94 (1966) 271 ff.

Robert, F., Sophocle, Périclès, Hérodote et la date d'Ajax, RPh 38 (1964) 213–227.

Roberts, J. T., Aristocratic democracy: The perseverance of timocratic principles in Athenian government, Athenaeum 64 (1986) 355–369.
Robertson, N., False documents at Athens: Fifth century history and fourth century publicists, Historical Reflections 3 (1976) 3–25.
Robertson, N., The Thessalian expedition of 480 B. C., JHS 96 (1976) 100–120.
Robertson, N., The true nature of the »Delian league«, 478–461 B. C., AJAH 5 (1980) 64–96.
Robertson, N., The decree of Themistocles in its contemporary setting, Phoenix 36 (1982) 1–44.
Robinson, C. A. (Hrsg.), The spring of civilization. Periclean Athens, London 1955.
Robinson, C. A., Athens in the age of Pericles, Oklahoma ²1963.
Robinson, E. S. G., The Athenian currency decree and the coinage of the allies, Hesperia Suppl. 8 (1949) 324ff.
Robkin, A. L. H., The Odeion of Perikles. The date of its construction and the Periclean building programm, Anc W 2 (1979) 3–12.
Rössler, D., Handwerk und Lohnarbeit im Athen des 5. und 4. Jhs. v. u. Z., JWG 1985. 3, 73–94.
Rohrer, K., Studien zur Person des Perikles, besonders zu seiner Persönlichkeit, Diss. Innsbruck 1955.
Roller, D. W., Who murdered Ephialtes?, Historia 38 (1989) 257–266.
Romilly, J. de, Thucydide et l'imperialisme Athénien, Paris ²1951.
Romilly, J. de, Thukydides and Athenian Imperialism, Oxford 1963.
Romilly, J. de, Der Optimismus des Thukydides und das Urteil des Historikers über Perikles (Thuk. II 65 [1965]), in: Wirth (1979) 290–311.
Romilly, J. de, La douceur dans la pensée grecque, Paris 1979.
Romilly, J. de, La notion de »classes moyennes« dans l'Athènes du Ve s. av. J. C., REG 100 (1987) 1–17.
Romilly, J. de , Les grands sophistes dans l'Athènes de Périclès, Paris 1988.
Romilly, J. de, Plutarch and Thucydides or the free use of quotations, Phoenix 42 (1988) 22–34.
Rosenberg, A., Perikles und die Parteien in Athen, NJb 18 (1915) 205–223.
Rothwell, K. S., Politics and persuasion in Aristophanes' Ecclesiazusae, Mnemosyne Suppl. 111, Leiden 1990.
Roux, G., Eschyle, Hérodote, Diodore, Plutarque racontent la bataille de Salamine, BCH 98 (1974) 51–94.
Rühl, F., Über die Quellen des plutarchischen Perikles, JKPh 97 (1868) 657ff.
Ruschenbusch, E., Ephialtes, Historia 15 (1966) 369–376.
Ruschenbusch, E., Die Verträge Athens mit Leontinoi und Rhegion vom Jahre 433/2 v. Chr., ZPE 19 (1975) 225–232.
Ruschenbusch, E., Die Wahl der Strategen im 5. und 4. Jh. v. Chr. in Athen, Historia 24 (1975) 112–114.
Ruschenbusch, E., Zur Zahl der Tributbezirke des delischen Seebundes und

zur Datierung des Kleinias- und des Münzdekrets (Meiggs-Lewis 45 und 46), ZPE 26 (1977) 211–215.

Ruschenbusch, E., Untersuchungen zu Staat und Politik in Griechenland vom 7.–4. Jh. v. Chr., Bamberg 1978.

Ruschenbusch, E., Athenische Innenpolitik im 5. Jh. v. Chr. Ideologie oder Pragmatismus?, Bamberg 1979.

Ruschenbusch, E., Die Einführung des Theorikon, ZPE 36 (1979) 303–308.

Ruschenbusch, E., Das Machtpotential der Bündner im ersten athenischen Seebund (Überlegungen zu Thukydides 1. 99. 2), ZPE 53 (1983) 125–143.

Ruschenbusch, E., Tribut und Bürgerzahl im ersten athenischen Seebund, ZPE 53 (1983) 125–143.

Ruschenbusch, E., Die Bevölkerungszahl Griechenlands im 5. und 4. Jh. v. Chr., ZPE 56 (1984) 55–57.

Rusten, J. S., Two lives or three? Pericles on the Athenian character (Thucydides 2. 40. 1–2), CQ 35 (1985) 14–19.

Ruzé, Fr., Plethos. Aux origines de la majorité politique, Mélanges en hommage à H. van Effenterre, Paris, Publ. de la Sorbonne (Centre Gustave Glotz) 1984, S. 247–263.

Sainte-Croix, G. E. M., The character of the Athenian empire, Historia 3 (1954/5) 1–41.

Sainte-Croix, G. E. M., Notes on jurisdiction in the Athenian empire, CQ 55 (1961) 94–112, 268–280.

Sainte-Croix, G. E. M., The origins of the Peloponnesian war, Ithaca/London 1972.

Sainte-Croix, G. E. M. The class struggle in the ancient Greek world from the archaic age to the Arab conquests, London 1981.

Salmon, P., La politique égyptienne d'Athènes (VIe et Ve siècles avant J. C.), Brüssel 1965.

Sanctis, G. de, Pericle, Milano/Messina 1944.

Sandvoss, E., Asebie und Atheismus im klassischen Zeitalter der griechischen Polis, Saeculum 19 (1968) 312–329.

Sansone, D., Notes on Plutarch: Pericles and Fabius, ICS 13 (1988) 311–318.

Santi Amantini, L., Sull'aspetto religioso dei rapporti fra Atene e la lega delio-attica, RIL 107 (1973) 825–843.

Santoni, A., Plutarco, Pericle, übers. u. erl. (mit einer Einl. v. Ph. Stadter und Beiträgen v. B. Scardigli und M. Manfredini), Mailand 1991.

Sartori, F., Una pagina di storia ateniense in un frammento dei »Demi« Eupolidei, Rom 1975.

Sauppe, H., Die Quellen Plutarchs für das Leben des Perikles, in: ders., Ausgewählte Schriften, Berlin 1896, 481–508.

Schachermeyr, F., Religionspolitik und Religiosität bei Perikles. Voruntersuchungen zu einer Monographie über Perikles und seine Zeit, SAWW 258. 3, Wien 1968.

Schachermeyr, F., Perikles, Stuttgart/Berlin/Köln/Mainz 1969.
Schachermeyr, F., Damon, in: R. Stiel/H. E. Stier (Hrsg.), Beiträge zur Alten Geschichte und deren Nachleben. Festschrift F. Altheim I, Berlin 1969, 192–204.
Schachermeyr, F., Geistesgeschichte der perikleischen Zeit, Stuttgart/Berlin/Köln/Mainz 1971.
Schachermeyr, F., Das Periklesbild bei Thucydides, in: Antike und Universalgeschichte. Festschrift für H. E. Stier, Münster 1972, 176ff.
Schachermeyr, F., Die Sieger der Perserkriege. Große Persönlichkeiten zwischen Beifall und Mißgunst. Zur Problematik des geschichtlichen Erfolgs, Göttingen 1974.
Schachermeyr, F., Sparta und Athen nach den Perserschlachten, in: ders., Forschungen und Betrachtungen zur griechischen und römischen Geschichte, Wien 1974, 139ff.
Schachermeyr, F., Stesimbrotos und seine Schrift über die Staatsmänner, in: ders., Forschungen und Betrachtungen zur griechischen und römischen Geschichte, Wien 1974, 151ff.
Schäfer, H., Die attische Symmachie im zweiten Jahrhundert ihres Bestehens, Hermes 71 (1936) 129–150.
Schäfer, H., Beiträge zur Geschichte der attischen Symmachie, Hermes 74 (1939) 225–264.
Schäfer, H., Besonderheit und Begriff der attischen Demokratie im 5. Jahrhundert, in: Synopsis. Festgabe für Alfred Weber, Heidelberg 1948, 479ff.
Schaps, D. M., Economic rights of women in ancient Greece, Edinburgh 1979.
Scharf, J., Die erste ägyptische Expedition der Athener. Ein Beitrag zur Pentekontaetie, Historia 3 (1954/5) 308–325.
Scheidel, W./Siewert, P., Friedensschlüsse des 5. Jhs. zwischen Athen und Sparta bei Andokides und Theopomp, Tyche 3 (1988) 163–170.
Schiff, F., Athena Parthenos, die Vision des Phidias, AK 16 (1973) 4–44.
Schmidt, A., Perikles und sein Zeitalter, Jena 1877.
Schmidt, J. U., Normenwandel in der griechischen Antike von der Aristokratie zur Demokratie, AU 26. 2 (1983) 45–70.
Schmitt, H. H., Forme della vita interstatale nell'antiquità, Critica storica 25 (1988) 529–546.
Schmitz, W., Wirtschaftliche Prosperität, soziale Integration und die Seebundpolitik Athens. Die Wirkung der Erfahrungen aus dem Ersten Attischen Seebund auf die athenische Außenpolitik in der ersten Hälfte des 4. Jhs. v. Chr., München 1988.
Schreiner, J. H., Aristotle and Perikles. A study in historiography, Oslo 1968.
Schreiner, J. H., Anti-Thukydidean studies in the Pentekontaetia, SO 51 (1976) 19–63.
Schreiner, J. H., More anti-Thukydidean studies in the Pentekontaetia, SO 52 (1977) 19–38.
Schreiner, J. H., The battle of Oinoe and the credibility of Thucydides, in:

Studies in ancient history and numismatics, pres. to R. Thomsen, Aarhus 1988, 71–76.

Schubert, C., Die Macht des Volkes und die Ohnmacht des Denkens. Studien zu Mentalität und Wissenschaft im 5. Jahrhundert, Stuttgart 1993 (HE 77).

Schütrumph, E., Die Analyse der Polis durch Aristoteles, Amsterdam 1980.

Schuller, W., Die Herrschaft der Athener im ersten Attischen Seebund, Berlin/New York 1974.

Schuller, W., Die Stadt als Tyrann – Athens Herrschaft über seine Bundesgenossen, Konstanz 1978.

Schuller, W., Zur Entstehung der griechischen Demokratie außerhalb Athens, in: H. Sund/M. Timmermann (Hrsg.), Auf den Weg gebracht. Idee und Wirklichkeit der Gründung der Universität Konstanz, Konstanz 1979, 433–447.

Schuller, W., Über die Rubrik in den attischen Tributlisten, ZPE 42 (1981) 141–151.

Schuller, W., u. a. (Hrsg.), Demokratie und Architektur. Der hippodamische Städtebau und die Entstehung der Demokratie, München 1989.

Schuller, W., Die griechische Geschichtsschreibung der klassischen Zeit, in: J. M. Alonso-Núñez, Geschichtsbild und Geschichtsdenken im Altertum, Darmstadt 1991 (WdF 631) 90ff.

Schuller, W., Griechische Geschichte, Darmstadt ^{2}1991.

Schumacher, L., Themistokles und Pausanias. Die Katastrophe der Sieger, Gymnasium 94 (1987) 218–246.

Schwartz, J., Hérodote et Périclès, Historia 18 (1969) 367–370.

Schwarze, J., Die Beurteilung des Perikles durch die attische Komödie und ihre historische und historiographische Bedeutung, München 1971 (Zetemata 51).

Seager, R., The Phaselis decree. A note, Historia 15 (1966) 503ff.

Seager, R., The congress decree: Some doubts and a hypothesis, Historia 18 (1967) 129–141.

Sealey, R., The peace of Callias once more, Historia 3 (1954/55) 325ff.

Sealey, R., The entry of Pericles into history, Hermes 84 (1956) 234–247.

Sealey, R., P. Strassburg 84 verso, Hermes 86 (1958) 440–46.

Sealey, R., Athens and the Archidamian war, PACA 1 (1958) 61ff.

Sealey, R., Ephialtes, CPh 59 (1964) 11ff.

Sealey, R., The origins of the Delian league, in: Ancient society and institutions. Studies pres. to V. Ehrenberg, Oxford 1966, 233–255.

Sealey, R., Again the siege of the Acropolis, 480 B. C., CSCA 5 (1972) 183–194.

Sealey, R., The origins of demokratia, CSCA 6 (1973) 253–295.

Sealey, R., The causes of the Peloponnesian war, CPh 70 (1975) 89–109.

Sealey, R., A history of the Greek city states, ca. 700–338 B. C., Berkeley/Los Angeles/London 1976.

Sealey, R., Ephialtes, eisangelia and the council, in: G. S. Shrimpton/D. J. McCargar (Hrsg.), Classical contributions. Studies McGregor, Locust Valley/NewYork 1981, 125–134.

Sealey, R., The Athenian republic. Democracy or the rule of law?, University Park/London 1987.
Shapiro, H. A., A note on Pericles' last speech, Phoenix 29 (1975) 184–186.
Shapiro, A., Kalos-inscriptions with patronymic, ZPE 68 (1987) 107–118.
Shear, T. L., Studies in the early projects of the Periklean building program, Diss. Princeton Univ. 1966.
Shrimpton, G. S., Theopompus the historian, Montreal/London/Buffalo 1991.
Siewert, P., Der Eid von Plataiai, München 1972.
Siewert, P., Die Entstehung des athenischen Großmachtbewußtseins nach historischen und mythologischen Zeugnissen, in: H. Kalcyk/B. Gullath/ A. Graeber (Hrsg.), Studien zur Alten Geschichte. Festschrift S. Lauffer, Rom 1986, 853–873.
Simon, E., Die Götter der Griechen, Darmstadt [3]1985.
Sinclair, R. K., Democracy and participation in Athens, Cambridge/New York 1988.
Smarczyk, B., Untersuchungen zur Religionspolitik und politischen Propaganda Athens im Delisch-Attischen Seebund, München 1990.
Sordi, M., Atene e Sparta dalle guerre persiane al 462–1 a. C., Aevum 50 (1976) 25–41.
Spahn, P., Mittelschicht und Polisbildung, Frankfurt a. M. u. a. 1977.
Spahn, P., Das Aufkommen eines politischen Utilitarismus bei den Griechen, Saeculum 37 (1986) 8–21.
Spence, I. G., Perikles and the defence of Attika during the Peloponnesian war, JHS 110 (1990) 91–109.
Sprafke, R., Die Aussagekraft des archäologischen, epigraphischen und literarischen Quellenmaterials in Hinsicht auf die Untersuchung der Finanzierung der Akropolisbauten des Perikles, in: Historisch-archäologische Quellen und Geschichte bis zur Herausbildung des Feudalismus, hrsg. v. Zentralinstitut für Alte Geschichte und Archäologie der Akad. d. Wiss. d. DDR, Berlin 1983, 94–111.
Stadter, Ph. A., Thucydidean orators in Plutarch, in: ders. (Hrsg.), The speeches in Thucydides, Chapel Hill 1973, 109–123.
Stadter, Ph. A., Plutarch's comparison of Pericles and Fabius Maximus, GRBS 16 (1975) 77–85.
Stadter, Ph. A., Plutarch, Charinus, and the Megarian decree, GRBS 25 (1984) 351–372.
Stadter, Ph. A., The rhetoric of Plutarch's Pericles, AncSoc 18 (1987) 251–269.
Stadter, Ph. A., A commentary on Plutarch's Pericles, Chapel Hill/London 1989.
Stahl, H.-P., Thukydides: Die Stellung des Menschen im geschichtlichen Prozeß, München 1966.
Stanier, R. S., The cost of the Parthenon, JHS 73 (1953) 68–76.
Stanley Spaeth, B., Athenians and Eleusinians in the West Pediment of the Parthenon, Hesperia 60 (1991) 331 ff.
Starr, C. G., Athenian coinage 480–449 B. C., Oxford 1970.

Starr, C. G., Athens and its empire, CJ 83 (1988) 114–123.
Starr, C. G., The birth of Athenian democracy. The assembly in the 5th cent. B. C., Oxford 1990.
Steinbrecher, M., Der Delisch-Attische Seebund und die athenisch-spartanischen Beziehungen in der kimonischen Ära (ca. 478/7–462/1), Stuttgart 1985.
Stein-Hölkeskamp, E., Adelskultur und Polisgemeinschaft. Studien zum griechischen Adel in archaischer und klassischer Zeit, Stuttgart 1989.
Stevens, G. P., The setting of the Periclean Parthenon, Princeton 1940.
Stockton, P., The death of Ephialtes, CQ 32 (1982) 227f.
Stockton, P., The classical Athenian democracy, Oxford/New York 1990.
Stockton, P., The peace of Callias, Historia 8 (1959) 61–79.
Strasburger, H., Herodot und das perikleische Athen, in: ders., Studien zur Alten Geschichte II, Hildesheim 1982, 592–626 = Historia 4 (1955) 1–25.
Strasburger, H., Thukydides und die politische Selbstdarstellung der Athener, Hermes 86 (1958) 17–40.
Strasburger, H., Umblick im Trümmerfeld der griechischen Geschichtsschreibung, in: ders., Studien zur Alten Geschichte III, Hildesheim/New York 1990, 169–218.
Strauss, Barry S., Fathers and Sons in Athens. Ideology and Society in the Era of the Peloponnesian War, London 1992.
Strocka, V. M., Athens Kunst im Peloponnesischen Krieg, in: G. Alföldy u. a. (Hrsg.), Krisen in der Antike. Bewußtsein und Bewältigung, Düsseldorf 1975, 46–61.
Strocka, V. M., Das Schildrelief: Zum Stand der Forschung, in: E. Berger (Hrsg.), Parthenon-Kongreß, Mainz 1984, 188–196, 409–410.
Swain, S. C. R., Character change in Plutarch, Phoenix 43 (1989) 62ff.
Swoboda, H., Über den Prozeß des Perikles, Hermes 28 (1893) 536ff.

Tarditi, G., Euripide e il drama di Medea, RFIC 35 (1957) 354–371.
Tarkiainen, T., Die athenische Demokratie, Zürich 1966.
Tausend, K., Theseus und der delisch-attische Seebund, RhM 132 (1989) 225–235.
Thermos, E. S., Foreign policy and political theory of the Athenian fifth century democracy, Diss. Ann Arbor 1967.
Thomas, C. G., Sophokles, Pericles and Cleon, CW 69 (1975) 120–122.
Thomas, R., Oral tradition and written record in classical Athens, Cambridge 1989.
Thompson, W. E., Notes on Athenian finance, C & M 28 (1967) 216–239.
Thompson, W. E., The chronology of 432/1, Hermes 96 (1968) 216–232.
Thompson, W. E., The kinship of Perikles and Alkibiades, GRBS 11 (1970) 27–33.
Thompson, W. E., Notes on the peace of Callias, CPh 66 (1971) 29f.
Thompson, W. E., Internal evidence for the date of the Kallias decrees, SO 48 (1973) 24–46.

Thompson, W. E., The peace of Callias in the fourth century, Historia 30 (1981) 164–177.

Thompson, W. E., Athenian leadership: expertise or charisma?, in: G. S. Shrimpton/D. J. McCargar (Hrsg.), Classical contributions. Studies McGregor, New York 1981, 153–159.

Thompson, W. E., The Athenian entrepreneur, AC 51 (1982) 53–85.

Thomsen, R., Eisphora. A study of direct taxation in ancient Athens, Kopenhagen 1964.

Thomsen, R., The origin of ostracism. A synthesis, Gyldendal 1972.

Touloumakos, J., Die theoretische Begründung der Demokratie in der klassischen Zeit Griechenlands, Athen 1985.

Tozzi, P., La rivolta ionica, Pisa 1978.

Traill, J. S., The political organization of Attika. A study of the demes, trittyes and phylai, and their representation in the Athenian council, Princeton 1975.

Traill, J. S., Demos and trittys. Epigraphical and topographical studies in the organization of Attica, Toronto 1986.

Travlos, J., Bildlexikon zur Topographie des antiken Attika, Tübingen 1988.

Treves, P., Herodotos, Gelon and Pericles, CPh 36 (1941) 321–345.

Triebel-Schubert, C., Zur Datierung des Phidiasprozesses, MDAI(A) 98 (1983) 101–112.

Triebel-Schubert, C., Zur Datierung der Kalliasdekrete, QC 6 (1984) 355–375.

Triebel-Schubert, C., Der Begriff der Isonomie bei Alkmaion, Klio 66 (1984) 40–50.

Triebel-Schubert, C., Medizin und Symmetrie. Zur Verwendung eines mathematischen Begriffs in den frühen Schriften des Corpus Hippocraticum, Sudhoffs Archiv 73 (1989) 190–199 (= 1989a).

Triebel-Schubert, C., Evolution und politische Anthropologie im 5. Jh., Medizinhistorisches Journal 24 (1989) 203–13 (= 1989b).

Tronson, A., The Hellenic league of 480 B. C. Fact or ideological fiction?, AClass 34 (1991) 93–110.

Unz, R. K., The Surplus of the Athenian *Phoros* , GRBS 26 (1985) 21–42.

Unz, R. K., The chronology of the Pentekontaetia, CQ 36 (1986) 68–85.

Usher, S., Architects of the Athenian empire, I: Themistocles; II: Pericles, HT 17 (1967) 285ff., 402ff.

Vamvoukos, A., Fundamental freedoms in Athens of the fifth century, RIDA 26 (1979) 89–124.

Vanderpool, E., Ostracism at Athens, Cincinnati 1970.

Vannier, F., Finances publiques et richesses privées dans la discours athénien aux Ve et IVe siècles, Paris 1988.

Vartsos, J. A., The Foundation of Brea, Ancient Macedonia II, Symposion (1973) 1977.

Vartsos, J. A., Class divisions in fifth century Athens, Platon 30 (1978) 226–244.

Versnel, H., Inconsistencies in Greek and Roman religion, I: Ter Unus, Leiden 1990.

Veyne, P., Glaubten die Griechen an ihre Mythen?, Frankfurt a. M. 1987.

Vickers, M., Alcibiades on Stage: Thesmophoriazusae and Helen, Historia 38 (1989) 41–65.

Vidal-Naquet, P., La démocratie grecque vue d'ailleurs. Essais d'historiographie ancienne et moderne, Paris 1990.

Vlastos, G., Isonomia, AJP 74 (1953) 337–366.

Vlastos, G., Ἰσονομία πολιτική, in: J. Mau/E. G. Schmidt, Isonomia, Berlin 1964, 1–35.

Völkl, K., Das megarische Psephisma, RhM 94 (1951) 330–336.

Völkl, K., Ein Beitrag zur Chronologie und Geschichte des sog. Ersten Peloponnesischen Krieges, Innsbrucker Beiträge zur Kulturwissenschaft 3 (1955) 159–165.

Völkl, K., Perikles und die ägyptische Katastrophe, Orpheus 2 (1955) 61–75.

Vogt, J., Das Bild des Perikles bei Thukydides, HZ 182 (1956) 249–266.

Volquardsen, C. A., Untersuchungen über die Quellen der griechischen und sizilischen Geschichte bei Diodor, Kiel 1868.

Vretska, H., Perikles und die Herrschaft des Würdigsten – Thuk. II 37, 1, RhM 109 (1966) 108–120.

Vries, G. J. de, Theophrastus on Pericles' last illness, Mnemosyne 28 (1975) 193.

Wade-Gery, H. T., The financial decrees of Kallias (IG I^2 91–92), JHS 51 (1931) 57–85.

Wade-Gery, H. T., Thucydides, the son of Melesias. A study on Periklean policy, JHS 52 (1932) 205–227.

Wade-Gery, H. T./Meritt, B. D., Athenian resources in 449 and 431, Hesperia 26 (1957) 163–197.

Wade-Gery, H. T., Essays in Greek history, Oxford 1958.

Walbank, M. B. (1978), Athenian proxenies of the fifth century B. C., Toronto 1978.

Walker, H. J., Myth and Politics: The Role of Theseus in Athenian Ideology, PhD Cornell 1989.

Wallace, R. W., Ephialtes and the Areopagos, GRBS 15 (1974) 259–269.

Wallace, R. W., The Areopagos council to 307 B. C., Baltimore/London 1989.

Wallace, W., The Egyptian expedition and the chronology of the decade 460–450 B. C., TAPhA 67 (1936) 252–260.

Wallace, W., The Spartan invasion of Attica in 431 B. C., in: M. E. White (Hrsg.), Studies in honour of G. Norwood, Toronto 1952, 80ff.

Wallinga, H. T., The Ionian revolt, Mnemosyne 4. 37 (1984) 401–437.

Walser, G., Zur Beurteilung der Perserkriege in der neueren Forschung, Schweizer Beiträge zur Alten Geschichte (1959) 219ff.

Walser, G., Zum griechisch-persischen Verhältnis vor dem Hellenismus, HZ 220 (1975) 529–542.

Walser, G., Hellas und Iran, Darmstadt 1984.

Walsh, J., The authenticity and the dates of the peace of Callias and the congress decree, Chiron 11 (1981) 31–63.

Walters, K. R., Pericles' citizenship law, ClAnt 2 (1983) 314–336.

Warman, M. S./Sutherland, I./MacDonald, C., From Pericles to Cleophon. A source book and reader in Athenian politics, London 1954.

Weber, L., Perikles' samische Leichenrede, Hermes 57 (1922) 375–395.

Weeber, C. W., Perikles. Das goldene Zeitalter von Athen, München 1985.

Wedel, W. v., Die politischen Prozesse im Athen des 5. Jahrhunderts. Ein Beitrag zur Entwicklung der attischen Demokratie zum Rechtsstaat, BIDR 74 (1971) 107–188.

Weickert, C., Erga Perikleous. Studien zur Kunstgeschichte des 5. Jhs. II, Berlin 1950.

Weiler, I., Griechische Geschichte. Einführung, Quellenkunde, Bibliographie, Darmstadt ^{2}1988.

Weiler, I. (Hrsg.), Soziale Randgruppen und Außenseiter im Altertum. (Symposion Graz 1987) Graz 1988.

Weissert, D., Plutarch, Perikles, 15,3: Ein neuer Konjekturvorschlag, ἐπιτόκια, Scripta classica Israelica 2 (1975) 157–162.

Welskopf, E. Ch. (Hrsg.), Hellenische Poleis, 4 Bde., Berlin 1974.

Welwei, K. W., Das Problem des »Präventivkrieges« im politischen Denken des Perikles und Alkibiades, Gymnasium 79 (1972) 289–305.

Welwei, K. W., Die griechische Polis. Verfassung und Gesellschaft in archaischer und klassischer Zeit, Stuttgart u. a. 1983.

Welwei, K. W., »Demos« und »Plethos« in athenischen Volksbeschlüssen um 450 v. Chr., Historia 35 (1986) 177–191.

Wesenberg, B., Wer erbaute den Parthenon?, MDAI(A) 97 (1982) 99–125.

Wesenberg, B., Parthenongebälk und Südmetopenproblem, JDAI 98 (1983) 57–86.

Wesenberg, B., Kunst und Lohn am Erechtheion, Archäologischer Anzeiger 100 (1985) 55–65.

Westlake, H. D., Seaborne raids in Periclean strategy, CQ 39 (1945) 75–84.

Westlake, H. D., Thucydides and the Athenian disaster in Egypt, CPh 45 (1950) 209ff.

Westlake, H. D., Thucydides and the Pentekontaetia, CQ 49 (1955) 53–67.

Westlake, H. D., Individuals in Thukydides, Cambridge 1968.

Westlake, H. D., Studies in Thucydides and Greek history, Bristol 1989.

Wet, B. de, Periclean imperial policy and the Mitylenean debate, AClass 6 (1963) 106–124.

Wet, B. de, The so-called defensive policy of Pericles, AClass 12 (1969) 103–119.

Whitehead, D., The ideology of the Athenian metic, Cambridge 1977.

Wick, T. E., Athens and the west in the fifth century B. C., Diss. Indiana Univ. Bloomington 1971.
Wick, T. E., Athens' alliances with Rhegion and Leontinoi, Historia 25 (1976) 288–304.
Wick, T. E., Megara, Athens, and the west in the Archidamian war: A study in Thucydides, Historia 28 (1979) 1–14.
Wickert, K., Der peloponnesische Bund von seiner Entstehung bis zum Ende des archidamischen Krieges, Diss. Erlangen/Nürnberg 1961.
Wilcken, U., Der Anonymus Argentinensis, Hermes 42 (1907) 374–418.
Wilhelm, A., Zum Ostrakismos des Xanthippos, des Vaters des Perikles, AAWW 86 (1949) 237–243.
Will, E., Sur le décret athénien IG I² 76 visant l'attribution des prémices des récoltes aux déesses d'Éleusis, REG 61 (1948) 1–18.
Will, E., Notes sur les régimes politiques de Samos au Ve siècle, REA 71 (1969) 305–319.
Will, E., Le monde Grec et l'Orient, I. Le Ve siècle (510–403), Paris 1972.
Williams, G. M. E., Aristocratic politics in Athens c. 630 to 470 B. C., Diss. Pennsylvania, University Park 1973.
Williams, G. M. E., The kerameikos ostraka, ZPE 31 (1978) 103–113.
Williams, G. M. E., Athenian politics 508/7–480 B. C.: a reappraisal, Athenaeum 60 (1982) 521–544.
Williams, G. W., The curse of the Alkmaionidai, III. Themistokles, Perikles and Alkibiades, Hermathena 80 (1952) 58–71.
Willrich, H., Perikles, Göttingen 1936.
Wilson, J., Athens and Corcyra. Strategy and tactics in the Peloponnesian war, Bristol 1987.
Wirth, G. (Hrsg.), Perikles und seine Zeit, Darmstadt 1979.
Wittenburg, A., Griechische Baukommissionen des 5. und 4. Jahrhunderts, Diss. München 1978.
Wörrle, M., Untersuchungen zur Verfassungsgeschichte von Argos im 5. Jh. v. Chr., Diss. Erlangen 1964.
Wolff, H., Die Opposition gegen die radikale Demokratie in Athen bis zum Jahre 411 v. Chr., ZPE 36 (1979) 279–302.
Wolski, J., Pausanias et le problème de la politique spartiate (480–470), Eos 47 (1956) 75–94.
Wood, E. M., Agricultural slavery in classical Athens, AJAH 8 (1983) 1–47.
Wood, E. M., Peasant-citizen and slave. The foundation of Athenian democracy, London/New York 1988.
Woodbury, L., Sophokles among the generals, Phoenix 24 (1970) 209–224.
Woodbury, L., Anaxagoras and Athens, Phoenix 35 (1981) 295–315.
Woodhead, A., The site of Brea: Thucydides 1,64,4, CQ 2 (1952) 57–62.
Woodhead, A., The date of the springhouse decree, Archaeologia Classica 25/26 (1978/74) 129–141.
Woodhead, A., The founding fathers of the Delian confederacy, in: G. S.

Shrimpton/D. J. McCargar (Hrsg.), Classical contributions. Studies McGregor, Locust Valley/New York 1981, 179–190.
Woodman, A. J., Rhetoric in classical historiography. 4 studies, London 1988.
Wycherley, R., The agora of Pericles, JHistStud 1 (1968) 246ff.
Wylie, J. A. H./Stubbs, H. W., The plague at Athens 430–428 B. C., CQ 33 (1983) 6–11.

Yang, H., Athenian democracy: some problems in recent studies, Journal of ancient civilizations 5 (1990) 159–177.
Yunis, H., How do the people decide? Thucydides on Periclean rhetoric and civic instruction, AJPh 112 (1991) 179–200.

Zimmermann, H. D., Die freie Arbeit in Griechenland während des 5. und des 4. Jhs. v. u. Z., Klio 56 (1974) 337–352.
Zinserling, G., Bemerkungen zur weltanschaulichen Bewertung der Kunst des perikleischen Athen, in: E. Kluwe (Hrsg.), Der Mensch als Maß aller Dinge. Studien zum griechischen Menschenbild in der Zeit der Blüte und Krise der Polis, Berlin 1976, 189–218.
Zinserling, G., Das Akropolisbauprogramm des Perikles. Politische Voraussetzungen und ideologischer Kontext, in: E. Kluwe (Hrsg.), Kultur und Fortschritt in der Blütezeit der griechischen Polis, Berlin 1985, 206–246.

REGISTER

1. Stellen

Die kursiven Zahlen beziehen sich auf die Seiten in diesem Buch.

2. Namen

3. Begriffe